RENEGADOS
BORN IN THE USA

BRUCE SPRINGSTEEN

RENEGADES

BORN IN THE USA

Tradução
Jorio Dauster e Berilo Vargas

BARACK OBAMA

GADOS

SONHOS · MITOS · MÚSICA

Companhia Das Letras

Aqui todos têm um vizinho
Todos têm um amigo

Todos têm um motivo para começar de novo

Meu pai me disse: "Filho, temos sorte nesta cidade
É um belo lugar para nascer

Ela toma você nos braços
Ninguém atropela você, ninguém está sozinho

Saiba que aquela bandeira hasteada no tribunal
Significa que certas coisas estão gravadas em pedra

Quem somos, o que fazemos e o que não fazemos"

Vai ser um longo caminho de volta

— **BRUCE SPRINGSTEEN,**
"LONG WALK HOME"

Nós somos um só povo, jurando lealdade à bandeira com suas estrelas e suas listras, defendendo os Estados Unidos da América. [...] Participamos de uma política de cinismo ou participamos de uma política de esperança? [...]

Não falo aqui de um otimismo cego — a ignorância quase patética que acredita ser possível acabar com o desemprego se simplesmente não pensarmos nele, ou que a crise na saúde se resolverá sozinha se simplesmente a ignorarmos. Não é disso que estou falando. Estou me referindo a algo mais substancial. É a esperança de escravizados sentados em volta de uma fogueira cantando sobre a liberdade. A esperança de imigrantes partindo para terras distantes. A esperança de um jovem tenente da Marinha patrulhando corajosamente o delta do Mekong. A esperança do filho de um operário que ousa desafiar as estatísticas. A esperança de um garoto magricela com um nome engraçado que acredita haver um lugar para ele também nos Estados Unidos.

A esperança diante da dificuldade. A esperança diante da incerteza. A audácia da esperança! No fim das contas, essa é a maior dádiva que Deus nos deu, o fundamento da nação. A crença em coisas não visíveis. A crença de que dias melhores virão.

— BARACK OBAMA,
DISCURSO PRINCIPAL NA CONVENÇÃO
DO PARTIDO DEMOCRATA DE 2004

SUMÁRIO

★★★★★
★★★★★

INTRODUÇÃO
X

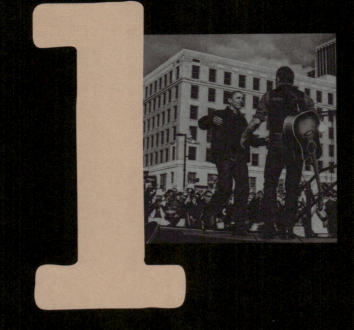

1
NOSSA AMIZADE IMPROVÁVEL
1

2
A HISTÓRIA DOS ESTADOS UNIDOS
45

5
O TODO-PODEROSO DÓLAR
157

6
LUTANDO COM FANTASMAS
191

3
SUBLIME GRAÇA
73

4
A PELE AMERICANA
123

7
UM AMOR DESTEMIDO
215

8
A ASCENSÃO
249

DISCURSO FÚNEBRE DO PRESIDENTE BARACK OBAMA A JOHN LEWIS
286

ANOTAÇÕES DE BRUCE SPRINGSTEEN PARA *RENEGADOS*
292

DISCOGRAFIA DE BRUCE SPRINGSTEEN
296

AGRADECIMENTOS
299

CRÉDITOS DAS IMAGENS
302

INTRODUÇÃO

Boas conversas não são roteirizadas. Como uma boa música, trazem surpresas, improvisos, desvios. Podem estar ancoradas a um momento e a um lugar, refletindo nosso estado de espírito e a situação do mundo. E as melhores conversas têm uma qualidade atemporal, que nos leva ao reino da memória, nos impulsionando para frente na direção de nossos sonhos e esperanças. Compartilhar histórias nos faz lembrar de que não estamos sozinhos — e talvez nos ajude a nos entender um pouco melhor.

Quando Bruce e eu nos sentamos pela primeira vez no verão de 2020 para gravar *Renegades: Born in the USA*, não sabíamos que rumo nossa conversa tomaria. O que eu sabia era que Bruce é um grande contador de histórias, um poeta da experiência americana e que ambos tínhamos muita coisa na cabeça, incluindo algumas questões fundamentais sobre a alarmante guinada que o país tinha dado. Uma pandemia histórica não dava sinais de dar trégua. Americanos estavam desempregados por toda parte. Milhões tinham acabado de ir às ruas protestar contra o assassinato de George Floyd, e o então ocupante da Casa Branca parecia empenhado não em unir as pessoas, mas em destruir valores básicos e alicerces institucionais da nossa democracia.

Quase um ano depois, o mundo parece um pouco mais brilhante. Graças a incríveis avanços científicos e ao esforçado trabalho de incontáveis trabalhadores da saúde na linha de frente, a pandemia retrocedeu (apesar de não ter acabado) e a economia passa por uma recuperação constante, embora desigual. O assassino de George Floyd foi condenado e sentenciado, e meu amigo e ex-vice-presidente, Joe Biden, é presidente dos Estados Unidos.

Mas, apesar de todas as mudanças pelas quais passamos individualmente e como nação desde que Bruce e eu nos juntamos para nossas sessões gravadas, as condições subjacentes que estimulavam nossa conversa persistem. Os Estados Unidos permanecem mais polarizados do que em qualquer outra época de que temos memória — em questões como policiamento, mudança climática, impostos, o que é justiça ou que vozes merecem ser ouvidas. Ainda lutamos, de uma forma ou de outra, contra o legado da escravidão e das leis Jim Crow e a praga do racismo. O abismo entre ricos e pobres continua a se aprofundar, com um número grande demais de famílias lutando pela sobrevivência. Até mesmo o violento ataque ao Capitólio dos Estados Unidos — um golpe contra a nossa ordem democrática transmitido em tempo real para o mundo inteiro — é tema de debates, com uma boa parte do país fingindo que nunca aconteceu ou dando a entender que a ira da multidão tinha lá suas justificativas.

É por isso que as nossas conversas em 2020 parecem tão urgentes agora como naquele momento. Elas representam nosso esforço contínuo para entender como foi que chegamos a esse ponto, além de contar uma história mais unificadora, que comece a fechar o abismo entre os ideais e a realidade dos Estados Unidos.

Não chegamos a nenhuma fórmula simples capaz de resolver os conflitos do país. Apesar das diferenças nas nossas origens, e por mais que nos esforcemos em trabalhar para dar voz às milhares de pessoas que encontramos pelo caminho, nem Bruce nem eu podemos dizer que abarcamos todas as perspectivas e atitudes divergentes que compõem nosso imenso e estridente país.

Mas, pelo menos, tentamos mostrar que é possível abordar problemas difíceis com humor, compaixão e convicção, e também com uma grande dose de humildade. Na verdade, desde que o podcast foi divulgado, pessoas de todos os estados e de todas as camadas sociais separaram um tempo para dizer que ficaram emocionadas por algo que ouviram, fosse as marcas deixadas por nossos pais em nós; fossem o desconforto, a tristeza, a raiva, e alguns momentos de graça que surgiram enquanto percorríamos a linha racial que divide os Estados Unidos; ou a alegria e a redenção que nossas respectivas famílias nos trouxeram. Elas nos contam que, ao nos ouvir, pensaram na própria infância. Em seus pais. Nas cidades onde nasceram.

Além disso, fizeram perguntas a Bruce e a mim, querendo saber um pouco mais das histórias sobre as quais conversamos — o que é a razão deste livro. Nas páginas que se seguem, nossas conversas podem ser lidas na íntegra. Mas aqui também estão textos de discursos, fotos pessoais e letras de música escritas à mão que ilustram alguns momentos descritos no podcast e que são marcos nas estradas e nos atalhos entrecruzados que ambos percorremos.

Nosso maior desejo é que nossas conversas inspirem os leitores a iniciarem suas próprias conversas — com um amigo, um parente, um colega de trabalho, ou alguém que conheçam apenas de passagem. Alguém cuja vida se cruza com a deles, mas cuja história nunca de fato ouviram. Torcemos para que, ao ouvir com atenção e o coração aberto, você se sinta incentivado. Porque, numa época em que é fácil falarmos uns com os outros sem que ninguém se entenda, ou em que restringimos nossas conversas com quem se parece conosco, ou com aqueles que pensam e rezam como nós, o futuro vai depender da nossa capacidade de reconhecer que fazemos parte da narrativa americana — e que juntos podemos escrever um capítulo novo e bem melhor.

— PRESIDENTE BARACK OBAMA

Quando o presidente Obama sugeriu que fizéssemos um podcast, minha primeira reação foi pensar: "O.k., sou só um cara que toca guitarra de Freehold, Nova Jersey, com o ensino médio completo… Acho que isso não tá certo". Patti disse: "Está doido? Vai! As pessoas vão adorar ouvir as conversas de vocês!". O presidente e eu passamos algum tempo juntos desde que nos conhecemos na campanha de 2008. Esse tempo incluiu conversas longas, reveladoras. Eram diálogos do tipo que você fala com o coração e sai entendendo de fato o que seu amigo pensa e sente. Tem uma ideia de como ele vê a si mesmo e ao mundo. Por isso aceitei o conselho de Patti para seguir os generosos passos do presidente, e, quando percebi, estávamos sentados em meu estúdio em Nova Jersey (que a E Street Band tinha acabado de desocupar), improvisando o que o outro dizia, como bons músicos.

Começamos do começo: nossas infâncias e adolescências, nossas semelhanças, nossas diferenças, Havaí, Nova Jersey… bem diferentes; pais ausentes… bem semelhantes. E deixamos a conversa fluir como a própria vida. Exploramos o modo de cada um formar uma identidade, a partir de uma pose, uma foto, uma música, um filme, um herói cultural. Examinamos nossa tentativa de encontrar nossos próprios pontos fortes, a potência, a masculinidade. Investigamos como isso influencia a própria arte, a política, e como se vive a vida a partir daí. Foi sobre essa vida e como ela é vivida, o mundo tal como é e os esforços que realizamos para moldar esse mundo, o lugar que achamos que ele poderia ser, eu com minha música e Barack com a política.

Houve conversas sérias sobre o destino do país, as sortes dos cidadãos, e as forças destrutivas, nocivas, corruptas que tentam nos jogar a todos no buraco. São tempos de vigilância, quando quem somos está sendo seriamente posto em xeque. Conversas difíceis sobre quem somos e quem queremos ser talvez sirvam como um pequeno mapa para guiar alguns concidadãos. Descobrimos muita coisa em comum. O presidente é engraçado e de fácil convívio. Faz o possível e o impossível para nos deixar à vontade, como fez comigo para que eu me sentisse confiante o suficiente para sentar à mesa diante dele. No fim, percebemos semelhanças no contorno moral de nossas vidas. Era a presença de uma promessa, um código segundo o qual nos esforçamos para viver. Honestidade, lealdade e sinceridade sobre quem somos e quais são nossos objetivos e nossas ideias, uma dedicação à ideia americana e um amor imperecível pelo país que nos fez quem somos. Somos carimbados pelo selo NASCIDOS NOS ESTADOS UNIDOS. Nenhum outro país poderia ter inventado a mistura que faz um Barack Obama ou um Bruce Springsteen, por isso nossa lealdade às instituições, aos sonhos e às ambições deste país continua irredutível. É por isso que estamos aqui. Guiados por nossas famílias, nossas amizades profundas, e a bússola moral inerente à nossa história, seguimos em frente, guiando e protegendo o que há de melhor em nós e ao mesmo tempo mantendo um olhar compassivo para as lutas do nosso ainda jovem país.

Como já disse, vivemos tempos traiçoeiros, com muita coisa em jogo — com tudo em jogo. Tempos para considerações sérias sobre o que queremos ser e que tipo de país vamos deixar para nossos filhos. Deixaremos escapar de nossas mãos o que temos de melhor, ou nos uniremos para "enfrentar o fogo"? Aqui neste livro o leitor não encontrará resposta a essas perguntas, mas verá uma dupla dando o seu melhor para que façamos perguntas melhores. Boa viagem, sr. presidente, e obrigado por me aceitar como companheiro de viagem e me levar junto nessa jornada.

— BRUCE SPRINGSTEEN

NOSSA AMIZADE IMPROVÁVEL

1

Como ocorreu com muita gente, o ano de 2020 mexeu bastante com meu emocional. Durante três anos, acompanhei um país que parecia se tornar mais raivoso e dividido a cada dia. Veio então uma pandemia histórica, acompanhada de uma reação incompetente do governo que causou problemas e perdas para milhões de pessoas e nos forçou a refletir sobre o que é de fato importante na vida. Como chegamos a esse ponto? Como encontramos o caminho de volta para uma história mais unificadora do país?

Esse assunto passou a dominar muitas das minhas conversas no ano passado — com Michelle, com minhas filhas e com amigos. E, por acaso, um desses amigos foi o sr. Bruce Springsteen.

À primeira vista, Bruce e eu não temos muito em comum. Ele é um homem branco de uma cidadezinha de Nova Jersey. Eu sou um homem negro, filho de um casal inter-racial, nascido no Havaí e com uma infância que me levou ao redor do mundo. Ele é um ícone do rock. Eu... não sou tão bacana assim. E, como gosto de lembrar a Bruce sempre que posso, ele é dez anos e pouco mais velho do que eu. Apesar de estar em ótima forma.

Mas, ao longo dos anos, descobrimos que temos sensibilidades parecidas. Sobre coisas como o trabalho, a família e os Estados Unidos. Cada qual à sua maneira, Bruce e eu trilhamos caminhos paralelos tentando compreender este país que deu tanto a nós dois. Tentando registrar as histórias das pessoas. Buscando um meio de conectar nossa busca individual por um significado, pela verdade e pelo senso de comunidade dentro da história mais ampla dos Estados Unidos.

E o que ficou claro nessas conversas foi que ainda compartilhamos uma crença fundamental no ideal americano. Não como uma ficção barata e retocada, ou como um ato de nostalgia que ignora todos os nossos fracassos em mantê-lo vivo, e sim como um norte para o difícil trabalho que cada um de nós tem pela frente como cidadão para fazer deste país e do mundo um lugar mais igualitário, mais justo e mais livre.

Além disso, Bruce tem histórias ótimas para contar.

Por isso, acrescentamos um participante aos nossos papos: um microfone. E passamos alguns dias conversando na casa de fazenda convertida em residência da propriedade que Bruce divide com sua maravilhosa mulher, Patti, além de alguns cavalos, um monte de cachorros e mil guitarras — tudo isso a alguns quilômetros de onde ele cresceu.

CAPÍTULO
— 1 —

BRUCE SPRINGSTEEN: Uma pergunta: como você gosta de ser chamado?

PRESIDENTE OBAMA: Barack, cara. Qual é.

BRUCE SPRINGSTEEN: Só para garantir! Quero que saia tudo dentro dos conformes.

PRESIDENTE OBAMA: Então, aqui estamos nós, no grande estado de Nova Jersey com um de seus filhos pródigos…

BRUCE SPRINGSTEEN: É por aí.

PRESIDENTE OBAMA: *The Boss*, meu amigo Bruce Springsteen. E estamos num estúdio — só para descrever o local, temos… Quantas guitarras você tem aqui?

BRUCE SPRINGSTEEN: Estamos olhando para umas mil guitarras neste instante.

PRESIDENTE OBAMA: Não contei todas. Mas tem guitarras por toda parte. Tem um ukulele, um banjo…

BRUCE SPRINGSTEEN: Por isso, se der aquela vontade de tocar uma música, nós…

PRESIDENTE OBAMA: Dizem por aí que eu canto.

BRUCE SPRINGSTEEN: … não faltam instrumentos.

PRESIDENTE OBAMA: Que bom ver você, meu amigo. O que nos traz aqui hoje são as conversas que mantivemos ao longo dos anos. Nós dois precisávamos ser contadores de histórias. *Tivemos* de contar nossas histórias, e elas acabaram se tornando parte de uma narrativa maior sobre os Estados Unidos. A história que contamos reverberou.

Estou tentando me lembrar de quando nos encontramos pela primeira vez, e deve ter sido em 2008. Durante a campanha.

BRUCE SPRINGSTEEN: Isso mesmo.

PRESIDENTE OBAMA: Você fez um show para nós em Ohio. Sua família estava junto, e me lembro de ter pensado: "Ele é muito discreto, talvez até um pouco tímido". E gostei disso em você. Por isso pensei: "Tomara que eu tenha uma chance de conversar com ele em algum momento". Mas, como estávamos no meio da campanha, era uma correria só. Por isso, você sabe, trocamos umas palavras simpáticas, mas não dá para dizer que tenha sido uma conversa profunda.

BRUCE SPRINGSTEEN: Não.

AO LADO (acima): Com Jay-Z e Bruce Springsteen, dezenas de músicos tocaram e gravaram em apoio à campanha de Barack Obama à presidência em 2008, incluindo Arcade Fire, P Diddy, Stevie Wonder, Jeff Tweedy, John Legend, Moby, Common, The Decemberists, Roger Waters, Patti Smith, Pearl Jam, Joan Baez, Michael Stipe e Usher. Em outubro de 2008, a trilha sonora oficial da campanha, intitulada *Yes We Can*, foi lançada; **(abaixo):** Ingresso para o comício de campanha Change Rocks na Filadélfia, 2008. **A SEGUIR:** Fim de show durante a Darkness Tour, 1978.

PRESIDENTE OBAMA: Também teve aquela vez em Nova York, quando você e Billy Joel subiram ao palco e mandaram ver num show incrível. Essa foi a primeira vez em que vi o quanto você se exercitava num show. Pulando para cima e para baixo sem parar na frente dum piano. Coberto de suor, cara. Você estava encharcado. E pensei: "Esse cara pode acabar se machucando ali". Mas eu era um fã que via você de longe fazia muito tempo. E tínhamos começado a tocar algumas músicas suas nos comícios. Então simplesmente entramos em contato e perguntamos: "Você topa dar uma ajuda?".

BRUCE SPRINGSTEEN: Tive experiências maravilhosas naqueles comícios e em outras ocasiões com você. Porque você me deu algo que eu nunca fui capaz de me dar. A diversidade que havia na plateia. Eu estava tocando para rostos brancos e rostos negros, gente velha e gente nova. E essa era uma plateia com que eu sempre tinha sonhado para a minha banda. Um dos eventos mais legais de que participei foi quando Jay-Z e eu tocamos em Columbus. Acho que toquei "Promised Land".

Era uma plateia incrível. Todo tipo de pessoas — gente da classe trabalhadora, gente mais velha, gente mais nova. Várias delas não saberiam me diferenciar do cara que foi à Lua, provavelmente estavam me ouvindo pela primeira vez.

PRESIDENTE OBAMA: Mas o mesmo vale para Jay-Z. Garanto que tinha um monte de gente branca e mais velha naquela multidão que nunca tinha ouvido uma música do Jay-Z na vida. E eu precisei falar para ele: "Muda um pouquinho a letra aqui, irmão". Precisávamos de uma versão "família" de alguns sons dele.

BRUCE SPRINGSTEEN: Foi a primeira vez que me encontrei com ele... grande sujeito. Só toquei umas três ou quatro músicas, mas foi uma apresentação extremamente emocionante. Aquela era a plateia dos meus sonhos, as pessoas para quem eu sempre imaginei tocar.

Além disso, muito da linguagem de minhas letras vem da fé cristã, dos Evangelhos, da Bíblia. Tinha um elemento em comum naquela linguagem que ia além das barreiras culturais.

PRESIDENTE OBAMA: Pois é, e as pessoas sentiam isso. É por isso que, quando você toca uma música como "The Rising" — com um coro atrás —, ou "Promised Land"... Você poderia ser pastor, Bruce. Talvez tenha errado de vocação.

BRUCE SPRINGSTEEN: Foi uma dádiva poder estar lá. Tenho uma série de ótimas recordações de tocar naqueles comícios. Eu estava de olho em você desde que era senador. Quando você apareceu na minha tela pensei: "É isso, essa é a linguagem que eu

Promised Land

On a rattlesnake speedway in the Utah desert
Willi Lee collects his money + heads drives back into town
rides through Shasta to get a drink radio up
    loud so Willy Lee don't have to think
About workin all day in his daddy's garage
" drivin all night chasin some mirage
that vanishes soon as you get it in your hands

    blow away the dreams that tear you apart
    " " " " " break your heart
    " everything don't start and got the faith
          to stand tall

Certain things come easy when your face down
        in the dirt
you think you can give it all away + it won't
        hurt
did your eyes go blind your blood runs cold you feel
      so weak you just wanna explode
explode
reach out across this desolation
take out the walls

Willie Lee rode through the desert + was crowned king
made love to angels with burning wings
they burned his hands burned his eyes burned his
    heart with dreams of lies

out in the desert you can't hear a thing
I wanna go out tonight + find out what
    I got
I wanna scream out loud in somebody's face

A TERRA PROMETIDA

Numa pista de corrida de cascavéis no deserto de Utah/ Pego meu dinheiro e volto para a cidade/ Atravessando a divisa do condado de Waynesboro/ Liguei o rádio e só estou matando o tempo/ Trabalhando o dia todo na garagem do meu pai/ Dirigindo a noite toda, perseguindo uma miragem/ Muito em breve, menininha, sou eu quem vai mandar/ Os cachorros uivam na Main Street/ Porque compreendem/ Se eu pudesse reter um momento nas mãos/ Meu senhor, não sou um garoto, não, sou um homem/ E acredito numa terra prometida/ Fiz o possível para viver certinho/ Levanto todas as manhãs e vou trabalhar todo dia/ Mas seus olhos cegam e seu sangue esfria/ Às vezes me sinto tão fraco que só quero explodir/ Explodir e arrebentar esta cidade inteira/ Pegar uma faca e cortar essa dor do meu coração/ Encontrar alguém inquieto para que alguma coisa comece/ Uma nuvem escura sobe do chão do deserto/ Fiz minhas malas e sigo direto rumo à tempestade/ Tem que ser um tornado para derrubar tudo/ Que não exista fé suficiente para aguentar o tranco/ Sopre para longe os sonhos que te destroçam/ Sopre para longe os sonhos que partem teu coração/ Sopre para longe as mentiras que só te deixam perdido e infeliz

— DE DARKNESS ON THE EDGE OF TOWN (1978)

quero falar, que estou *tentando* falar". Senti uma enorme identificação pessoal com a visão que você tinha do país.

PRESIDENTE OBAMA: Parecia que estávamos lutando pela mesma coisa. Cada um no seu meio e do seu jeito. Por isso, quando você fala sobre estar com um pé em cada lugar — "É aqui que quero que o país esteja e é aqui onde ele está". Eu preciso estar bem enraizado no lugar onde ele está. Mas quero direcionar e incentivar as pessoas a ir para onde ele poderia estar.

BRUCE SPRINGSTEEN: Eu sei. Cada um no seu cantinho, nós dois trabalhamos na mesma obra.

PRESIDENTE OBAMA: Exatamente. E, durante todos esses anos, tivemos diversas interações como essa: você tocou no evento do dia da posse, passou pela Casa Branca; concorri à reeleição, você fez ainda mais coisas.

BRUCE SPRINGSTEEN: Tivemos um ou dois jantares muito agradáveis.

PRESIDENTE OBAMA: Tivemos um grande jantar na Casa Branca em que cantamos...

BRUCE SPRINGSTEEN: Eu toquei piano, você cantou.

PRESIDENTE OBAMA: Bom, aí já não sei. Mas todo mundo cantou algumas músicas da Broadway. Algumas da Motown. E uns clássicos.

BRUCE SPRINGSTEEN: Isso mesmo.

PRESIDENTE OBAMA: E rolou bebida também. E então eu disse: "Bem, ele não é tão tímido quanto eu pensava, basta se soltar um pouquinho".

BRUCE SPRINGSTEEN: Não sei se o que eu vou dizer vale para a maioria das pessoas do meu meio, mas a timidez não é incomum. Se a pessoa não fosse caladona, não teria procurado tão por uma forma de falar. O motivo pelo qual a gente busca tão desesperadamente um trabalho, uma linguagem e uma voz é porque não tinha uma. E, quando percebe isso, é como se a gente sentisse a dor de não ter voz.

PRESIDENTE OBAMA: E então a performance se torna a ferramenta, o mecanismo...

BRUCE SPRINGSTEEN: Se torna o mecanismo para expressar toda sua vida — toda sua filosofia e seu código de vida —, e foi assim que isso surgiu em mim. E achei que, antes disso, eu era quase invisível, e tinha muito sofrimento naquela invisibilidade.

PRESIDENTE OBAMA: E veja só, é por causa do tipo de coisa que você acabou de dizer aqui que nos tornamos amigos. Porque, depois de alguns drinques, e talvez entre uma música e outra, você dizia uma coisa assim e eu pensava: "É, isso faz sentido para mim". Essas são questões bem profundas. E acho que pouco a pouco passamos a confiar um no outro e ter esse tipo de conversa. Depois que saí da Casa Branca, pudemos passar mais tempo juntos. E, como se viu, a simpatia entre nós só aumentou.

BRUCE SPRINGSTEEN: Eu me sentia realmente à vontade com você.

PRESIDENTE OBAMA: E a outra coisa é que Michelle e Patti se deram muito bem. Michelle ficava muito bem impressionada com as percepções que você tinha sobre suas falhas como homem. Voltando de um jantar, de uma festa ou de uma conversa, ela dizia: "Você viu como o Bruce compreende as falhas dele e aprendeu a lidar com elas...".

BRUCE SPRINGSTEEN: Ha! Sinto muito.

PRESIDENTE OBAMA: "... de uma maneira que você não aprendeu. Você devia passar mais tempo com o Bruce. Porque ele deu duro." Então ficava meio que uma impressão de que eu precisava aprender com você como ser um marido decente.

BRUCE SPRINGSTEEN: Não há de quê.

PRESIDENTE OBAMA: Eu tentava explicar: "Olhe, ele é dez anos mais velho que eu. Já encarou muita coisa. Eu ainda estou em

---

ACIMA: Uma noite em Camp David, 2015. **AO LADO:** Comemorando mudanças, 2008.

> O MOTIVO PELO QUAL A GENTE BUSCA TÃO DESESPERADAMENTE UM TRABALHO, UMA LINGUAGEM E UMA VOZ É PORQUE NÃO TINHA UMA. É COMO SE A GENTE SENTISSE A DOR DE NÃO TER VOZ.
> — BRUCE SPRINGSTEEN

fase de treinamento". Mas, apesar de virmos de lugares tão diferentes e obviamente termos seguido carreiras diferentes, tive que encarar os mesmos problemas que você. As mesmas alegrias e dúvidas. Existe muita coisa em comum.

BRUCE SPRINGSTEEN: Bem, a política vem de dentro da gente.

PRESIDENTE OBAMA: Se um músico está buscando uma forma de canalizar e lidar com a dor, os demônios, as questões pessoais, o mesmo acontece com um político ao entrar na vida pública.

BRUCE SPRINGSTEEN: Mas a gente precisa ter duas coisas, o que é muito difícil. Primeiro, precisa ter o ego…

PRESIDENTE OBAMA: A megalomania…

BRUCE SPRINGSTEEN: A megalomania de acreditar que tem uma voz que merece ser ouvida pelo mundo todo. Só que, por outro lado, precisa ter uma baita empatia com as outras pessoas.

PRESIDENTE OBAMA: É uma coisa difícil de fazer acontecer. A gente começa com o ego, mas, em certo momento, acaba virando um veículo para as esperanças e os sonhos dos outros. Acaba virando só um fio condutor. Estamos conversando hoje logo depois que divulguei uma homenagem fúnebre ao meu amigo John Lewis, um dos gigantes do movimento de direitos civis, alguém que provavelmente merece mais crédito do que qualquer outra pessoa por fazer dos Estados Unidos um lugar melhor, mais livre, mais generoso, por fazer com que nossa democracia ficasse à altura de suas promessas. Conheci John quando ele foi dar uma palestra em Harvard, onde eu fazia o curso de direito. Depois que terminou de falar, fui até ele e disse: "O senhor é um dos meus heróis. Me ajudou a descobrir o sentido de pelo menos o que eu queria ser neste país enorme, complicado, disputado, multirracial, multiétnico e multirreligioso que se chama Estados Unidos da América".

Porque, quando entrei para a política, não dizia a mim mesmo que queria ser presidente. Foi uma jornada. Como conciliar todas as partes diferentes do que sou? Como encontrar pertencimento?

> MICHELLE FICAVA MUITO BEM IMPRESSIONADA COM AS PERCEPÇÕES QUE VOCÊ TINHA SOBRE SUAS FALHAS COMO HOMEM. ELA DIZIA: "VOCÊ DEVIA PASSAR MAIS TEMPO COM O BRUCE. PORQUE ELE DEU DURO". ENTÃO FICAVA MEIO QUE UMA IMPRESSÃO DE QUE EU PRECISAVA APRENDER COM VOCÊ COMO SER UM MARIDO DECENTE.
> — PRESIDENTE OBAMA

BRUCE SPRINGSTEEN: Chegando assim como um forasteiro…

PRESIDENTE OBAMA: Isso vai ser interessante, porque quero entender por que você se considerava um forasteiro. Sei bem porque *eu* era um. Um garotão de Nova Jersey não tem por que ser um excluído. Entende o que eu estou dizendo?

BRUCE SPRINGSTEEN: Não acho que seja uma escolha! Acho que isso é inato. Tive uma criação estranhíssima. Sabe como é, cresci numa cidadezinha muito provinciana. A grande metrópole de Freehold, Nova Jersey.

PRESIDENTE OBAMA: População?

BRUCE SPRINGSTEEN: Uns 10 mil. Mil e seiscentos trabalhavam na fábrica de tapetes Karagheusian, inclusive meu pai. Minha mãe era quem ganhava mais. Meu pai trabalhava quando podia, mas tinha uma doença mental grave. Desde muito cedo sofria de esquizofrenia, o que não entendíamos à época, mas tornava a vida dele em casa muito complicada e manter um emprego ainda mais difícil. Por isso, eu diria que nossa família era diferente das outras.

PRESIDENTE OBAMA: À primeira vista, minha criação parece completamente diferente.

BRUCE SPRINGSTEEN: Pois é.

PRESIDENTE OBAMA: Nasci no Havaí — bem distante de Freehold, Nova Jersey.

BRUCE SPRINGSTEEN: É bem longe de tudo!

PRESIDENTE OBAMA: É, bem no meio do Pacífico. E sou cria de uma mãe do Kansas: quando nasci, ela era uma jovem universitária que conheceu meu pai, um aluno africano, na Universidade do Havaí. Já meus avós são basicamente escoceses e irlandeses. E os irlandeses foram forasteiros por muito tempo.

BRUCE SPRINGSTEEN: É. Meus avós eram irlandeses da velha guarda. Muito provincianos: gente atrasada, da zona rural. Morávamos todos na mesma casa: meus pais, meus avós e eu.

AO LADO: Na faculdade de direito, em Cambridge, Massachusetts, c. 1991. Barack Obama tinha acabado de tirar os curativos depois de quebrar o nariz jogando basquete.

PRESIDENTE OBAMA: Avós por parte de pai ou de mãe?

BRUCE SPRINGSTEEN: Por parte de pai. Fui criado pelo lado irlandês da família, com todas as excentricidades que os irlandeses americanos podem ter. E desde muito cedo me fizeram ser diferente de todo mundo.

PRESIDENTE OBAMA: Entendo. Eu costumo contar que meu avô me levava à praia, onde ele jogava damas e bebia cerveja. Ainda lembro daquela garrafinha da cerveja Primo que tinha no rótulo o retrato do rei Kamehameha. Os turistas chegavam e me viam, quando eu tinha uns três, quatro ou cinco anos, e diziam: "Ele é havaiano?". Meu avô respondia: "É bisneto do rei Kamehameha", e eles começavam a tirar fotos.

BRUCE SPRINGSTEEN: Essa é boa.

PRESIDENTE OBAMA: É uma história divertida, para mostrar que meu avô gostava de tirar uma com a cara dos turistas. Mas também é uma história sobre o fato de que não era fácil para mim me identificar. Eu me sentia como alguém de fora. Aquilo era uma prova visível de que eu não era como os outros.

BRUCE SPRINGSTEEN: E em que cidade você morava?

PRESIDENTE OBAMA: Honolulu, Havaí, que é uma pequena joia no meio do oceano criada por todos aqueles imigrantes que vieram dos mais diferentes lugares. Lá vivem japoneses e chineses, portugueses que chegaram como navegadores, e os nativos havaianos que, como muitos povos indígenas, foram dizimados pelas doenças. Por isso, existe uma base cultural que é bonita e poderosa. Mas, quando menino, eu olhava ao redor e nenhuma dessas pessoas se parecia de fato comigo.

BRUCE SPRINGSTEEN: Minhas primeiras recordações de Freehold são bem no estilo Norman Rockwell. Quem cresce em uma cidadezinha assim acaba imerso naquilo: desfiles no Memorial Day, marchas de veteranos, da American Legion, as bandeiras. Quando eu era pequeno, me davam uma bandeirinha no desfile do Memorial Day que eu precisava ficar chacoalhando. Acho que eu sentia que fazia parte de uma coisa muito especial, de que éramos em certo sentido um país abençoado. Tinha havido uma grande guerra. Ganhamos. Lutamos pela liberdade dos outros. Arriscamos as vidas de cidadãos americanos em outros lugares. Éramos os mocinhos. Meu pai dirigiu um caminhão na Batalha das Ardenas. E ficava aquele sentimento de que, de todos os países do mundo, Deus tinha um apreço especial pelos Estados Unidos. Como criança, isso teve um grande impacto e foi inesquecível.

Mas meus avós me davam liberdades que as crianças de fato não devem ter, porque minha avó havia perdido a filha de cinco anos, irmã do meu pai, num acidente de trânsito. Tinha um posto de gasolina na esquina da McLean Street, a dois quarteirões de nossa casa. Ela estava lá num triciclo e foi atropelada por um caminhão. Eu fui a criança que veio em seguida, a criança salvadora. Tive total permissão de fazer o que quisesse.

PRESIDENTE OBAMA: Então, o que é que você fazia, cara? Digo, tocava o terror, vivia tocando o terror em Freehold? Sem freio nenhum?

BRUCE SPRINGSTEEN: Exatamente! Com cinco anos.

PRESIDENTE OBAMA: Andando pelas ruas? Aterrorizando a população...

BRUCE SPRINGSTEEN: Tinha tanta liberdade! Acordava depois de todos os outros garotos. Ia para a cama mais tarde do que qualquer outro garoto. Não me enquadrava em nada. Eu... não... gostava... das regras. Se você é um garoto como eu e a escola impõe uma série de regras, não está preparado para elas. Eu disse: "Certo, o que é que eu quero fazer?". E só quando descobri a música e achei uma maneira de trabalhar minha identidade, encontrei um jeito de falar e ter algum impacto sobre como era ouvido, é que comecei a me sentir em casa no lugar onde vivia.

PRESIDENTE OBAMA: Quando ouvi sua música, percebi um sentimento de deslocamento emocional, e foi um lembrete de que, de muitas formas, nos Estados Unidos, todos nós começamos em certo sentido como forasteiros. Qual era o perfil da população de Freehold?

ACIMA: Brincando na água, Havaí, 1966. **AO LADO (acima à esq. em sentido horário):** A mãe do presidente Obama, Ann Dunham, e a mãe dela, Madelyn Dunham, c. 1958; o avô de Obama, Stanley Dunham, e o "bisneto do rei Kamehameha", Havaí, 1966; uma das primeiras fotos, Havaí, c. 1961; Obama e a mãe na formatura de faculdade dela, Havaí, c. 1967; Obama e seu primeiro carro, Havaí, c. 1964; o pai de Obama, sr. Barack Obama, na faculdade, Havaí, c. 1960; Ann Dunham na faculdade, c. 1961; **(ao centro)** avós maternos de Obama, Stanley e Madelyn Dunham, Havaí, c. 1945.

My Hometown

I was 8 yrs old + runnin' with a dime in my hand
  into the busstop to pick up a paper for my
      old man
I'd sit on his lap in that big ol' Buick and steer
      as we drove through town
he'd tussel my hair and say son take a good
      look around. this is your hometown

In '65 tension was runnin' high at my high school
there was a lotta fights b'ween the black and white
      there was nothin' you could do
2 cars at a light on a Saturday night on the
      back seat there was a gun
words were passed in a shotgun blast
      troubled times had come
          to my hometown

Now Main Streets whitewashed windows + vacant
      stores
seems like there ain't nobody (wants to)
      comin' down here no more
they're closin' down the textile mill cross the tracks
  (railroad)
      foreman says these jobs are goin boys
          and they ain't comin back
              to your hometown

Last night me and Kate we layed in bed talkin' bout
      gettin out packin up our bags maybe headin
we   south   or   I'm 38
I got a boy of my own now + last night I ~~took him~~
  ~~thought down~~ sat him up behind the wheel and
      said son take a good look around
          this is your hometown

MINHA CIDADE NATAL

Eu tinha oito anos e corria com dez centavos na mão/ Para o ponto de ônibus onde ia pegar o jornal para o meu velho/ Eu me sentava no colo dele dentro daquele Buick grande e velho e guiava enquanto atravessávamos a cidade/ Ele bagunçava meu cabelo e dizia: "Filho, dê uma boa olhada ao seu redor, esta é a sua cidade natal/ Esta é a sua cidade natal/ Esta é a sua cidade natal/ Esta é a sua cidade natal"/ Em '65 a tensão estava forte na minha escola/ Uma porção de brigas entre negros e brancos/ Não tinha nada que se pudesse fazer/ Dois carros num semáforo numa noite de sábado e uma arma no banco de trás/ Palavras foram trocadas com um tiro de espingarda/ Tempos conturbados chegaram à minha cidade natal/ Minha cidade natal/ Minha cidade natal/ Minha cidade natal/ Agora na Main Street as vitrines estão pintadas de branco e as lojas vazias/ Parece que ninguém mais quer vir aqui/ Estão fechando a fábrica de têxteis do outro lado da ferrovia/ O capataz diz que esses empregos estão indo embora, meninos, e não vão voltar para sua cidade natal/ Sua cidade natal/ Sua cidade natal/ Sua cidade natal/ Na noite passada eu e Kate ficamos deitados na cama/ Conversando sobre ir embora/ Fazer nossas malas, quem sabe em direção ao Sul/ Estou com 35 anos e agora tenho meu próprio filho/ Na noite passada sentei-o atrás do volante e disse: "Filho, dê uma boa olhada ao seu redor/ Esta é a sua cidade natal"

— DE BORN IN THE U.S.A. (1984)

BRUCE SPRINGSTEEN: No começo tinha muitos irlandeses e italianos, depois vieram os afro-americanos do Sul, que eram trazidos de ônibus no verão para trabalhar nas plantações de batatas nos arredores da cidade. Por isso, cresci numa vizinhança mais ou menos integrada. Eu tinha amigos negros quando era bem novo. Mas havia uma porção de regras.

PRESIDENTE OBAMA: Na casa de quem podia ir…

BRUCE SPRINGSTEEN: Isso mesmo, e quem não podia ir à sua casa.

PRESIDENTE OBAMA: Certo.

BRUCE SPRINGSTEEN: E em que casa você não podia ir.

PRESIDENTE OBAMA: Isso antes mesmo de você começar a falar em namoro ou…

BRUCE SPRINGSTEEN: Exatamente. Só uma criança andando de bicicleta, e consciente de todas essas regras tácitas. Freehold era a típica cidadezinha provinciana, *redneck* e racista da década de 1950 no país. Sofreu muitas tensões raciais no final da década de 1960. No dia dos tumultos em Newark aconteceram distúrbios também em Freehold, uma cidade de cerca de 10 mil habitantes. Chamaram a polícia estadual, decretaram estado de emergência.

PRESIDENTE OBAMA: Quantos anos você tinha nessa época?

BRUCE SPRINGSTEEN: Dezessete, estava no ensino médio.

PRESIDENTE OBAMA: Por falar em *redneck*, esse termo, como você sabe, tem um conjunto bem específico de conotações. Da mesma forma como, na comunidade afro-americana, podemos dizer certas coisas sobre nós mesmos, você precisa ter algum nível de intimidade e amor em relação a uma comunidade para poder descrevê-la nesses termos. Se alguém de fora disser isso, pode dar briga.

BRUCE SPRINGSTEEN: Claro!

PRESIDENTE OBAMA: O que você acha disso?

BRUCE SPRINGSTEEN: Bem, essa era a gente que eu amava, com todas as suas limitações, todas as suas bênçãos, todas as suas maldições, todos os seus sonhos, todos os seus pesadelos. E era como várias cidadezinhas americanas na década de 1950, foi ali que cresci.

Compus "My Hometown" em 1984. Foi uma volta à minha vida como criança. A cidadezinha onde cresci estava passando por tempos difíceis. Quando eu era garoto, havia três fábricas: 3M, Brockway Glass, Karagheusian Rug Mill. Todos na cidade trabalhavam em uma dessas fábricas. E estavam indo embora. Andando por nossa ruazinha principal, o que se via era um monte de lojas vedadas com tábuas.

Naquela época, o tumulto racial na cidade foi causado por um tiroteio num semáforo. Um carro cheio de garotos brancos com uma espingarda atirando contra um carro cheio de garotos negros. Um amigo meu ficou cego de um olho. E aí a cidade começou a minguar. A música foi simplesmente algo que brotou, sabe?

No final da década de 1970 e nos anos 1980 eu sabia que esse era o tema que eu buscava, esse era quem eu seria e sobre aquilo que eu iria escrever. Era o que fazia sentido para mim. Queria ficar na minha casa. Queria viver aqui. Queria estar meio que cercado das pessoas que eu conhecia, contar minha história e a deles.

Há um elemento generacional em "My Hometown", porque tem um menino sentado no colo do pai, que lhe diz: "Esta é sua cidade natal e tudo dentro dela".

PRESIDENTE OBAMA: Coisas boas e ruins.

BRUCE SPRINGSTEEN: Isso mesmo. A gente é parte de um fluxo geral da história e por isso o que está acontecendo e o que aconteceu é parcialmente sua responsabilidade. A gente está

PÁGINAS ANTERIORES (p. 18): Bruce Springsteen jogando beisebol, Freehold, 1965. **(p. 19):** Adolescência, *c.* 1963. **ACIMA:** A partir do fim do século XIX, as colheitas de verão atraíam trabalhadores rurais para Nova Jersey, muitos deles imigrantes brancos pobres e sulistas negros. Passavam o inverno na Flórida, trabalhando nos laranjais, depois iam para o Norte colher batatas e outros produtos agrícolas, com pouca ou quase nenhuma proteção trabalhista. **AO LADO (acima à esq. em sentido horário):** Na primeira metade do século XX, a fábrica de tapetes Karagheusian definiu Freehold, NJ. Quem ali morava e não trabalhava na fábrica tinha um parente que trabalhava. Fundada no começo dos anos 1900 por dois irmãos imigrantes que fugiam de perseguições na Armênia, seu país natal, a fábrica forneceu tapetes mundialmente renomados para o recém-construído Radio City Music Hall; os pais de Bruce, Douglas e Adele Springsteen, no dia do casamento; Bruce e a irmã Pamela, *c.* 1953; os avós maternos de Bruce, Antonio Zerilli e Adelina Sorrentino, no dia do casamento; o avô paterno de Bruce, Frederick Springsteen, na frente de sua loja, Freehold, *c.* 1935; a família de Bruce, junto com os avós paternos. Bruce está na frente, deitado no chão, ao lado do primo, meados dos anos 1950. **A SEGUIR:** Dos mais de 150 tumultos e rebeliões que tomaram conta do país durante o "longo e tórrido verão" de 1957, os cinco dias de conflitos em Newark foram os mais letais. Depois que um taxista negro apanhou e foi preso pela polícia, tensões há muito tempo latentes estouraram. Mais de 700 pessoas foram feridas, 26 morreram, e quarteirões inteiros foram reduzidos a cinzas, mudando a cidade para sempre.

amarrado historicamente às coisas boas e ruins que aconteceram, não apenas na nossa cidade natal, mas no nosso país, e, como protagonistas naquele momento, temos algum poder para reconhecer essas coisas e talvez fazer algo a respeito na medida do possível.

Ainda gosto muito de cantar essa música hoje em dia. É mais do que uma demonstração de nostalgia. Todo mundo na plateia a reconhece. E as pessoas sempre cantam aquele verso comigo: "Mmmmyyyyy hooommme-town". E a cidadezinha de que estão falando não é Freehold, não é Matawan, não é Marlboro, não é Washington, não é Seattle, porra. É o negócio inteiro. Os Estados Unidos como um todo, sabe?

PRESIDENTE OBAMA: Sei.

BRUCE SPRINGSTEEN: É uma boa música.

PRESIDENTE OBAMA: Uma ótima música.

Então, o que aconteceu logo depois desses tumultos em Freehold? Porque lugares como Newark, Detroit… eles nunca se recuperaram de fato, não foi?

BRUCE SPRINGSTEEN: Asbury Park realmente sofreu por causa dos tumultos. E eles eram previsíveis e justificados. A população negra daquela cidade não tinha praticamente nenhuma representação no governo local.

Asbury de fato não voltou ao que era por um tempão. Teve uma retomada nos últimos dez anos, claro, mas a maioria dos problemas continua sem solução no lado oeste da cidade. Por isso, a gente pode dizer: "As coisas realmente mudaram? Não tenho tanta certeza".

Em Freehold, o que eu vi que tenha melhorado? Não muita coisa. Mas foram acontecimentos muito menores. A rua principal de Freehold tem três quarteirões.

PRESIDENTE OBAMA: Algumas lojas destruídas, algumas pessoas presas, mas a essência da cidade não é realmente muito afetada. Sua família falava a respeito? Você falava sobre isso com seus amigos?

BRUCE SPRINGSTEEN: Não era questão de falar, eu estava *vivendo* aquilo. No ensino médio, teve um tempo em que meus amigos negros não conversavam comigo. Eu falava: "Oi…" e meu amigo dizia: "Não posso falar com você agora".

PRESIDENTE OBAMA: Interessante que ele dissesse "agora". Era um sinal para você: "Neste momento, você simplesmente… temos que esperar isso passar".

BRUCE SPRINGSTEEN: Tem razão.

PRESIDENTE OBAMA: Não significa que não possamos conversar mais tarde.

BRUCE SPRINGSTEEN: Mas hoje não. Aquelas tensões se tornaram muito reais em 1967, 1968. A Freehold Regional High School era totalmente integrada, a maioria dos estudantes era de filhos de operários — talvez alguns de trabalhadores de nível mais alto, mas não muitos. E acontecia muita briga direta entre alunos brancos e alunos negros. Depois do ensino fundamental, se as pessoas não quisessem que os filhos estudassem em escolas mistas, tinham que mandá-los para um colégio católico.

PRESIDENTE OBAMA: E isso vale para quase todas as cidades do país.

BRUCE SPRINGSTEEN: Meus pais queriam que eu fosse para uma escola católica, acho que na época era em Trenton. Eu disse: "Trenton? Passar uma hora dentro de uma porcaria de um ônibus todos os dias?".

PRESIDENTE OBAMA: Além do mais, você não ia estudar mesmo, então não fazia diferença!

BRUCE SPRINGSTEEN: Pois é!

PRESIDENTE OBAMA: Porque você ia ser um astro do rock! O que levanta uma questão interessante. Mais ou menos nessa época você estava começando a levar a música a sério e logo depois começou a criar suas bandas.

BRUCE SPRINGSTEEN: Peguei uma guitarra em 1964 e toquei durante todos os anos do ensino médio. Tinha os Rolling Stones e os Beatles, mas logo depois apareceram Sam & Dave, a Motown — e a gente aprendia a compor com os grandes criadores da Motown.

> A GENTE ESTÁ AMARRADO HISTORICAMENTE ÀS COISAS BOAS E RUINS QUE ACONTECERAM, NÃO APENAS NA NOSSA CIDADE NATAL, MAS NO NOSSO PAÍS, E, COMO PROTAGONISTAS NAQUELE MOMENTO, TEMOS ALGUM PODER PARA RECONHECER ESSAS COISAS E TALVEZ FAZER ALGO A RESPEITO NA MEDIDA DO POSSÍVEL.
> — BRUCE SPRINGSTEEN

AO LADO: No verão de 1970, protestos estouraram na cidadezinha turística de Asbury Park, NJ. Embora os resorts tivessem tradicionalmente empregado moradores negros locais, em 1970 as vagas eram em sua maioria ocupadas por adolescentes brancos das cidades vizinhas. Jovens negros da cidade estavam fartos, e no Quatro de Julho os tumultos começaram.
A SEGUIR: Bruce Springsteen, aos 16 anos, toca com sua primeira banda, os Castiles, na loja Ferndock Surf, Asbury Park, c. 1965.

PRESIDENTE OBAMA: Então, se não havia artistas afro-americanos que o ajudassem a descobrir o rock, certamente havia artistas *influenciados* por afro-americanos que iam abrindo aquela porta para você.

BRUCE SPRINGSTEEN: Sem dúvida. Tínhamos uma banda que costumava tocar no que chamavam de Route 9, no sul de Freehold. A gente precisava conhecer música soul porque ali era território dos "greasers". Eram aqueles caras com casacos compridos de couro, ternos de tecido *sharkskin*, cabelos com brilhantina e puxados para trás, sapatos pretos de bico fino, meias transparentes de nylon. Tudo copiado da comunidade negra. Quando a gente ia para o sul, na Route 9, precisava ser capaz de tocar música soul e *doo-wop*, ou não ia sobreviver numa noite de sexta-feira ou sábado.

Como jovem músico, era preciso estar imerso na cultura afro-americana que inspirava a música que amávamos. Era muito estranho, porque os garotos negros da minha escola eram ao mesmo tempo invejados e vítimas de um tremendo preconceito.

PRESIDENTE OBAMA: Invejados por quê?

BRUCE SPRINGSTEEN: Os caras jovens, o jeito como se *vestiam*...

PRESIDENTE OBAMA: Andavam na estica.

BRUCE SPRINGSTEEN: Costumávamos ir, na Springwood Avenue, a uma loja chamada Fisch's. É onde vendiam aquelas roupas. Era uma mistura estranha de inveja e preconceito, uma coisa difícil de destrinchar.

PRESIDENTE OBAMA: Me faz pensar no filme de Spike Lee *Faça a coisa certa*.

BRUCE SPRINGSTEEN: Grande filme.

PRESIDENTE OBAMA: Concordo, grande filme. Um dos protagonistas, um cara chamado Mookie, trabalha para um sujeito italiano e seus filhos, que têm um pequeno negócio, uma pequena pizzaria. Um dos filhos, Vito, é um bom menino, ama a comunidade afro-americana onde estão instalados. E o mais velho, Pino, é cínico e mais abertamente racista. Em certo momento, Mookie, que embora não goste muito de pegar no batente compreende bem o bairro onde vive, começa a fazer algumas perguntas ao irmão mais velho e racista:

```
MOOKIE: Pino, quem é seu
jogador de basquete preferido?
PINO: Magic Johnson.
MOOKIE: Quem é seu artista
de cinema preferido?
PINO: Eddie Murphy.
MOOKIE: Quem é seu cantor
de rock preferido? Prince.
PINO: Errado, Bruce.
MOOKIE: Prince.
PINO: BRRRUUUUUUCCCCE.
```

Então ele diz alguma coisa assim: "Se é assim, por que você usa sempre a palavra com N? [*nigger*] Quando todos esses caras são negros e você diz o tempo todo que é fã deles". E sempre achei que esse era um modo simples e brilhante de expressar alguma coisa que nunca deixou de ser verdadeira e complicada sobre os Estados Unidos, que é a noção de que os negros são os outros. São menosprezados, discriminados, mas a cultura sempre adota, regurgita e processa o estilo que surge do fato de alguém ser um forasteiro, de conhecer essa tristeza, de sofrer com essas cicatrizes, de ter que sobreviver na base da esperteza e inventar coisas do nada. E o rock 'n' roll é parte desse processo.

Me pergunto se, como adolescente, isso foi algo que você estava ciente, ou se só pensou: "Sabe de uma coisa? Essa música é bacana, gosto dela e mexe comigo de alguma forma".

BRUCE SPRINGSTEEN: Acho que, se você foi um adolescente na década de 1960, estava ciente de tudo isso de forma muito intensa. Ninguém podia ser um adolescente naquela época e não saber que a questão racial era a mais fundamental naqueles dias. Nos Estados Unidos, nós amamos os negros e os pardos quando eles nos entretêm, mas, quando querem morar ao nosso lado, continuamos a ser uma sociedade tribal. É parte da tragédia que continua, obviamente, até os dias de hoje. E... acho que nunca foi um assunto tão essencial quanto é neste exato momento... Penso o seguinte: "Por que é tão difícil falar sobre raça? Por que estou... Por que estou hesitando aqui?".

Para falar sobre raça, a gente tem que falar sobre nossas diferenças. Para falar sobre raça, é preciso falar, até certo

---

ACIMA: Sam Moore e Dave Prater levaram os sons religiosos do black gospel para a corrente pop dominante. Seus maiores sucessos incluíam "Soul Man" e "Hold On, I'm Comin'". **AO LADO:** Lançado em 1988, o icônico filme de Spike Lee, *Faça a coisa certa*, narra a tensão racial e a violência entre personagens afro e ítalo-americanos num bairro do Brooklyn, ao longo de um longo e quente dia de verão.

ponto, sobre desconstruir o mito do caldeirão de raças, que nunca foi realmente verdadeiro. Admitir que uma grande parte de nossa história tem consistido em pilhagens e em violência contra as pessoas de cor. Temos vergonha de nossa culpa coletiva. Precisaríamos reconhecer e lamentar o que foi feito. Precisaríamos admitir nossa própria cumplicidade cotidiana, admitir que estamos presos a uma história de racismo.

PRESIDENTE OBAMA: De um grande mal.

BRUCE SPRINGSTEEN: Sim, nada disso é fácil para as pessoas fazerem.

PRESIDENTE OBAMA: O interessante para mim foi como, em parte por ter uma criação tão incomum, eu precisei entender tudo isso, que não fazia parte do meu cotidiano da mesma maneira. Não houve conflitos raciais no Havaí. Não existia uma área da cidade onde os negros moravam. Por isso, tive que absorver isso vivendo a minha cota de ignorância e desfeitas no dia a dia.

Eu jogava tênis. Com onze, doze anos, ainda me lembro de que costumavam anunciar a classificação para os torneios em que a gente jogava. Eu não era um grande jogador, mas era bom o suficiente para participar de alguns torneios, e me lembro de correr o dedo pela tabela para ver onde estava meu nome na lista; então o tenista profissional, que era o técnico da equipe da nossa escola, disse: "Cuidado, esfregando esse seu dedo aí você pode sujar de preto a tabela". Virei para ele e perguntei: *"O que é que você disse?"*. Foi um momento interessante em que um menino de onze ou doze anos falava com um adulto observando e calculando o que ele faria. Aí o cara respondeu: "Eu só estava brincando".

BRUCE SPRINGSTEEN: Quem eram seus amigos nessa época?

PRESIDENTE OBAMA: Meus melhores amigos acabaram sendo um bando de desajustados e forasteiros. Garotos como... *você* — que eram, talvez, um pouco mal resolvidos do ponto de vista emocional. Hoje percebo que meus melhores amigos no ensino médio, que são — até hoje — alguns de meus melhores amigos, vinham todos de famílias desestruturadas. Todos eles, economicamente, pertenciam às camadas mais baixas em comparação com os outros alunos.

> FUI AMADO, AFAGADO E ESPECIAL, E SER NEGRO SE TORNOU UMA COISA DE QUE DEVERIA ME ORGULHAR, UMA COISA APRECIADA E ESPECIAL. E, NA VERDADE, AS PRÓPRIAS LUTAS EM QUE OS NEGROS DOS ESTADOS UNIDOS ESTAVAM ENGAJADOS ERAM PARTE DAQUILO QUE OS TORNAVA ESPECIAIS. PORQUE, DE CERTO MODO, HAVIAM SIDO FORTALECIDOS PELO SOFRIMENTO.
> — PRESIDENTE OBAMA

E uma das coisas que nos uniu foi o basquete. Viramos todos grandes fanáticos por basquete, os esportes se tornaram o espaço em que um garoto negro e um garoto branco podiam ficar em pé de igualdade e fazer parte de um grupo que, embora não fosse livre no quesito raça, era uma arena em que as questões de quem estava por cima e quem estava por baixo — status, sabe — em última análise, dependiam de seu desempenho no jogo.

BRUCE SPRINGSTEEN: Onde sua mãe se encaixava nisso tudo?

PRESIDENTE OBAMA: Ela incutiu em mim uma noção básica de quem eu era, por que era abençoado pelo fato de possuir aquela pele negra bonita e fazer parte de uma tradição grandiosa. Parte disso ela romantizava. Era a última das grandes humanistas liberais, uma pessoa boa e generosa por natureza, mas que tinha herdado uma dose significativa de rebeldia. Me dava aquelas versões para crianças das biografias de Muhammad Ali e Arthur Ashe. Acho que, por instinto, entendia o seguinte: "Preciso deixá-lo imunizado bem cedo contra o que pode vir pela frente". E assim fui amado, afagado e especial, e ser negro se tornou uma coisa de que deveria me orgulhar, uma coisa apreciada e especial. E, na verdade, as próprias lutas em que os negros dos Estados Unidos estavam engajados eram parte daquilo que os tornava especiais. Porque, de certo modo, haviam sido fortalecidos pelo sofrimento. E, como tinham sofrido a crueldade, então podiam ajudar todos nós a transcendê-la.

Começamos a conversa falando que nós dois, de certa forma, nos sentíamos como forasteiros, e parte da minha agenda política, parte dos vários discursos que já fiz, consistiu sempre em declarar que os Estados Unidos são um lugar onde você não precisa ter uma aparência específica, não precisa vir de determinadas famílias, não precisa ter uma determinada formação religiosa. Só tem que ser fiel a uma crença — a uma ideia. As pessoas às vezes me perguntam qual foi um dos discursos prediletos que eu fiz, e talvez seja o que pronunciei no quinquagésimo aniversário da marcha que cruzou a ponte Edmund Pettus, partindo de Selma.

AO LADO: Barack Obama festeja a vitória num campeonato estadual com seu time do ensino médio, Punahou, 1979. **ACIMA:** Obama com a mãe em sua formatura, 1979.

Naquele momento as críticas estavam em alta. Não só a mim, mas a todos os progressistas, como "antiamericanos" ou "não americanos de verdade". Achei que era um momento para registrar uma ideia diferente dos Estados Unidos. Eu estava lá em Selma com John Lewis — e, aliás, com George W. Bush e mais uma porção de gente — comemorando aquele episódio de nossa história. Você tinha de um lado os marginalizados: estudantes, empregadas domésticas, operários, ajudantes de garçom, todos negros. Do outro: o poder do Estado. Ocorre um impasse, o confronto histórico de dois conceitos dos Estados Unidos. De um lado, a ideia de que: "Não, os Estados Unidos são apenas para certas pessoas que precisam ser de determinada maneira e ter determinada aparência". E, do outro, liderados por aquele garotão de 25 anos de casaco impermeável e mochila nas costas, a ideia de que "os Estados Unidos são para todos".

Na verdade, o que faz dos Estados Unidos o país que é são todos os forasteiros, todos os desajustados, as pessoas que tentam fazer algo a partir do nada. Esse foi o tema do meu discurso.

BRUCE SPRINGSTEEN: É um grande discurso.

PRESIDENTE OBAMA: É o melhor conceito dos Estados Unidos: a ideia de que aceitamos todos os que vêm de fora, a de que todo mundo tem uma chance — aqueles que aqui chegaram como deserdados, excluídos, os abandonados e desprezados. A de que aqui qualquer um em teoria pode superar tudo isso e criar algo novo. Essa é a ideia do que os Estados Unidos podem ser. É por isso que John lutou. É sobre isso que você canta, o que leva os jovens a se mobilizarem politicamente.

BRUCE SPRINGSTEEN: Amém.

AO LADO (acima): John Lewis entra para a história em março de 1965. Filho de meeiros do Alabama, Lewis foi um congressista e ativista cuja vida e carreira praticamente coincidiram com o movimento dos direitos civis. Foi um dos 13 Passageiros da Liberdade originais, membro fundador do Comitê Não Violento de Coordenação Estudantil (SNCC), e um dos organizadores da Marcha para Washington por Empregos e Liberdade em 1963. Entrou para a Câmara dos Representantes dos Estados Unidos em 3 de janeiro de 1987, e exerceu 17 mandatos até sua morte em 2020. Lewis foi condecorado com a Medalha Presidencial da Liberdade em 2011; **(abaixo):** Martin Luther King Jr. cantando em marcha, março de 1967.

DISCURSO DO PRESIDENTE NO 50º ANIVERSÁRIO DAS MARCHAS DE SELMA PARA MONTGOMERY

PONTE EDMUND PETTUS

SELMA, ALABAMA

14H17

DRAFT 3/6/15 1130pm
Keenan
6-4698 desk | 503-5633 mobile

Remarks of President Barack Obama
Selma, Alabama
March 7, 2015

It is a rare honor in this life to follow one of your heroes. And John Lewis is one of my heroes.

Now, I have to imagine that when a younger John Lewis woke up that morning fifty years ago and made his way to Brown Chapel, heroics were not on his mind. A day like this was not on his mind. Young folks with bedrolls and backpacks were milling about. Veterans of the movement trained newcomers in the tactics of non-violence; the right way to protect yourself when attacked. A doctor described what tear gas does to the body while marchers scribbled down instructions for contacting their loved ones. The air was thick with doubt, anticipation, and fear. ~~But it all lifted~~ they comforted themselves with the final verse of the final hymn they sung:

No matter what may be the test, God will take care of you;
Lean, weary one, upon His breast, God will take care of you.

Then, his knapsack stocked with an apple, a toothbrush, a book on government – all you need for a night behind bars – John Lewis led them out of the church on a mission to change America.

President Bush and Mrs. Bush, Governor Bentley, Members of Congress, Mayor Evans, Reverend Strong, friends and fellow Americans:

There are places, and moments, in America where ~~our~~ this nation's destiny has been decided. Many are sites of war – Concord and Lexington, Appomattox and Gettysburg. Others are sites that symbolize the daring spirit of the American character – Independence Hall and Seneca Falls, Kitty Hawk and Cape Canaveral.

Selma is such a place.

In one afternoon fifty years ago, so much of our turbulent history – the stain of slavery and death anguish of civil war; the yoke of segregation and tyranny of Jim Crow; the ~~nightmare~~ of four little girls in Birmingham, and the dream of ~~a King~~ a Baptist preacher – met on this bridge.

It was not a clash of armies, but a clash of wills; a contest to determine the meaning of America.

And because of men and women like John Lewis, Joseph Lowery, Hosea Williams, Amelia Boynton, Diane Nash, Ralph Abernathy, C.T. Vivian, Andrew Young, Fred Shuttlesworth, Dr. King, and so many more, the idea of a <u>just</u> America, a <u>fair</u> America, an <u>inclusive</u> America, a <u>generous</u> America – that idea ultimately triumphed.

As is true across the landscape of American history, we cannot examine this moment in isolation. The march on Selma was part of a broader campaign that spanned generations; the leaders of that day part of a long line of ~~quiet~~ heroes.

We gather here to celebrate them. We gather here to honor the courage of ordinary Americans willing to endure billy clubs and the chastening rod; tear gas and the trampling hoof; men and women who despite the gush of blood and splintered bone would stay true to their North Star and keep marching toward justice.

They did as Scripture instructed: "Rejoice in hope, be patient in tribulation, be constant in prayer." And in the days to come, they went back again and again. When the trumpet call sounded for more to join, the people came – black and white, young and old, Christian and Jew, waving the same American flag and singing the same anthems full of faith and hope. A white newsman, Bill Plante, who covered the marches then and who is with us here today, quipped at the time that the growing number of white people lowered the quality of the singing. To those who marched, though, those old gospel songs must have never sounded so sweet.

In time, their chorus would reach President Johnson. And he would send them protection, echoing their call for the nation and the world to hear:

"We shall overcome."

What enormous faith ~~they~~ these men and women had. Faith in God – but also faith in America.

The Americans who crossed this bridge were not ~~war heroes~~ physically imposing. But they gave courage to millions. They ~~were not~~ held no elected ~~leaders~~ officials office. But they led a nation. They marched as Americans who had endured hundreds of years of brutal violence, and countless daily indignities – but they didn't seek special treatment, just the equal treatment promised to them almost 200 years before.

What they did here will reverberate through the ages, never to be undone. Not because the change they won was preordained; not because their victory was complete; but because they proved that nonviolent change is <u>possible</u>; that love and hope can conquer hate.

As we commemorate their achievement, we are well-served to remember that many in power condemned rather than praised them. Back then, ~~They~~ They were called Communists, half-breeds, rabble-rousers, sexual and moral degenerates, and worse – everything but the name their parents gave them. Their faith was questioned. Their lives were threatened. Their patriotism was challenged.

And yet, what could be more American than what happened ~~right here~~ in this place?

What could more profoundly vindicate the idea of America than ~~ordinary~~ plain and humble people – the unsung, the downtrodden, the dreamers not of high station, not born to wealth or privilege, not of one religious tradition but many – coming together to shape their country's course?

What greater expression of faith in the American experiment than this; what greater form of patriotism is there; than the belief that America is <u>not</u> yet finished, that we are <u>strong</u> enough to be self-critical, that each successive generation can look upon our imperfections and decide that it is in our power to remake this nation to more closely align with our highest ideals?

<u>That's</u> why Selma is not some outlier in the American experience. <u>That's</u> why it's not just a museum or static monument to behold from a distance. It is instead the manifestation of a creed written into our founding documents:

"We the People…in order to form a more perfect union."

"We hold these truths to be self-evident, that all men are created equal."

These are not just words. They are a living thing, a call to action, a roadmap for citizenship and an insistence in the capacity of free men and women to shape our own destiny. For founders like Franklin and Jefferson, for leaders like Lincoln and FDR, the success of our experiment in self-government rested on engaging all our citizens in this work. That's what we celebrate here in Selma. That's what this movement was all about, one leg in our long journey toward freedom.

The American instinct that led these young men and women to pick up the torch and cross this bridge is the same instinct that moved patriots to choose revolution over tyranny. It's the same instinct that drew immigrants from across oceans and the Rio Grande; the same instinct that led women to reach for the ballot and workers to organize against an unjust status quo; the same instinct that inspired us to plant a flag at Iwo Jima and on the surface of the Moon.

It's the idea held by generations of citizens who believed that America is a constant work in progress; who believed that loving this country requires more than singing its praises or avoiding discomfiting truths. It requires the occasional disruption, the willingness to speak truth to power and shake up the status quo.

That's what makes us unique. That's what cements our reputation as a beacon of opportunity. Young people behind the Iron Curtain would see Selma and eventually tear down a wall. Young people in Soweto would hear Bobby Kennedy talk about ripples of hope and eventually banish the scourge of apartheid. From Burma to Venezuela to Tunisia, young people today draw strength from an example — this example — a place where the powerless can change the world's greatest superpower, and push their leaders to create freedom and liberty where they didn't fully exist. They saw that idea made real in Selma, Alabama. They saw it made real in America.

Because of campaigns like this, a Voting Rights Act was passed. Political, economic, and social barriers came down, and the change these men and women wrought is visible here today: African-Americans who run boardrooms, who sit on the federal bench, who serve in elected office from small towns to big cities; from the Congressional Black Caucus to the Oval Office.

Because of what they did, the doors of opportunity swung open not just for African-Americans, but for every American. Women marched through those doors. Latinos marched through those doors. Asian-Americans, gay Americans, and Americans with disabilities came through those doors. Their endeavors gave the entire South the chance to rise again, not by reasserting the past, but by transcending the past. What a glorious thing, Dr. King would say.

What a solemn debt we owe.

Which leads us to ask, just how might we repay that debt?

First and foremost, we have to recognize that one day's commemoration, no matter how special, is not enough. If Selma taught us anything, it's that our work is never done – the American experiment in self-government gives work and purpose to each generation.

In teaches us, too, that action requires us to slough off cynicism. When it comes to the pursuit of justice, we can afford neither complacency nor despair.

Just this week, I was asked whether I thought the Department of Justice's Ferguson report shows that, when it comes to race, nothing has changed in this country. I understand the question, for the report's narrative was woefully familiar. It evoked the kind of abuse and disregard for citizens that spawned the Civil Rights Movement. But I cautioned against suggesting that this was proof nothing's changed. Ferguson may not be unique, but it's not endemic; and before the Civil Rights Movement, it was.

We do a disservice to the cause of justice by intimating that bias and discrimination are immutable, or that racial division is inherent to America. If you think nothing's changed in the past fifty years, ask somebody who lived through Selma whether nothing's changed. Ask the female CEO or the woman who blazed a trail for her if nothing's changed. Ask your gay friend if it's easier to be out and proud in America now than it was thirty years ago. To deny this progress – <u>our</u> progress – would be to rob us of our own agency; our responsibility to do what we can to make America better.

Of course, an even more common mistake is to suggest that racism is banished, that the work that drew men and women to Selma is done, and that whatever racial tensions remain are a consequence of those seeking to play the "race card" for their own purposes. We don't need the Ferguson report to know that's not true. We just need to open our eyes, and ears, and hearts, to know that this nation's racial history still casts its long shadow on us. We know the march is not yet over, and that traveling those next steps require admitting as much. "We are capable of bearing a great burden," James Baldwin wrote, "once we discover that the burden is reality and arrive where reality is."

This is work for all of us, not just some of us. Not just blacks, or just whites. All of us. If we want to honor the courage of those who marched that day, then we will have to take possession of their moral imagination. We will need to feel, as they did, the fierce urgency of now. We have to recognize, as they did, that change is up to us – that no matter how hard it may seem, laws can be passed, and consciences can be stirred, and consensus can be built.

Together, we can make sure our criminal justice system serves everybody. We can recognize that all of us have a part to play in addressing unfair sentencing and overcrowded prisons, that rob us of too many boys before they become men, and too many men who could be good dads.

Together, we can raise the level of mutual trust that policing is built on – the idea that police officers are members of the communities they risk their lives to protect, and citizens just want the same thing young people here marched for – the protection of the law.

Together, we can recommit ourselves to eradicating poverty and the roadblocks to opportunity. Americans don't accept a free ride for anyone, nor do we believe in equality of outcomes. But we do expect equal opportunity. We can strive to make sure <u>every</u> child gets an education suitable to this new century, one that expands their imaginations and lifts their sights. We can make sure every worker has a fair wage, a real voice, and sturdier rungs on that ladder into the middle class.

And together, we can protect ~~that essential right~~, the foundation stone of our democracy for which so many marched across this bridge — the right to vote. Right now, there are ~~new~~ laws across this country designed to make it harder for people to vote. Meanwhile, the Voting Rights Act, the culmination of so much ~~of this movement~~, the product of so much sacrifice, stands weakened, its reauthorization subject to partisan rancor.

[margin notes: with effort, gather another, more, and there is; As we speak, more of such laws are being proposed; blood and sweat and tears; in the face of wanton violence]

How can that be? The Voting Rights Act was one of the crowning achievements of our democracy, the result of Republican and Democratic effort. President Bush signed its renewal when he was in office. More than 100 Members of Congress have come here today to honor people who were willing to die for the right ~~to vote~~. If we want to honor this day, let those hundred, and ~~the other 300~~, pledge to make it their mission to reauthorize the law this year.

[margin notes: go back to Washington, and together, it protects, or the courts, or ~~even~~ the President]

Of course, our democracy is not the task of Congress alone. If every new voter suppression law was struck down today, we'd still have one of the lowest voting rates among free peoples. Fifty years ago, registering to vote here in Selma and much of the South meant guessing the number of jellybeans in a jar or bubbles on a bar of soap. It meant risking your dignity, and sometimes, your life. What is our excuse? How do we so casually discard the right for which so many fought? How do we so fully give away our power, our voice, in ~~this democracy~~.

[margin notes: today; student?; shaping America's future]

Fellow marchers, so much has changed in fifty years. We've endured war, and fashioned peace. We've seen technological wonders that touch our ~~very~~ lives, and take for granted ~~convenience~~ — or our parents might scarcely imagine. But what has not changed is the imperative of citizenship, that willingness of a 26-year-old grandson, a Unitarian minister, ~~and~~ a young mother of five, to decide they loved this country so much that they'd give up ~~their lives~~ to realize its promise.

[margin notes: or; every aspect of; rich everything]

That's what it means to love America. That's what it means to believe in America. That's what it means when we say America is exceptional.

For we were born of change. We broke the old aristocracies, declaring ourselves entitled not by bloodline, but endowed by our Creator with certain unalienable rights. ~~He created us equal — a self-evident truth that, until America happened, was never self-executing.~~ We secure our rights and responsibilities through a system of self-government, of and by and for the people. That's why we argue and fight with so much passion and conviction. That's why, for such a young nation, we are so big and bold and diverse and full of ~~complex~~ contradictions, because we know our efforts matter. We know America is what we make of it.

We are Lewis and Clark and Sacajawea — pioneers who braved the unfamiliar, followed by a stampede of farmers and miners, entrepreneurs and hucksters. That's our spirit.

We are Teddy Roosevelt, who charged up that hill with the Rough Riders, and invited Booker T. Washington to dinner to hear his ~~radical~~ vision of things to come. That's what we do.

[margin note: then implausible]

We are Sojourner Truth and Fannie Lou Hamer, women who ~~can~~ could do as much as any man, and we're Susan B. Anthony, who shook the system 'til the law made that true. That's our character.

[margin note: and then some]

We're the immigrants who stowed away on ships to reach these shores, and the dreamers who cross the Rio Grande because they want their kids to know a better life. That's ~~why we exist~~.

[margin note: how we came to be]

5

We're the ~~unacknowledged~~ slaves who built the White House and the ~~Southern~~ economy of the South, and we're the countless laborers who laid rail, raised skyscrapers, and organized for workers' rights.

We're the fresh-faced GIs who fought to liberate a continent, and we're the Tuskeegee Airmen, Navajo code-talkers, and Japanese-Americans who fought ~~alongside them~~ for this country even as their own liberty had been denied.

We are the huddled masses yearning to breathe free – Holocaust survivors, Soviet defectors, the Lost Boys of Africa.

We are the gay Americans whose blood ran on the streets of San Francisco and New York, just as blood ran down this bridge.

We are storytellers, writers, poets, and artists who abhor unfairness, ~~puncture~~ and despise hypocrisy, and tell truths that need to be told.

We are the inventors of jazz and the blues, bluegrass and country, hip-hop and rock and roll, our very own sounds with all the sweet sorrow and ~~awesome~~ dangerous joy of freedom.

We are Jackie Robinson, ~~tearing down barriers,~~ enduring scorn and spiked cleats, and stealing home plate in the World Series anyway.

We are the people Langston Hughes wrote of, who "build our temples for tomorrow, strong as we know how."

We are the people Emerson wrote of, "who for truth and honor's sake stand fast and suffer long;" who are "never too tired, so long as we can see far enough." That's what America is. Not ~~some~~ cramped stock photos or revised airbrushed history or feeble attempts to define some as more American than others. ~~We are Americans.~~ We respect the past, but we don't pine for it. We don't fear the future; we grab for it. America is not some fragile thing; we're boisterous and full of energy, perpetually young in spirit. That's why somebody like John Lewis at the ripe age of 25 could lead ~~this~~ a mighty march. That's what the young people here today and listening all across the country ~~have to understand.~~ You are America. Unconstrained by habits and convention. Unencumbered by what is, and ready to seize what ought to be. And for everywhere in this country, there are first steps to be taken, and new ground to cover, and bridges to be crossed. And it is you, the young and fearless at heart, the most diverse and educated generation in our history, who we are waiting to follow.

Because Selma shows us that America is not the project of any one person.

Because the single most powerful word in our democracy is the word "We." We The People. We Shall Overcome. ~~Yes We Can.~~ It is owned by no one. It belongs to everyone. Oh, what a glorious task we are given, to continually try to improve this great nation of ours.

Fifty years from Bloody Sunday, our march is not yet finished. But we are getting closer. Two hundred and thirty-nine years after this nation's founding, our union is not yet perfect. But we are getting closer. Our job's easier because somebody already got us through that first mile. Somebody already got us over that bridge. When it feels that the road's is too hard, ~~or~~ when the torch

6

"HONRAMOS AQUELES QUE CAMINHARAM PARA QUE PUDÉSSEMOS CORRER. DEVEMOS CORRER PARA QUE NOSSOS FILHOS POSSAM VOAR."

~~we've been passed~~
feels too heavy ~~to hold high~~, we will remember these ~~earlier~~ early travelers, ~~we will~~ and draw strength from their example, and ~~we will~~ hold firmly the words of Isaiah the prophet:

"Those who hope in the Lord will renew their strength. They will soar on wings like eagles. They will run and not grow weary. They will walk and not be faint."

We honor those who walked so we could run. We must run so our children soar. And we will not grow weary. For we believe in ~~God's~~ the power of an awesome God, and we believe in America, ~~and we know we are not yet done~~ the promise of.

May ~~God~~ He bless those warriors of justice no longer with us, and may He bless ~~the United States of America~~ our precious ~~nation that~~ our United States.

A HISTÓRIA DOS ESTADOS UNIDOS

2

O que significa ser americano? As histórias e os costumes que nos unem como um povo.

Para a maior parte dos americanos que cresceu durante a década de 1950, as respostas são bem simples. Trabalhávamos pesado e amávamos a liberdade. Éramos individualistas obstinados com espírito proativo. Expandimos as fronteiras e construímos indústrias poderosas, permitindo que todos participassem do Sonho Americano. Estávamos do lado certo da história, depois de derrotar Hitler e libertar a Europa. Servíamos como sentinelas contra um comunismo ímpio e totalitário — de modo a tornar o mundo seguro para a democracia. Assistíamos aos mesmos shows na televisão, ouvíamos os mesmos programas de rádio. Amávamos os filmes de faroeste e o beisebol, cachorros-quentes e torta de maçã, carros velozes e os desfiles de Quatro de Julho.

Pelo menos era essa a história que contávamos a nós mesmos. Mas não era a história completa. Deixava muita coisa de fora, seja a discriminação permanente contra as pessoas pardas ou negras, todas as maneiras de exigir que as mulheres ficassem em seus lugares predeterminados, ou algumas das realidades incômodas de nossa política exterior no curso da Guerra Fria. Bruce e eu nos tornamos adultos quando os jovens passaram a desafiar boa parte dos mais estimados mitos que os Estados Unidos acalentavam a seu respeito. O resultado foi uma crescente e amargurada divisão no país. Uma guerra política e cultural que, em muitas frentes, ainda continuamos a travar nos dias de hoje.

Mas, antes de partirmos para as coisas mais sombrias, Bruce e eu decidimos desfrutar de alguma coisa que os americanos há muito compartilham: nosso amor pelas estradas. Pegamos um Corvette clássico que Bruce guarda no celeiro. E fomos dar algumas voltas pelo puro prazer de andar de carro. O que não agradou muito aos agentes do Serviço Secreto que cuidam da minha segurança...

CAPÍTULO
— 2 —

PRESIDENTE OBAMA: Iiih.

BRUCE SPRINGSTEEN: Tudo bem, não esquenta. É só pisar mais fundo no acelerador.

PRESIDENTE OBAMA: Ah.

BRUCE SPRINGSTEEN: Precisa acelerar mais.

PRESIDENTE OBAMA: Qual é, Bruce.

BRUCE SPRINGSTEEN: É isso mesmo, mete o pé.

PRESIDENTE OBAMA: Lá vamos nós.

BRUCE SPRINGSTEEN: E, enquanto manobra, pode dar umas bombadas no acelerador.

PRESIDENTE OBAMA: Veja lá!

BRUCE SPRINGSTEEN: *AHHHHH HAAAAAA!*

PRESIDENTE OBAMA: Agora é hora de *mandar ver*!

BRUCE SPRINGSTEEN: Precisamos ficar dentro da fazenda ou podemos sair?

PRESIDENTE OBAMA: Se podemos sair? Sei que o Serviço Secreto está se preparando agora mesmo. Estamos muito longe do mar?

BRUCE SPRINGSTEEN: Vinte minutos. Eu costumava pegar carona todo dia de Freehold — pouco menos de quarenta quilômetros.

PRESIDENTE OBAMA: Como é a praia?

BRUCE SPRINGSTEEN: Ah, não é o Havaí.

PRESIDENTE OBAMA: Mas tem areia?

BRUCE SPRINGSTEEN: Litoral de Nova Jersey. Tem areia. Como essa maravilha aqui te faz sentir?

PRESIDENTE OBAMA: Muito bem, na verdade.

BRUCE SPRINGSTEEN: Pega a próxima esquerda aqui. Essa beleza dirige bem.

PRESIDENTE OBAMA: É macio, cara. Mais macio do que eu pensava. É, e o Serviço Secreto está me seguindo agora. Estou encrencado, mas quer saber? Às vezes você precisa fazer...

BRUCE SPRINGSTEEN: ... tem que fazer o que precisa ser feito.

PRESIDENTE OBAMA: Tem que fazer alguma coisa, cara.

Por isso, o tema de várias de suas canções, o tema de vários rocks, é essa ideia da estrada aberta e de viajar na direção do horizonte, talvez sem saber para onde está indo. E isso está

AO LADO: Depois de dar uma volta no Corvette C1 conversível de Bruce, em Colts Neck, NJ, agosto de 2020.

RANCHO CADILLAC

Bem, lá está ela, companheiro, brilhando ao sol/ Para saudar um trabalhador quando termina o expediente/ Vou levar meu pai e vou levar minha tia/ Vou levar os dois para o Rancho Cadillac/ Rabo de peixe, para-lamas brancos e lateral traseira/ Roda como um pedacinho de céu aqui na Terra/ Bem, companheiro, quando eu morrer joga meu corpo no banco de trás/ E me leva para o ferro-velho em meu Cadillac/ Cadillac, Cadillac/ Grande e escuro, lustroso e preto/ Mete o pé e deixa o motor rugir/ Rasgando a estrada como um grande e velho dinossauro/ James Dean naquele Mercury '49/ Junior Johnson atravessando os bosques da Carolina/ Até Burt Reynolds naquele Trans-Am preto/ Todos vão se reunir no Rancho Cadillac/ Cadillac, Cadillac/ Grande e escuro, lustroso e preto/ Mete o pé e deixa o motor rugir/ Rasgando a estrada como um grande e velho dinossauro/ Ei, garotinha com esse jeans azul apertado/ Dirigindo sozinha na noite de Wisconsin/ Você é meu último amor, baby, minha última chance/ Não deixa eles me levarem para o Rancho Cadillac/ Cadillac, Cadillac/ Grande e escuro, lustroso e preto/ Encostou hoje na minha casa/ E levou minha garotinha

— DE THE RIVER (1980)

ligado às ideias de liberdade e de se revigorar — trocar de pele. Livrar-se do passado e das limitações, participar de um ato de recriação, de autoinvenção.

BRUCE SPRINGSTEEN: Isso. O ato de dirigir um carro é um ato de agressão direta contra o mundo, sabe? Mas é engraçado. Só fui dirigir quando tinha 24 anos. Pegava carona para todos os lugares em que eu ia.

PRESIDENTE OBAMA: Você não pensou: "Cara, preciso arranjar um carango"? Não tinha carteira de motorista? Ou simplesmente não tinha carro?

BRUCE SPRINGSTEEN: Não tinha carteira de motorista e não sabia dirigir.

PRESIDENTE OBAMA: Vou dizer uma coisa, foi bom você acabar sendo um astro do rock. Porque, não fosse isso, você me parece um sujeito tímido, sabe, um garoto não muito bem ajustado. Quer dizer... Eu não era chegado em carros, mas, porra, ia querer tirar a carteira...

BRUCE SPRINGSTEEN: Eu não!

PRESIDENTE OBAMA: Eu queria isso para cair na estrada.

BRUCE SPRINGSTEEN: Eu caía na estrada só com meu polegar. E, por dez anos depois que fiz catorze anos, continuei pegando carona. Já tinha dois álbuns lançados e nenhum carro.

PRESIDENTE OBAMA: E como é que fazia com as garotas, cara?

BRUCE SPRINGSTEEN: Elas tinham carros! Quer dizer, você precisa entender, eu ficava rodando entre Asbury Park e Sea Bright, ou Freehold. São uns vinte e poucos quilômetros, sabe, não ia a lugar nenhum.

Minha primeira viagem de verdade foi num caminhão Chevrolet de 1948, parecido com o que está na minha garagem. A banda tinha três dias para ir tocar em Big Sur. Para atravessar o país em três dias você não pode parar de dirigir. Naquele Chevrolet, só estávamos eu e outro sujeito. Em Nashville, nos perdemos de todos os outros caras que nos acompanhavam com uma caminhonete com um colchão atrás, dormindo, descansando e dirigindo. Lembre-se. Não havia celulares. Não dava para telefonar para alguém se quiséssemos saber onde a pessoa estava. Naqueles tempos, se alguém se perdesse, fim de papo. Só nos

Na estrada, por volta de 1968.

encontraríamos de novo depois de chegar na Califórnia, que ficava a milhares de quilômetros de distância.

Chegou o primeiro entardecer e meu companheiro disse: "Ei, agora é sua vez".

"Cara, você quer que a gente morra", eu disse. "Não sei dirigir essa porra, nunca dirigi um carro. Não dá para dirigir essa merda desse caminhão."

Ele disse: "Se não dirigir, não vamos chegar a tempo. Se não chegarmos lá a tempo, não vamos receber o pagamento. Se não recebermos o pagamento, vamos ficar sem um tostão porque gastamos todo nosso dinheiro para atravessar essa merda desse país".

Por isso, sentei atrás do volante. Quatro marchas, câmbio manual, um Chevrolet de 1948 gigantesco com todo o equipamento da banda empilhado atrás.

PRESIDENTE OBAMA: Quantas vezes engrenou errado?

BRUCE SPRINGSTEEN: Ah, *muitas*. Só se ouvia aquele barulhão de coisa arranhando.

Por isso, no fim eu disse: "Ei, não consigo fazer isso". O cara disse: "Espera aí, tenho uma ideia". Sentou-se no lugar do motorista. Engatou a primeira. O caminhão começou a andar. "Vamos trocar de lugar". Trocamos de lugar! Guiando com o caminhão em movimento, consigo passar da primeira para a segunda, depois para terceira.

E funcionou. Eu era capaz de dirigir assim uns 150 quilômetros de cada vez, sabe? Porque, no meio de um lugar desabitado, dá para fazer isso! E foi desse jeito que aprendi a dirigir. Agora tenho todos esses carros na garagem. Você está acelerando na estrada no meu Corvette! Naquela época eu não sabia dirigir. Era incapaz de consertar um carro se quebrasse. Mas sabia para o que serviam. Sabia o que simbolizavam...

PRESIDENTE OBAMA: Fuga.

BRUCE SPRINGSTEEN: Pois é. Eu sabia o que eles significavam. Esse foi um momento em que os Estados Unidos ainda se sentiam muito, muito grandes. E a estrada era uma coisa romântica. Nas décadas de 1950, 1960 e 1970 as pessoas iam para tudo quanto era lugar, a gasolina era barata. Minhas primeiras viagens longas de carro foram quando eu tinha mais de vinte anos, atravessando o país até a Califórnia de caminhão ou caminhonete uma vez por ano para ver meus pais porque eles tinham se mudado para o Oeste. Ninguém tinha dinheiro para ir de avião. Eu não podia falar com eles pelo telefone porque a conta vinha uma nota e nós vivíamos na pindaíba. Por isso, uma vez por ano eu pegava o carro para ir vê-los.

Mas eu já tinha uma relação com os carros fazia muito tempo. Conto no meu livro que alguém havia me dito que o lugar mais seguro numa tempestade era dentro de um veículo. Quando rolava uma tempestade com raios e trovões, eu ficava gritando para irmos para o carro. E lembro que precisavam ficar rodando comigo até a tempestade acabar. Escrevi sobre carros pelo resto da vida.

Eu também tinha muito interesse em compor músicas que usassem imagens americanas clássicas reinventadas para a década de 1970. Na década anterior, eram os Beach Boys, Chuck Berry, carros e garotas, carros e garotas. Usei essas imagens, mas enchi minhas letras com o temor que pairava no ar durante a década de 1970. Durante a Guerra do Vietnã, o país deixou de ser inocente. O país não estava mais aberto de costa a costa. Vivíamos uma nova era de limitações. Tinha uma crise de abastecimento de gasolina e filas nos postos. Por isso, apresentei todos os meus personagens no contexto de uma nova era americana. Como eles soavam? Muito mais sombrios. Aonde as pessoas estavam indo? Não estavam seguras do rumo a tomar. Estavam se transformando em quê? Elas não sabiam ao certo.

Eu tinha que pôr todas essas ideias naqueles carros com meus personagens e tentar fazer com que eles as entendessem.

PRESIDENTE OBAMA: Para mim, parte do aspecto essencial de ser um americano é sair de onde você está. Agora, onde eu estava era o paraíso — no Havaí, certo? Mas, assim mesmo, eu pensava: "Cara, tenho que cair na estrada".

BRUCE SPRINGSTEEN: E estava numa ilha!

PRESIDENTE OBAMA: A estrada só leva a gente até certo ponto! Lembro da primeira vez em que visitei o continente. Minha mãe e minha avó decidiram que era hora de eu ir. E então as duas, comigo e minha irmã, então com dois anos, nós voamos primeiro para Seattle, que foi onde minha mãe tinha feito o ensino médio. Pegamos o ônibus da Greyhound para descer até San Francisco e Los Angeles. Daí fomos de trem para o Arizona. Depois Kansas City, e subimos para Chicago. Aí alugamos um carro para ir até Yellowstone.

Minha mãe não dirigia, não tinha carteira de motorista. Minha avó dirigia, mas estava perdendo um pouco a visão. Por

---

AO LADO: O jovem Bruce Springsteen tocando violão no apartamento dos pais em San Mateo, CA, *c.* 1968. **ACIMA:** Barack Obama no Grand Canyon, *c.* 1972.

The Stolen Car

So you believe if you concentrate you
you gotta get it before it gets you

You're drivin' a stolen car
it don't belong to you at all
can't go too far / you can't get away, you can never get far
you don't answer the law — call/ ... get caught
                                              but you never do

I wanna find me a little girl + settle down
                    by a running river
I wanna find a little house in a little town
   go + find a heart wild + pure / lovely
And we make love till my heart cuts loose
                            she bodys
If it was just a restlessness that'd someday
                  disappear as (if) you grow old
but it feels like so much more than restlessness
                    somethin young inside forever cold
I feel different down in my soul

So I ride down the highway no license no I.D.

You're drivin' a stolen car   been behind the wheel of a
+ tears begin to fall   stolen car

Somebody else lives in that pretty little house now
+ that pretty little house sounds as empty as can be
but from ... ... lights still shine

CARRO ROUBADO

Conheci uma garota e enfim sosseguei/ Numa casinha nos subúrbios da cidade/ Nos casamos e juramos nunca nos separar/ E então pouco a pouco nossos corações foram se afastando/ No começo pensei que era só inquietação/ Que ia passar com o tempo enquanto nosso amor ficava mais forte/ No final acho que foi algo mais/ Que nos afastou e nos fez chorar/ E estou dirigindo um carro roubado/ Pela Eldridge Avenue/ Toda noite quero ser pego/ Mas nunca sou/ Ela perguntou se me lembro das cartas que escrevi/ Quando nosso amor era jovem e ousado/ Ela disse ontem de noite que leu essas cartas/ E a fizeram se sentir com cem anos de idade/ E estou dirigindo um carro roubado/ Numa noite escura como breu/ E me dizendo que vou ficar bem/ Mas dirijo de noite e viajo com medo/ De sumir nessa escuridão

— DE THE RIVER (1980)

isso, lembro de ficar no assento da frente no entardecer para ajudar minha avó a fazer as curvas na estrada.

Você estava falando sobre o tamanho do país. Lembro de olhar pela janela dos ônibus da Greyhound, dos trens e dos carros e ver quilômetros de milharais, quilômetros de desertos, quilômetros de florestas, quilômetros de montanhas — e pensar simplesmente: "Cara, *imagine* aonde a gente pode ir". Você pode ir para onde quiser — e, sendo assim, fazer o que quiser e ser quem quiser. Não é mesmo?

E, naquela primeira viagem pela estrada, parávamos nos hotéis Howard Johnson. A coisa mais incrível era a máquina de gelo. E sua mãe ou a avó indo buscar uma lata de refrigerante. E, com uma boa dose de sorte, alguns deles tinham uma piscina nos fundos.

BRUCE SPRINGSTEEN: Amava aquilo.

PRESIDENTE OBAMA: E, se tinha a piscina, isso era...

BRUCE SPRINGSTEEN: O paraíso na Terra!

PRESIDENTE OBAMA: Sem tirar nem pôr.

BRUCE SPRINGSTEEN: A gente se sentia vivo.

PRESIDENTE OBAMA: Aquilo era um luxo.

Isso foi em 1973, ou seja, no meio das audiências sobre Watergate. Todas as noites minha mãe ligava o aparelhinho de televisão em branco e preto do hotel de beira da estrada. E ficávamos lá ouvindo Sam Ervin e Danny Inouye. Tínhamos o maior orgulho porque Danny Inouye fazia parte do comitê e era o senador pelo Havaí. Herói da Segunda Guerra Mundial, só tinha um braço. E isso de alguma forma foi minha iniciação na política, sabe? Porque minha mãe dizia o tempo todo: "O que você podia esperar? Nixon era um macartista!". Mas esse conjunto de recordações da viagem, eu nunca perdi. E era consistente com meu sentimento de que, por mais que amasse o Havaí, teria de partir em algum tipo de viagem para descobrir quem eu era.

Lembro que, quando estava na universidade, comprei um Fiat velho e estropiado — um carro horroroso. E saía por aí dirigindo. Precisava levar para a oficina provavelmente de duas em duas semanas, mas rodava direitinho quando estava funcionando. Cinco marchas. E me lembro de uma pane na estrada entre Los Angeles e San Francisco, eu tendo que pegar carona com caminhoneiros.

Estava caindo o mundo, e não tinha celular nem dinheiro. Talvez sobrassem uns trocados e tinha que encontrar um telefone público para ver se achava algum amigo na cidade que viesse me buscar, tentando ver em que rua estava. Mas, apesar disso tudo, sempre havia aquele sentimento de que... essa coisa que acredito ser essencialmente americana... a gente pega a estrada para descobrir, como Ulysses.

BRUCE SPRINGSTEEN: Tem razão. É sua hégira. A viagem para descobrir sua alma.

PRESIDENTE OBAMA: Outra ocasião parecida para mim foi quando aceitei o emprego de líder comunitário em Chicago. Um grupo de igrejas me contratou por 13 mil dólares por ano, me deu 2 mil dólares para comprar um carro e escolhi um Honda Civic compacto. Enfiei nele todas as minhas coisas e dirigi de Nova York para Chicago, atravessando Ohio. Não conhecia ninguém em Chicago àquela altura, não tinha a menor ideia de como iria ajudar aqueles paroquianos e metalúrgicos que estavam desempregados. Tinha 23, e sabia o quê? Estava deixando para trás Nova York, todos os meus amigos e tudo que sabia até então.

Bem no meio de Ohio, parei num hotel de beira de estrada de uma cidadezinha. Era óbvio que o sujeito na recepção estava na maior solidão. Começou a perguntar: "Para onde você está indo? Faz o quê?". Aí eu disse: "Bom, vou ser um líder comunitário", e ele perguntou: "Que negócio é esse? Tem certeza de que quer dedicar sua vida a isso?".

Estou no meio do nada. Sentado sozinho num quarto de hotel, com todas as dúvidas que tinha, indo para um lugar que não conhecia... com o sentimento de não saber o que vinha pela frente.

BRUCE SPRINGSTEEN: Curioso sobre o mundo.

ACIMA: Nos anos 1960-70, a cadeia de hotéis e restaurantes Howard Johnson era a maior do país, com mais de mil unidades. Os "hotéis para motoristas" estavam por toda parte, e eram conhecidos pelos imensos outdoors de beira de estrada mostrando um acendedor de lampião antigo e personagens próprios conhecidos como "Simple Simon and the Pieman". **AO LADO (acima):** Filho de imigrantes japoneses nascido em Honolulu, o senador Daniel K. Inouye (D-Havaí) foi o primeiro nipo-americano eleito tanto para a Câmara dos Representantes como para o Senado e era um eminente veterano da II Guerra Mundial que perdeu o braço direito em combate. Serviu no Comitê de Watergate do Senado e mais tarde ganhou notoriedade nacional por suas duras críticas ao "Governo secreto" dentro das Forças Armadas dos Estados Unidos; **(abaixo):** Presidente Nixon renuncia, 8 de agosto de 1974.

O VERÃO DE BARACK OBAMA VISITANDO A AMÉRICA

VOOU DO HAVAÍ PARA SEATTLE

DESENTERROU MARISCOS EM PUGET SOUND

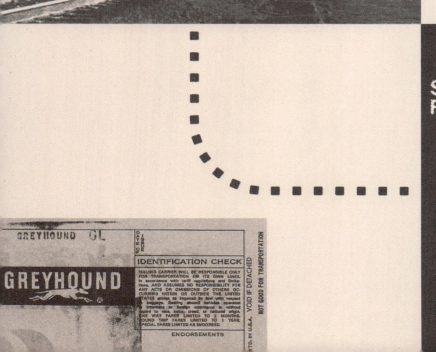

PEGOU UM ÔNIBUS PARA SF E DEPOIS PARA LA (DISNEYLÂNDIA)

ALUGOU UM CARRO E DIRIGIU PARA
YELLOWSTONE
(VIU UMA MANADA DE BISÕES)

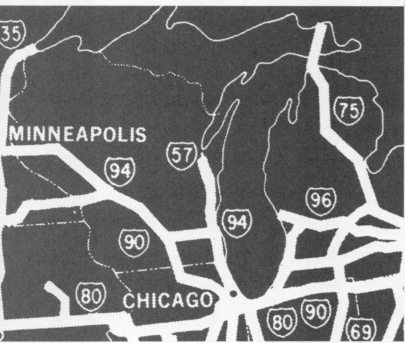

ANDOU DE TREM PELAS
GRANDES PLANÍCIES
— PARA —
KANSAS CITY
E DEPOIS PARA OS
GRANDES LAGOS
— E —
CHICAGO

FOI PARA LESTE
(DE ÔNIBUS)
ATÉ O ARIZONA
(GRAND CANYON),
CAVALGOU
POR UM RIO
AO PÉ DO
CANYON DE CHELLY

PRESIDENTE OBAMA: Era uma aventura. Uma coisa é certa: mesmo naquele momento havia a sensação que a estrada proporciona, de que a gente não sabe o que vem depois da curva seguinte e está ansioso para saber.

BRUCE SPRINGSTEEN: Esse é um grande momento, cara. É muito bom olhar para o passado e rever esse momento.

PRESIDENTE OBAMA: Apesar de estar também um pouco assustado, sabe? E esse tipo de sentimento é difícil de reconstituir. A estrada está cheia de surpresas e aventuras. Mas é verdade também que a gente em certa hora se dá conta de que, sim, pode se recriar, pode se encontrar. Mas, no final das contas, ainda sente a vontade de ter um *lar*.

E a tensão típica dos Estados Unidos é esse sentimento de que queremos nos recriar e reinventar, queremos ser livres, mas também queremos uma vizinhança, e existe a solidão da estrada. O lado sombrio é o de quem vaga ao léu, existindo num lugar sem raízes, sem âncoras.

BRUCE SPRINGSTEEN: E aqueles eram os ícones que vendiam para nós: os heróis do faroeste eram solitários. Nunca eram pais, nunca eram maridos, estavam sempre de passagem.

PRESIDENTE OBAMA: Pois é, aqueles caubóis, Gary Cooper, Clint Eastwood...

BRUCE SPRINGSTEEN: Sempre de passagem...

PRESIDENTE OBAMA: *Os brutos também amam. O estranho sem nome.*

BRUCE SPRINGSTEEN: O melhor exemplo disso foi o filme de John Ford *Rastros de ódio*.

Você pega o John Wayne, que é um misantropo. Ele tem uma série de habilidades violentas que é capaz de usar para influenciar e preservar a comunidade, mas não pode fazer parte dela. Tem aquela cena impactante no final, quando John Wayne encontra Natalie Wood, traz ela de volta para a família, todo mundo corre para dentro de casa, fecha a porta. John Wayne está parado na soleira e a porta — a própria comunidade — se fecha para ele, e só resta sair caminhando pelo deserto. Essa é a cena final do filme.

Na juventude, me senti muito assim, e tentei conviver com isso já depois dos trinta — até que fui atravessar o país com um amigo. Havíamos feito várias viagens, eu já havia cruzado o país uma porção de vezes a essa altura. Sempre gostava de fazer isso. "Se eu me sentir triste, cara, esse chão todo bota a tristeza para correr, sabe como é?"

Mas, chegando na Califórnia, me senti péssimo. Vontade de entrar no carro e voltar. Mas sabia que, se fizesse isso, ia querer pegar o carro e voltar de novo. Não queria parar de me movimentar, eu realmente parecia estar destruído por dentro. Foi então que telefonei para um amigo, Jon, e disse: "Estou com um problema sério". Ele me passou um número de telefone. Fui ao consultório de um cavalheiro em Beverly Hills ou nas Pacific Palisades — algum lugar em Los Angeles. Olhei para ele. Era um velhinho baixo, de cabelos e bigode brancos. Tinha uma cadeira vazia. Sentei e chorei durante dez minutos.

Eram duas galinhas voltando para o poleiro: o desejo, em teoria, de ser livre, mas agora a necessidade profunda, naquela idade, de ter raízes, uma família, um lar de verdade, um lar espiritual — a necessidade de parar de correr, de fazer escolhas, de declarar: "Vou estar com você pelo resto da minha vida. Vou morar aqui pelo resto da minha vida. Vou trabalhar neste emprego pelo resto da minha vida. E é com essas coisas que estou comprometido e me comprometo: nosso amor, nossos esforços, nosso lugar". Tinha chegado a um ponto em minha vida em que precisava fazer aquelas escolhas para conseguir viver.

Minha vida mudou naquele dia. Pouco depois me casei. Não funcionou na primeira vez, mas então conheci Patti, construí um lar e me dei conta de que: "Ei, ainda posso cair na estrada. Monto numa motocicleta às vezes, sabe, e rodo 1500 quilômetros, mas aí volto".

Já não tenho tanta vontade de fazer isso. Eu e você poderíamos pegar este Corvette e disparar pela Route 66, mas Michelle e Patti talvez nos dessem um pé na bunda. Não é?

PRESIDENTE OBAMA: É mesmo... Não sei se daria para ir muito longe. Então, pensa só nessa ideia de ser domesticado — é algo que os americanos, sobretudo os homens, são ensinados a não aceitar. E ouço nas suas músicas essa ideia de que — por um lado — queremos nos libertar dessas restrições da comunidade, das pequenas cidades e povoados rurais, de nossos bairros. Ir para a cidade grande ou cair na estrada. Fazer coisas grandes. Fugir do passado. Mostrar àquela gente que eles não

> ERAM DUAS GALINHAS VOLTANDO PARA O POLEIRO: O DESEJO, EM TEORIA, DE SER LIVRE, MAS AGORA A NECESSIDADE PROFUNDA, NAQUELA IDADE, DE TER RAÍZES, UMA FAMÍLIA, UM LAR DE VERDADE, UM LAR ESPIRITUAL — A NECESSIDADE DE PARAR DE CORRER.
>
> — BRUCE SPRINGSTEEN

AO LADO: Nas primeiras cinco décadas do século XX, o faroeste foi o gênero de cinema mais popular nos Estados Unidos. Em geral, era sobre um caubói nômade, sempre a cavalo e bom no gatilho — interpretado por atores como John Wayne e Gary Cooper (no detalhe). Os filmes ressaltavam a aspereza solitária do faroeste e apresentavam uma robusta visão de heroica masculinidade.

deviam ter nos marginalizado. E esse é um lado. Do outro lado é onde fica a família.

BRUCE SPRINGSTEEN: Gosto de pensar nisso como nosso debate mais digno. Onde está a linha entre o individualismo e o espírito de comunidade — e para onde ela se desloca em certos momentos de nossa história? Onde colocar a ênfase? Comecei inatamente como um populista. Talvez por causa do lugar onde nasci. E, para mim, as pessoas que compunham os Estados Unidos eram as pessoas da minha vizinhança, minha cidadezinha.

PRESIDENTE OBAMA: Em algum momento, por mais que esteja se autoinventando, você tem que fincar uma bandeira. E marcar sua posição, permitindo que as pessoas vejam você como é, mas também o julguem em termos do quanto você é capaz de viver bem obedecendo às regras que criou para si mesmo. Quanta consistência você é capaz de mostrar? Consegue terminar uma tarefa? Cumprir um compromisso? Todas essas coisas que, no fim das contas, são um tipo diferente de satisfação, mas representam o que é o amadurecimento.

Porque, sabe como é, ao contrário do que diz a música de um grande mestre americano, em geral não nascemos para correr. A maioria de nós nasceu para correr um pouquinho e voltar para casa.

BRUCE SPRINGSTEEN: Concordo. A gente encontra a liberdade numa vida com limites, que é uma coisa em que eu não acreditava até experimentar por mim mesmo. Eu disse que estava mais livre agora do que quando pensava que era livre. Quando se chega ao ponto de realmente querer descobrir a liberdade, a gente tem que encontrar um lugar para se plantar e deixar as raízes crescerem.

PRESIDENTE OBAMA: Para mim, Chicago primeiro se tornou meu lar, e depois Michelle foi a corporificação daquela conexão que eu havia feito com um lugar e uma comunidade. E a coisa interessante é que, graças à descoberta daquele lugar, fui finalmente capaz de compreender que o Havaí também era o meu lugar. Porque podia ver como todas aquelas partes de mim se encaixavam.

Uma das coisas que falamos muito, Bruce, é a seguinte: o que é essencialmente americano? Exclusivamente americano? E você e eu... você por meio da música e eu da política, um pouco do que estamos fazendo é tentar definir a percepção desse país e nossa parte nisso, nosso lugar nisso.

Você lembra de algum momento em que apenas pensou, de modo consciente: "Sou um cidadão americano e isso é parte da minha identidade"?

Bruce Springsteen com o mesmo C1 conversível que o presidente Obama dirigiu durante essas conversas e que aparece na capa de seu livro de memórias *Born to Run*, de 2016.

BRUCE SPRINGSTEEN: Acho que minha primeira recordação disso seria às oito da manhã todos os dias na St. Rose School.

Diante da bandeira. Com a mão sobre o coração. Foi aí, acho, que pela primeira vez me identifiquei como americano, entendendo ser uma coisa sagrada.

PRESIDENTE OBAMA: Para mim, outro grande momento foi o programa espacial.

E a razão daquilo ser especialmente importante era porque, quando as cápsulas desciam de paraquedas no meio do Pacífico, os astronautas eram levados para o Havaí. Uma das minhas recordações mais antigas é estar empoleirado nos ombros de meu avô com uma daquelas bandeirinhas do país. Sou capaz de garantir que devíamos estar muito longe da cápsula e dos astronautas. Mas meu avô disse: "É! O Neil Armstrong acenou para você!" E tenho certeza de que isso não ocorreu. Mas na memória ficou gravado o pensamento: "Eu sou um compatriota desse cara que acaba de voltar do espaço".

BRUCE SPRINGSTEEN: Sem dúvida.

PRESIDENTE OBAMA: "É isso o que nós fazemos."

E então, para mim, a coisa interessante é que aos seis anos fui para o exterior. É irônico, mas um dos motivos de ter me tornado extremamente patriota foi por estar fora do país, porque então me dei conta do que tínhamos. Minha mãe explicava que na Indonésia, onde estávamos morando, havia um governo militar, mas que nos Estados Unidos elegíamos as pessoas e todo mundo tinha voz. Ora, ela retratava isso de um modo mítico, idealizado, mas eu começava a entender a ideia de que: "Muito bem, somos um experimento em matéria de democracia em que todo mundo tem voz e ninguém é melhor ou pior do que ninguém". E, quando você está vivendo num país em que, à época, ainda existiam escorbuto, raquitismo e poliomielite — e tenta explicar a seus amigos de lá: "Nos Estados Unidos nós cuidamos das pessoas, sabe" —, havia um sentimento de superioridade.

BRUCE SPRINGSTEEN: Excepcionalismo total. Pois é.

PRESIDENTE OBAMA: E um excepcionalismo que nos meteu em todo tipo de enrascada como país, mas que, como garoto, fez com que eu me sentisse feliz por ter nascido sob aquela bandeira.

BRUCE SPRINGSTEEN: Quando criança, a gente simplesmente achava que vivia no melhor lugar do mundo. A primeira dúvida sobre isso viria com os treinamentos [contra ataques atômicos], "se abaixe e se cubra".

PRESIDENTE OBAMA: Pois é, mas eu não passei por nada disso.

BRUCE SPRINGSTEEN: O primeiro sentimento de medo e paranoia. E lembro que tinha treze anos na Crise dos Mísseis de 1962. E as pessoas estavam realmente apavoradas.

PRESIDENTE OBAMA: E não era para menos, porque...

BRUCE SPRINGSTEEN: O mundo iria pelos ares.

PRESIDENTE OBAMA: Vou falar uma coisa para você, quando analisamos a história do que aconteceu... passou perto.

BRUCE SPRINGSTEEN: Eu me tornei um grande fã do programa espacial quando fui ficando mais velho. Mas, em 1969, eu era um garotão de dezenove anos tocando num bar de Asbury Park na noite em que aterrissaram na Lua. E a turma dizia: "Que se foda esse negócio de pisar na Lua, cara".

PRESIDENTE OBAMA: Era o cara do poder!

BRUCE SPRINGSTEEN: Um truque do cara do poder! E não queríamos ter nada a ver com aquilo. Às nove da noite estávamos botando para foder nas guitarras e nada mais interessava. Tinha umas cinquenta pessoas no lugar, 25 queriam ver a aterrissagem na Lua na televisão...

PRESIDENTE OBAMA: E 25 queriam que a banda tocasse.

BRUCE SPRINGSTEEN: Por isso, o que fizemos foi ficar no palco. Tinha uma tevezinha em preto e branco lá. A aterrissagem ia começar. As pessoas chegaram perto da banda e disseram: *"Cara, manda ver nessa porra!"*. E começamos a tocar, enquanto outros gritavam: *"Parem com essa merda, pessoal!"*. Até que finalmente o baixista, que gostava dessas coisas de tecnologia,

ACIMA: Em 1954, o presidente Eisenhower (recém-batizado como presbiteriano) acrescentou oficialmente as palavras "sob a proteção de Deus" ao Juramento de Fidelidade. A motivação para a mudança foi a junção de sentimentos anticomunistas da Guerra Fria e a pressão de grupos privados como os Cavaleiros de Colombo e as Filhas da Revolução Americana.
AO LADO (acima): O pouso na Lua, 1969; (abaixo): Instalação móvel para os astronautas do Apollo 14 ficarem em quarentena é transportada para a Base da Força Aérea de Hickam em Oahu, em 17 de fevereiro de 1971.

falou: "Caras, vocês são uns zés, seus babacas. Tô fora. Vou ver a aterrissagem na Lua".

PRESIDENTE OBAMA: No meio do show?

BRUCE SPRINGSTEEN: No meio do show!

PRESIDENTE OBAMA: E ele estava certo.

BRUCE SPRINGSTEEN: Claro que estava! Ele saiu do palco, e aí acabou o som. Olho para trás agora e me dou conta de que éramos uns idiotas naquela época. Mas foi engraçado.

PRESIDENTE OBAMA: Aqui temos uma pequena separação geracional entre nós dois, porque vi a contracultura chegando depois. Já estava meio que perdendo força. Mas em 1967 e 68, com os protestos contra a guerra no Vietnã e o movimento dos direitos civis, houve um deslocamento. O que você sentiu nessa época?

BRUCE SPRINGSTEEN: Acho que foi um período de desilusão real, sabe? Eu era moleque — quinze anos em 1965, dezesseis em 1966. Me sentia marginalizado mesmo assim por causa da vida que tinha escolhido. Mas era um hippie fajuto. Não era um hippie de verdade. Sempre mantive um pé no mundo da classe trabalhadora e o outro pé no mundo da contracultura, nunca pertenci completamente a nenhum deles. Mas a gente tinha o sentimento de que o sistema era manipulado e tratava de forma preconceituosa boa parte dos cidadãos.

PRESIDENTE OBAMA: E você estava em idade de ser recrutado...

BRUCE SPRINGSTEEN: Estava.

PRESIDENTE OBAMA: Então, o que aconteceu? Você tinha um número de recrutamento?

BRUCE SPRINGSTEEN: O que aconteceu foi que minha tia mexeu uns pauzinhos e me arranjou uma vaga numa faculdade comunitária.

PRESIDENTE OBAMA: Sei. Então você conseguiu uma dispensa universitária.

BRUCE SPRINGSTEEN: Aí conheci um cara em Nova York que queria me contratar para uma companhia fonográfica. Dezenove anos. Pensei que tinha morrido e ido para o céu. Ele disse: "Você tem que largar a faculdade se quiser levar isso a sério".

Eu não tinha problema nenhum em abandonar os estudos. Ótimo. Mas, se saísse da faculdade, seria recrutado.

"Não se preocupe", ele disse. "Está tudo arranjado, sabe como é? Não é nada muito complicado."

Fui para casa, contei para os meus pais. "Vou sair da faculdade. A música é o que eu quero fazer da vida." Eles aprovaram, com aquela relutância; saí da faculdade e dois ou três meses depois recebo minha convocação pelo correio. Foi lá para 1968.

PRESIDENTE OBAMA: Então foi bem no meio da confusão.

BRUCE SPRINGSTEEN: Isso aí. Por isso, pensei logo em acionar o tal cara de Nova York. Nunca mais consegui falar com ele pelo telefone. Nunca mais atendeu uma ligação minha.

PRESIDENTE OBAMA: Uau.

BRUCE SPRINGSTEEN: Acredite se quiser, eu e dois outros caras da minha banda fomos recrutados exatamente no mesmo dia. Nós três fomos de ônibus para Newark. Bem cedinho nos reunimos no estacionamento ao lado do escritório do Serviço Seletivo de Asbury. Todo mundo enfileirado. Cerca de 80% eram caras negros do Asbury Park, talvez 20% eram caras brancos, operários, simplesmente gente que não estava na universidade.

PRESIDENTE OBAMA: Os que foram convocados.

BRUCE SPRINGSTEEN: Isso mesmo. Estávamos todos no ônibus. Lá fomos nós. Alguns tinham cartas na manga. Um sujeito estava todo engessado, e ele me disse que não era bem um ferimento de verdade.

Eu só sabia de uma coisa. Iria até Newark e voltaria para casa. Acontecesse o que acontecesse, era o que eu ia fazer. Por uma série de razões: 1) não acredito em guerras e, em 1968, não havia muita gente que ainda acreditasse. 2) Tinha visto meus amigos morrerem. 3) Não queria morrer. Por isso, chegando lá eu apelei para todos os truques possíveis. Assinei os documentos fazendo uma cagada *total*. Para eles, eu era...

PRESIDENTE OBAMA: Um deficiente mental...

BRUCE SPRINGSTEEN: Gay, viciado em drogas...

PRESIDENTE OBAMA: O que fosse.

AO LADO: O jovem Bruce Springsteen em tempos de cabelo comprido, *c.* 1968. **ACIMA:** Uma espiada no Controle de Missão, 1969.

BRUCE SPRINGSTEEN: Guitarrista... e com uma concussão cerebral, o que era verdade. Eu tinha sofrido um acidente grave de motocicleta sete meses antes e tive uma concussão cerebral.

PRESIDENTE OBAMA: E, àquela altura, esses sujeitos já tinham visto todo tipo de truque. Não é que você fosse original...

BRUCE SPRINGSTEEN: Não.

PRESIDENTE OBAMA: Aos dezenove anos você não pensa em nada de novo que eles não tenham visto centenas de vezes.

BRUCE SPRINGSTEEN: Aí, atravessei um salão enorme. Estava vazio. Tinha um cara atrás de uma escrivaninha. Ele levantou a vista e disse: "Desculpe, sr. Springsteen, o senhor foi rejeitado para servir nas Forças Armadas".

PRESIDENTE OBAMA: Você sorriu ou fez uma cara séria e triste?

BRUCE SPRINGSTEEN: Muito séria e triste. Eu disse: "Ah". E ele disse: "Pode sair por aqui". Saí porta afora e me encontrei com um monte dos caras que estavam comigo no ônibus. Não sei o que eles tinham feito, mas também estavam fora. E fizemos uma puta duma festa ali mesmo na rua, em Newark, Nova Jersey.

PRESIDENTE OBAMA: O que aconteceu com os outros membros da banda?

BRUCE SPRINGSTEEN: Todos escaparam. Eu peguei um 4-F, por causa da concussão. Os outros foram dispensados por razões de saúde mental, dando golpes que eram tão ou mais absurdos que o meu. E as coisas eram assim naquela época, sabe? Eu não tinha dúvida de que não iria.

PRESIDENTE OBAMA: A coisa interessante para mim é que não havia uma guerra em andamento quando entrei na adolescência. Por isso, as controvérsias em relação ao Vietnã não foram relevantes para a minha formação.

Conheço essas controvérsias como história, mas não foi uma coisa que eu vivi. Quando me tornei presidente, acho que alguma coisa muito valiosa já tinha acontecido como resultado da dura lição do Vietnã. Naquela altura, as pessoas entendiam que havíamos feito um desserviço aos veteranos do Vietnã que voltaram para casa, ao acusá-los de uma forma ou de outra. As decisões erradas tinham sido tomadas em Washington, mas, de repente, os veteranos ficaram estigmatizados por essas decisões. Mas o público americano no fim acabou reconhecendo e reverenciando o serviço de nossas tropas, mesmo aqueles que eram críticos de certos aspectos das intervenções dos Estados Unidos. Na época em que tive a honra de ser o comandante-chefe, eu respeitava nossos militares pelo que são capazes de realizar. Pelo que podem fazer, pegando um garoto de vinte anos de uma cidadezinha rural do Sul, pegando um garoto de um bairro pobre de uma cidade grande, pegando um garoto de Nova Jersey e transformando-os em sujeitos que são responsáveis por equipamentos que custam vários bilhões de dólares, que comandam seus companheiros de farda em batalhas incríveis.

O que a gente se dá conta é que se pode reverenciar o sacrifício, a coragem, a bravura e as tradições de nossos militares e, ao mesmo tempo, dizer que a guerra é um inferno, que nem sempre tomamos boas decisões sobre as guerras que travamos. Uso isso simplesmente como um exemplo da minha maneira de pensar sobre os Estados Unidos. O fato de poder encarar todos os erros, pecados, toda a crueldade e violência do país e ainda assim ser capaz de dizer: "Sim, isso é verdade, mas por outro lado veja também o que é possível. Veja como essa coisa evoluiu. Veja a beleza, a ousadia e as conquistas mesmo quando os princípios foram violados e traídos. Os próprios ideais são poderosos e servem como faróis. E vale a pena lutar para preservá-los".

Quando ouço você falar sobre o recrutamento e Vietnã, sobre perder amigos e sobre o país estar sendo despedaçado por causa da guerra, eu me lembro de conversar com amigos que estiveram lá e, ao voltar para casa, descobriram que eram chamados de assassinos de bebês, que cuspiam neles, que tinham virado por algum motivo o objeto da rejeição à guerra em especial por gente mais jovem, quando na verdade eles também eram jovens que haviam manifestado seu patriotismo, cumprido um dever.

BRUCE SPRINGSTEEN: Muitos veteranos foram ignorados e maltratados por muito tempo como símbolos da, entre aspas, "única guerra que os Estados Unidos perderam até hoje".

PRESIDENTE OBAMA: E isso, eu acho, foi um amadurecimento importante dos Estados Unidos: ser capaz de distinguir entre as políticas formuladas por homens engravatados em Washington e o profissionalismo, sacrifício e coragem daqueles que de fato lutaram.

BRUCE SPRINGSTEEN: Foi muito importante. O Vietnã foi a primeira vez em que me lembro de ter sentido que o país havia perdido o rumo. Perdido completamente o rumo. Por causa da perda dos meus amigos e da minha própria experiência... da perda da inocência.

AO LADO: Em 1º de dezembro de 1969 foi feito um sorteio de loteria na sede do Serviço Seletivo em Washington, D.C., com o objetivo de selecionar soldados para a Guerra do Vietnã de forma mais imparcial. As 366 cápsulas de plástico traziam as datas de nascimento de todos os homens na faixa de 18 a 25 anos estipuladas pela lei do Serviço Seletivo, e foram sorteadas para determinar a admissão de 1970. Em 1973, quando os Estados Unidos finalmente encerraram seu envolvimento na guerra, depois de sete anos de protestos, o número de militares americanos mortos chegou a 58 mil.

SUBLIME GRAÇA

3

O que torna os Estados Unidos excepcionais não é a riqueza, o tamanho, os arranha-céus ou o poderio militar. É o fato de ser a única nação na história humana composta de pessoas de todas as raças, religiões e culturas vindas de todas as partes do globo. E a fé de que nossa democracia, a crença que compartilhamos, criará um povo coeso a partir dessa mistura de humanidade.

Nada simboliza essa verdade melhor do que nossa música. O modo como gerações de americanos conseguem mesclar todas as tradições imagináveis — de ritmos africanos a baladas irlandesas — a fim de criar algo totalmente novo, seja o jazz ou o blues, o country ou o rock 'n' roll.

Ao mesmo tempo, nossa música tem sido com frequência um espelho que reflete as fraturas da sociedade americana, que são vistas no que é tocado e em quem ganha dinheiro, além do que é ouvido nas canções daqueles que foram relegados para as margens da sociedade e daqueles que insistem que suas verdades sejam finalmente conhecidas. A música tem o poder de dar novas formas às relações sociais e conectar as pessoas quando meras palavras — mesmo em bons discursos — não são suficientes.

CAPÍTULO
— 3 —

BRUCE SPRINGSTEEN: Então você está no Havaí, é um adolescente na década de 1970. O que atrai seus ouvidos quando se torna interessado em música... acho que lá pelos seus catorze anos, não?

PRESIDENTE OBAMA: O primeiro álbum que comprei com meu próprio dinheiro foi *Talking Book*, do Stevie Wonder. Ficava sentado ao lado de um toca-discos de plástico, pequeno e todo estropiado, usando fones de ouvido para que meus avós não reclamassem. E cantava cada música junto com o Stevie Wonder durante horas.

O Havaí era um lugar onde a gente ouvia pelo rádio as Top 40 do Casey Kasem. Eu tinha o quê... dez, onze anos, e ficava realmente fissurado em certas músicas... imagine um menino de dez anos cantando: *Let's get it on... Ahhhh baby!*

AMBOS: *We're all sensitive people... with so much to give...*

PRESIDENTE OBAMA: E minha avó ouvia e dizia: "O que que é isso que você está cantando?" Tinha uma outra música, do Billy Paul, "Me and Mrs. Jones".

BRUCE SPRINGSTEEN: Puuuuta sucesso.

PRESIDENTE OBAMA *Mrs. Jones Mrs. Jones, Mrs. Jones... We both know that it's wrong, but it's much too strong*. Onze anos!

BRUCE SPRINGSTEEN: Ha!

PRESIDENTE OBAMA: E Joni Mitchell apareceu com *Court and Spark*.

BRUCE SPRINGSTEEN: Belo disco.

PRESIDENTE OBAMA: *Help me, I...*

AMBOS: *... think I'm falling in love with you.*

PRESIDENTE OBAMA: O interessante é que a gente tinha o Top 40 e aqueles artistas que não se encaixavam em categoria nenhuma, como Earth, Wind & Fire, mas também outros tipos de música que eram muito mais... não diria segregadas, mas identificáveis como negras ou brancas.

Por exemplo, eu adorava os Ohio Players e o Parliament. Talvez não achasse discos deles nas coleções dos meus amigos brancos. Alguns eram chegados ao heavy metal e, se eu entrasse num carro com eles com o volume no máximo... sabe como é, aquilo podia ser um pouco sofrido para mim. Por isso, muito embora o Top 40 fosse integrado, pelo menos no Havaí,

---

AO LADO: O gosto musical do presidente Obama na adolescência abrangia todas as vertentes da música popular do começo e de meados dos anos 1970. Seus álbuns e faixas favoritos (**acima à esquerda, em sentido horário**): o 6º álbum de estúdio de Joni Mitchell, *Court and Spark*, seu maior sucesso de público e de crítica, que mistura a sensibilidade folk com o pop, e sons e estruturas mais experimentais do jazz. O primeiro single, "Help Me", foi o único de Mitchell entre os TOP 10 na lista Billboard Hot 100; o 15º álbum de estúdio de Stevie Wonder, *Talking Book*, uma guinada decisiva em sua carreira, que o afastava do som da Motown influenciado por Berry Gordy. Sintetizadores eram usados em faixas como "Superstition" (*Talking Book* foi também o álbum de maior sucesso comercial de Wonder, alcançando o topo das paradas da Billboard pop e R&B, o que lhe rendeu três Grammys); o 11º álbum de estúdio de Marvin Gaye, *What's Going On*, foi uma notável mudança de direção para o astro da Motown e apresentou canções que se tornariam a trilha sonora de uma geração influenciada pelos protestos contra a Guerra do Vietnã e pelo movimento dos direitos civis. Por fim, a Ohio Players era a banda funk dos anos 1960 conhecida por sucessos dançantes como "Love Rollercoaster" e "Fire". Eram conhecidos também pelas peculiares e eróticas capas de álbum, especialmente as figuradas pela modelo Pat Evans.

abaixo da superfície, era possível ver distinções entre as músicas de uns e de outros.

No segundo ano do ensino médio, me afastei do que só ouvia no rádio e comecei a seguir aquelas tangentes. Voltei para o rock e passei a ouvir Dylan e os Stones, exatamente quando o filme de Martin Scorsese, *A última valsa*, foi exibido. Via a Band e todos os artistas que aparecem naquele filme, que mostra todas as vertentes do folk, soul, R&B e country, e como todas essas coisas se misturavam no rock. Comecei a seguir todas essas correntes e tendências. É também quando comecei a ouvir jazz de forma séria. Meu pai tinha me levado a um show de jazz, mas aquilo não me fisgou na época. Inicialmente eu ouvia pop jazz — o que agora seria chamado de smooth jazz. George Benson. Ele tinha aquele baita som, "On Broadway".

BRUCE SPRINGSTEEN: Puta som.

PRESIDENTE OBAMA: E Grover Washington Jr. tinha aquela música "Mister Magic". *Dunnnh dunnnah dunnah*. E então, na universidade, fui fundo no Bob Marley. Nessa altura, meu interesse pelo jazz começou para valer. *Kind of Blue*, do Miles Davis, *My Favorite Things*, do John Coltrane, Mingus. Agora eu talvez ouça mais hip-hop graças às minhas filhas. Quase sempre é o que está tocando lá em casa.

BRUCE SPRINGSTEEN: Meus filhos são diferentes. O mais velho era chegado em punk rock com uma pegada política. Against Me! Tom Morello. Rise Against. O mais novo gostava mais do rock clássico — Creedence Clearwater e os primeiros discos acústicos do Bob Dylan. Minha filha estava antenada com os Top 40, por isso era o que eu ouvia durante uma década enquanto a levava de carro para um lugar e para outro.

PRESIDENTE OBAMA: Mas é uma grande dádiva. Acompanhar o que está acontecendo pelos seus filhos.

Porque é uma via de mão dupla. Minhas filhas agora ouvem um álbum do Marvin Gaye, sabe? Isso faz parte das recordações de infância delas, ouvir nossos discos.

Quando você decidiu que ia ser um astro do rock aos quinze anos...

O som suave do saxofone de Grover Washington Jr. ajudou a caracterizar o gênero de *smooth* jazz dos anos 1970. Seu álbum *Mister Magic*, de 1974, liderou as paradas de sucesso e exerceu grande influência sobre outros músicos de jazz-funk dos anos 1970-80. Entre as principais influências do presidente Obama e de Bruce Springsteen — no passado e no presente — estão (**acima à esq. em sentido horário**): Rolling Stones; Earth, Wind & Fire; Creedence Clearwater Revival; Bob Marley; George Benson; Miles Davis e Parliament.

TOP 40 DA BILLBOARD — 5 de junho de 1971

1
BROWN SUGAR — THE ROLLING STONES (ATLANTIC)

2
JOY TO THE WORLD — THREE DOG NIGHT (DUNHILL)

3
WANT ADS — THE HONEY CONE (HOT WAX)

4
IT DON'T COME EASY — RINGO STARR (APPLE)

5
RAINY DAYS AND MONDAYS — THE CARPENTERS (A&M)

6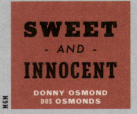
BRIDGE OVER TROUBLED WATER / A BRAND NEW ME — ARETHA FRANKLIN (ATLANTIC)

7
SWEET AND INNOCENT — DONNY OSMOND DOS OSMONDS (MGM)

8
NEVER CAN SAY GOODBYE — JACKSON 5 (MOTOWN)

9
IT'S TOO LATE / I FEEL THE EARTH MOVE — CAROLE KING (ODE)

10
ME AND YOU AND A DOG NAMED BOO — LOBO (BIG TREE)

11
I'LL MEET YOU HALFWAY — THE PARTRIDGE FAMILY (ESTRELANDO SHIRLEY JONES COM PARTICIPAÇÃO DE DAVID CASSIDY) (BELL)

12
PUT YOUR HAND IN THE HAND — OCEAN (KAMA SUTRA)

13
I DON'T KNOW HOW TO LOVE HIM — HELEN REDDY (CAPITOL)

14
SUPERSTAR — MURRAY HEAD CON THE TRINIDAD SINGERS (DECCA)

15
TREAT HER LIKE A LADY — CORNELIUS BROTHERS AND SISTER ROSE (ATLANTIC)

16
HERE COMES THE SUN — RICHIE HAVENS (STORMY FOREST)

17
CHICK-A-BOOM (DON'T YA JES' LOVE IT) — DADDY DEWDROP (SUNFLOWER)

18
IF — BREAD (ELEKTRA)

19
LOVE HER MADLY — THE DOORS (ELEKTRA)

20
DON'T KNOCK MY LOVE (PART 1) — WILSON PICKETT (ATLANTIC)

21 NATHAN JONES — THE SUPREMES (Motown)

22 DOUBLE LOVIN' — THE OSMONDS (MGM)

23 RIGHT ON THE TIP OF MY TONGUE — BRENDA AND THE TABULATIONS (Top & Bottom)

24 STAY AWHILE — THE BELLS (Polydor)

25 INDIAN RESERVATION (THE LAMENT OF THE CHEROKEE RESERVATION INDIAN) — THE RAIDERS (Columbia)

26 (FOR GOD'S SAKE) GIVE MORE POWER TO THE PEOPLE — THE CHI-LITES (Brunswick)

27 WOODSTOCK — MATTHEWS SOUTHERN COMFORT (Decca)

28 WHEN YOU'RE HOT, YOU'RE HOT — JERRY REED (RCA)

29 THE DRUM — BOBBY SHERMAN (Metromedia)

30 COOL AID — PAUL HUMPHREY AND HIS COOL AID CHEMISTS (Lizard)

31 I DON'T KNOW HOW TO LOVE HIM — YVONNE ELLIMAN (Decca)

32 TIMOTHY — THE BUOYS (Scepter)

33 I LOVE YOU FOR ALL SEASONS — THE FUZZ (Calla)

34 TOAST AND MARMALADE FOR TEA — TIN TIN (Atco)

35 THAT'S THE WAY I'VE ALWAYS HEARD IT SHOULD BE — CARLY SIMON (Elektra)

36 SHE'S NOT JUST ANOTHER WOMAN — THE 8TH DAY (Invictus)

37 LOW-DOWN — CHICAGO (Columbia)

38 I DON'T BLAME YOU AT ALL — SMOKEY ROBINSON AND THE MIRACLES (Tamla)

39 REACH OUT I'LL BE THERE — DIANA ROSS (Motown)

40 FUNKY NASSAU (PART 1) — THE BEGINNING OF THE END (Alston)

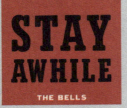

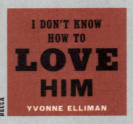
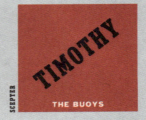

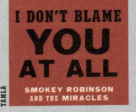

BRUCE SPRINGSTEEN: Pois é.

PRESIDENTE OBAMA: ... ou perto disso... fazia sentido tocar guitarra.

BRUCE SPRINGSTEEN: As guitarras eram baratas. Isso ajudava. Minha primeira guitarra custou dezoito dólares.

PRESIDENTE OBAMA: Mais barato que um piano.

BRUCE SPRINGSTEEN: Muito mais barato que um piano. Muito mais barato que uma bateria. Eu pintava paredes, impermeabilizava telhados, cortava grama, e assim juntei dezoito dólares para comprar uma guitarra barata na loja da Western Auto em Freehold, Nova Jersey. Meu primo Frankie estava começando a tocar um pouco de guitarra e me ensinou alguns acordes, me emprestou um livro de clássicos do folk com todos os acordes. Por isso, passado um mês e pouco, eu já estava dedilhando alguns clássicos do folk. "Greensleeves" e "If I Had a Hammer", essas coisas. Logo depois, alguém me ensinou a tocar honky-tonk.

Aí comecei a aprender algumas músicas dos Beatles. Aprendi "Twist and Shout". Sabe ... *Shake it up, baby!* Comecei a subir para o meu quarto, me trancar lá dentro e cantar a plenos pulmões enquanto tocava guitarra na frente do espelho.

PRESIDENTE OBAMA: Seus pais diziam alguma coisa? Tipo: "O que é isso que você está berrando aí?".

BRUCE SPRINGSTEEN: "Canta mais baixo!" Sabe como é, as coisas de sempre.

PRESIDENTE OBAMA: Sei.

BRUCE SPRINGSTEEN: "Canta mais baixo, menino! Canta mais baixo!" Minha mãe dava força. Meu pai era mais: "O quê... o que é... o que é que está acontecendo agora? O que é que esse menino inventou? Não estou entendendo nada".

Então deixei o cabelo crescer, e aí ele não entendeu mais nada mesmo. Mas era justamente a mesma coisa que milhares, senão milhões, de outros garotos estavam fazendo naquele exato momento. Por isso, o milagre é que tinha 1 milhão de garotos com uma guitarra na mão.

Alguns aprendiam a dedilhar alguns acordes.

Alguns aprendiam a tocar, aprendiam algumas músicas.

Uns poucos entravam para uma bandinha local.

Uns poucos faziam parte de uma bandinha local que gravava uma demo.

E então bem poucos faziam parte de uma bandinha local que gravava um disco.

E aí menos ainda faziam parte de uma banda local que vendia alguns discos.

E um número ainda menor desses que gravavam discos tinha uma banda que durava um pouco mais.

E ainda menos tinham uma banda que conseguia se sustentar só fazendo música.

E, de repente, eu estava no Hall da Fama e do Rock & Roll entre George Harrison e Mick Jagger cantando alguma coisa. E eu disse: "Muito bem, um daqueles garotos hoje está ao lado de George Harrison e Mick Jagger".

A escolha da música para mim foi ao mesmo tempo simples e complicada. Era a única coisa que eu desejava de verdade. Era também um elemento essencial na construção de uma identidade como homem, como americano, como ser humano.

Quando pego uma guitarra, parece que não tenho nada na mão. É só mais uma parte do meu corpo, sabe? Só mais uma extensão de mim. Quando ajeito a correia no ombro, parece que aquele é meu estado natural. E também criei uma filosofia sobre o ato de tocar: *Vou fazer o meu melhor para extrair o melhor de você.*

E vou mandar você para casa com um sentimento de comunidade e um conjunto de valores que vão se manter depois do show. Eu sempre faço uma brincadeira, sabe: "Quero entrar no palco e mudar a sua vida". Só que na verdade não é brincadeira. É meu objetivo da noite.

PRESIDENTE OBAMA: É seu sacerdócio.

BRUCE SPRINGSTEEN: Sim. Subo no palco à noite e acredito que posso inspirar você na base de muito trabalho, do desenvolvimento profundo de uma filosofia e da incorporação da espiritualidade. E que posso inspirar você a desenvolver essas coisas dentro de si. E, se eu for capaz de ajudar você um pouquinho a fazê-las, então meu trabalho foi feito. Isso é o que considero o meu trabalho — além de fazer você dançar.

PRESIDENTE OBAMA: Era o que eu ia dizer. Você quer também que as pessoas se divirtam.

AO LADO (acima): Lembrança de uma das primeiras apresentações de Bruce. Um mês depois, em maio de 1974, ele começaria a trabalhar no seu primeiro álbum de grande sucesso, *Born to Run*; **(abaixo):** George Harrison, Bruce Springsteen e Mick Jagger cantando "I Saw Her Standing There" com a Rock Hall Jam Band na cerimônia de investidura no Rock & Roll Hall of Fame, Cleveland, OH, janeiro de 1988. **ACIMA:** Primeira guitarra de Bruce.

SUBLIME GRAÇA

CRESCENDO

Fiquei totalmente imóvel à meia-noite em meio à minha fantasia / Penteei o cabelo até ficar certinho e comandei a brigada noturna / Estava aberto à dor, varado pela chuva e andando todo encurvado / Caminhei sozinho através da zona onde caía a chuva radioativa e cheguei do outro lado com minha alma intacta / Me escondi na cólera nebulosa da multidão mas, quando eles disseram "Senta" eu me levantei / Ah, ah, crescendo / A bandeira dos piratas tremulou em meu mastro, minhas velas se enfunaram / Meu imediato a bordo era um jukebox que não sabia velejar mas sem dúvida sabia cantar / Peguei um B-52 e bombardeei todo mundo com o blues, engrenado na teimosia de ficar de pé / Violei todas as regras, metralhei meu antigo colégio do ensino médio, nem pensei em aterrissar / Me escondi no calor nebuloso da multidão mas, quando eles disseram "Desce", eu vomitei / Ah, ah, crescendo / Olhando agora para trás! / Tirei férias de um mês na estratosfera e, você sabe, é mesmo difícil prender a respiração / Juro que perdi tudo o que amava ou temia, eu era o garoto cósmico com uma fantasia completa / Bem, meus pés finalmente criaram raízes na terra mas eu arranjei um cantinho legal nas estrelas / E juro que encontrei a chave do universo no motor de um calhambeque estacionado / Me escondi no seio maternal da multidão mas, quando eles disseram "Vai com calma" eu acelerei / Ah, ah, crescendo / Ah, ah, crescendo

— DE GREETINGS FROM ASBURY PARK, N.J. (1973)

BRUCE SPRINGSTEEN: Sou um homem que canta e dança. Quero que você dê risada. Quero que se divirta.

PRESIDENTE OBAMA: Talvez esquecer dos problemas por um tempo...

BRUCE SPRINGSTEEN: E, se for só isso que você levar do show, já não é pouca coisa.

PRESIDENTE OBAMA: Você tinha esse senso de propósito desde o começo? Quer dizer, quando estava tocando em barzinhos e casas noturnas, você só pensava: "Quero tocar bem para que essa gente saia dizendo: 'Uau, essa banda mandou ver!'".

BRUCE SPRINGSTEEN: Queria tocar bem. Queria ganhar meus cinco dólares. Queria que pensassem que nós éramos bons — só que com o tempo cada vez mais eu queria que pensassem que éramos os melhores. Queria transmitir uma tremenda alegria e uma fome gigantesca pela vida.

PRESIDENTE OBAMA: Quando você começou a pensar nesses termos? Ou isso só começa quando as plateias vão ficando maiores e você sente uma responsabilidade com relação a elas?

BRUCE SPRINGSTEEN: Estava já tocando tinha um tempão antes de pensar nisso. A autoconsciência veio mais tarde, quando comecei a desenvolver uma perspectiva filosófica, que aliás era minha natureza como ser humano. E eu tinha interesse em um código de conduta. Acho que todos os seres humanos têm um código que orienta sua vida. E esse código nos guia, protege, nos faz alcançar nossos objetivos...

PRESIDENTE OBAMA: Provoca um peso na consciência quando o violamos.

BRUCE SPRINGSTEEN: Exato. Todos os meus heróis, desde os heróis dos filmes de faroeste, pareciam ter um código de conduta.

Levo meu trabalho a sério. Acredito que estou envolvido numa profissão ridícula, mas que é nobre, e a música teve impacto em mim, mudou minha vida, mudou quem eu pensava ser, mudou quem me tornei. Deus me deu a oportunidade de subir no palco à noite e ter esse tipo de impacto em alguns indivíduos na plateia. Se posso fazer isso, vale a pena estar no planeta. É uma coisa pela qual vale a pena viver.

PRESIDENTE OBAMA: E as suas influências?

BRUCE SPRINGSTEEN: Eu sou cria do Top 40. A primeira música que ouvi foi minha mãe escutando doo-wop e rhythm and blues no rádio pela manhã quando eu tinha oito ou nove anos. E tinha os outros sucessos do momento, dos Beatles e dos Rolling Stones.

PRESIDENTE OBAMA: E onde entra o Dylan?

BRUCE SPRINGSTEEN: Bob era engraçado. Tinha sucessos, mas vinha de uma tradição diferente. Se espelhava no Woody Guthrie. Mas só fui conhecer e aprender alguma coisa sobre isso depois dos trinta anos. Até então, nunca tinha ouvido os primeiros discos acústicos do Bob.

PRESIDENTE OBAMA: Que interessante.

BRUCE SPRINGSTEEN: Tinha ouvido só *Highway 61*, "Subterranean Homesick Blues". Só lá pelos trinta anos é que recuei no tempo e escutei o som acústico dele. E, indo mais para trás, ouvi Woody Guthrie.

A música country chegou mais tarde para mim. Eu estava buscando outras soluções que o rock não proporcionava. O rock é uma música formidável, com uma raiva de classe social que me convinha. Mas, quando vamos ficando mais velhos, não abordava nossos problemas como adultos, e por isso me voltei para a música country. Uma grande música, incrível para cantar e tocar, mas bastante fatalista.

Então pensei: "Certo, onde é que existe uma música que transmita esperança?". Woody Guthrie e Bob Dylan expunham o mundo difícil em que vivemos, mas também estavam proporcionando alguma transcendência e algumas soluções práticas para os problemas sociais e pessoais. Era possível ser ativo.

Isso atraiu minha atenção porque eu já tinha uma fama relativamente grande no rock. Estava interessado em manter

---

> EU SEMPRE FAÇO UMA BRINCADEIRA, SABE: "QUERO ENTRAR NO PALCO E MUDAR A SUA VIDA". SÓ QUE NA VERDADE NÃO É BRINCADEIRA. É MEU OBJETIVO DA NOITE. ISSO É O QUE CONSIDERO O MEU TRABALHO — ALÉM DE FAZER VOCÊ DANÇAR.
>
> — BRUCE SPRINGSTEEN

AO LADO: Bruce no modo "canto e dança" com Clarence, na turnê Devils and Dust, de 2005.
PÁGINAS A SEGUIR (p. 88): O presidente e Michelle Obama saúdam a multidão no dia da posse, em 18 de janeiro de 2009. **(p. 89):** O presidente Lincoln observa The Boss tocar para uma plateia de cerca de 400 mil pessoas, que lotou o National Mall no We Are One. O show, em comemoração da posse, teve grandes atrações como Beyoncé, Stevie Wonder, Mary J. Blige, James Taylor, Jon Bon Jovi e Pete Seeger, além de uma leitura de documentos históricos e literários. Depois de o trecho de abertura ser lido pelo ator Denzel Washington, Bruce deu o pontapé inicial com uma apresentação de "The Rising", sua música inspirada no Onze de Setembro. Foi acompanhado pelo Joyce Garrett Singers, um coro gospel de Washington, D.C.

os laços com minha comunidade. Em dar voz a mim mesmo e aos membros da minha comunidade. Estava interessado também em ser ativo até certo ponto, pegando parte do que eu ganhava e devolvendo à comunidade. Em 1980, comecei a tocar "This Land Is Your Land". E aí "Born in the U.S.A.", que foi quando nós soubemos o que íamos fazer, tanto como banda quanto um pouco como unidade social e unidade de entretenimento — mas também como iríamos combinar todas essas coisas. Foi assim que encontrei minha satisfação total.

PRESIDENTE OBAMA: Gosto de ver como você fala de combinar tudo isso, porque sabe que essa é a essência de todos os grandes músicos americanos. E foi uma das razões pelas quais Michelle e eu achamos que seria tão importante, ao longo de nossa presidência — num momento em que o país se sentia tão dividido —, realmente enfatizar isso naquela série musical que organizamos.

Tínhamos uma noite de Motown. Mas também uma noite de country. Ou uma fiesta latina. Ou uma noite de canções da Broadway. Ou a noite do gospel. Parte do que fazíamos era convocar músicos de várias tradições para participarem de alguma coisa que não era tradicionalmente a praia deles. Botávamos o cantor de country numa apresentação de música gospel. Ou um cantor de R&B cantando rock para sublinhar como essas tradições na verdade se combinam quando você começa a desmontar algumas dessas fórmulas e categorias que temos na cabeça.

BRUCE SPRINGSTEEN: Pois é.

PRESIDENTE OBAMA: Sempre me impressionou a generosidade dos músicos com seus colegas de profissão. Em geral, eles chegavam e ensaiavam na noite anterior ou no dia anterior, quase sempre à noite. Eu podia estar do Salão dos Tratados, que era bem em cima. De repente, ouvia os primeiros acordes do baixo e, às vezes, descia de mansinho para observar. Sentava nos fundos e tentava não ser visto enquanto eles ficavam ali tocando. Lembro que certa noite estava vendo Mick Jagger e Gary Clark Jr. trabalhando num blues que iam tocar juntos. E Jagger tem a idade do avô de Gary, não é mesmo? A essa altura, já tinha uns setenta anos, apesar de correr pelo palco como um garotão de 25. E Gary Clark Jr. é basicamente um herdeiro das tradições dos Stones. E, ali, o ícone mais velho e grisalho e o astro em ascensão eram simplesmente músicos. Tinha um respeito, um ouvia o outro.

> VER AQUELE ÂNIMO ME FEZ PENSAR: "SERIA BOM QUE A POLÍTICA FOSSE ASSIM, COM AS PESSOAS SIMPLESMENTE TENTANDO FAZER UM SOM LEGAL".
>
> — PRESIDENTE OBAMA

BRUCE SPRINGSTEEN: A vida entre os músicos é boa.

PRESIDENTE OBAMA: Ver aquele ânimo me fez pensar: "Seria bom que a política fosse assim, com as pessoas simplesmente tentando fazer um som legal".

BRUCE SPRINGSTEEN: Essa é uma parte importantíssima do rock. E é por isso que em geral a maioria das bandas não dura muito tempo.

PRESIDENTE OBAMA: Porque é difícil manter esse ânimo.

Então, Bruce, como você e Patti são testemunhas, algumas das melhores músicas ouvidas na Casa Branca foram tocadas longe das câmeras durante nossas festas.

BRUCE SPRINGSTEEN: Bem, participamos de algumas, e tudo que posso dizer é que foram históricas. E não veremos coisa igual na Casa Branca por muuuuuito tempo.

PRESIDENTE OBAMA: Não mesmo. Tivemos alguns momentos maravilhosos. As apresentações que aconteceram no final das noites... aquilo era muito divertido. Lembro de uma em especial.

O cenário era o seguinte: eu estava no meu último mês na presidência. Queria fazer alguma coisa para o pessoal que tinha me acompanhado ao longo de toda a caminhada, que tinha vivido um processo verdadeiramente notável, mas extenuante. Por isso, tivemos uma ideia. Quem sabe fazer alguma coisa pequena, tranquila e privativa — umas cem pessoas. E talvez Bruce esteja disposto a vir e fazer um showzinho.

E você apareceu, e tinha umas dez guitarras encostadas lá num suporte, e o piano. Patti me disse: "É, na verdade sei lá o que ele vai fazer...". Porque você não tinha mostrado nem para ela.

BRUCE SPRINGSTEEN: Nunca tinha mostrado para ninguém. Só ensaiei algumas horas nesta sala onde estamos sentados antes de ir lá. Recebi o convite e pensei: "Bom, não vou juntar a banda e fazer um barulhão. Vou lá tocar uns sons acústicos". Aí pensei: "O que é que eu posso fazer para criar alguma coisa diferente? Muito bem, vou ler passagens do meu livro e tocar algumas músicas".

AO LADO (acima): A Rainha do Soul, Aretha Franklin, se prepara para o show Women of Soul, em 6 de março de 2014; (abaixo): O presidente Obama mostra passos da sua dança de pai no palco com Prince e a filha Sasha durante uma apresentação na Casa Branca, 2015.

SÉRIE "PERFORMANCE NA CASA BRANCA"
2009-15

26 DE FEVEREIRO DE 2009
PRÊMIO GERSHWIN DE MÚSICA POPULAR DA BIBLIOTECA DO CONGRESSO

ANITA JOHNSON apresenta "I Never Dreamed You'd Leave in Summer"

DIANA KRALL apresenta "Blame It on the Sun"

ESPERANZA SPALDING apresenta "Overjoyed"

TONY BENNETT

MARTINA MCBRIDE apresenta "You and I"

MARY MARY apresenta "Higher Ground"

STEVIE WONDER apresenta "Signed, Sealed, Delivered" e "Sir Duke"

INDIA ARIE apresenta "Summer Soft"

12 DE MAIO DE 2009
UMA NOITE DE POESIA, MÚSICA E PALAVRA FALADA

ESPERANZA SPALDING apresenta "Tell Him" no contrabaixo

LIN-MANUEL MIRANDA apresenta "The Hamilton Mixtape"

13 DE OUTUBRO DE 2009
FESTA LATINA

GLORIA ESTEFAN apresenta "Mi Tierra"

GLORIA ESTEFAN, SHEILA E. E JOSE FELICIANO apresentam "No Llores"

SHEILA E. E PETE ESCOVEDO

TITO EL BAMBINO

THALIA

MARC ANTHONY

LOS LOBOS

JOSE FELICIANO

AO LADO: B.B. King. ACIMA: Paul McCartney.

4 DE NOVEMBRO DE 2009
UMA NOITE DE MÚSICA CLÁSSICA

JOSHUA BELL, AWADAGIN PRATT, E ALISA WEILERSTEIN apresentam, de Felix Mendelssohn, o trio para piano N. 1 em ré menor, Op. 49, e o finale, "Allegro assai appassionato"

JOSHUA BELL E SHARON ISBIN apresentam, de Niccolò Paganini, "Cantabile"

JOSHUA BELL E AWADAGIN PRATT apresentam, de Maurice Ravel, "Tzigane"

A VIOLONCELISTA ALISA WEILERSTEIN E O PERCUSSIONISTA DE DEZESSEIS ANOS JASON YODER apresentam, de Camille Saint Saëns, "The Swan"

OS VIOLONCELISTAS ALISA WEILERSTEIN E SUJARI BRITT, DE OITO ANOS apresentam, de Luigi Boccherini, a "Sonata para dois violoncelos em Dó maior", 1º movimento, "Allegro moderato"

A VIOLONCELISTA ALISA WEILERSTEIN apresenta, de Zoltán Kodály, a "Sonata para solo de violoncelo", Op. 8 e III, "Allegro molto vivace"

O PIANISTA AWADAGIN PRATT apresenta, de J.S. Bach, a "Passacaglia e Fuga em Dó menor", BWV 582

O VIOLONISTA CLÁSSICO apresenta, de Isaac Albeniz, Asturias, e de Agustin Barrios Mangoré, a Valsa Op. 8, Nº 4

10 DE FEVEREIRO DE 2010
MÚSICA DOS MOVIMENTOS DE DIREITOS CIVIS

OS BLIND BOYS DO ALABAMA apresentam "Free at Last"

SMOKEY ROBINSON apresenta "Abraham, Martin and John"

OS FREEDOM SINGERS apresentam "(Ain't Gonna Let Nobody) Turn Me Around"

A ESTRELA DE MÚSICA GOSPEL YOLANDA ADAMS apresenta "How Great Thou Art" e "A Change Is Gonna Come"

JENNIFER HUDSON apresenta "Someday We'll All Be Free"

JOAN BAEZ apresenta "We Shall Overcome"

NATALIE COLE apresenta "What's Going On"

JOHN MELLENCAMP apresenta "Keep Your Eyes on the Prize"

SMOKEY ROBINSON E JENNIFER HUDSON apresentam "People Get Ready"

BOB DYLAN apresenta "The Times They Are a-Changin'"

PRESIDENTE BARACK OBAMA E A PRIMEIRA FAMÍLIA se juntam aos artistas no palco montado no Salão Leste da Casa Branca para cantar "Lift Every Voice and Sing"

19 DE JULHO DE 2010
UMA CELEBRAÇÃO DA BROADWAY

DANIELLE ARCI, CONSTANTINE ROUSOULI E OS DANÇARINOS DA DUKE ELLINGTON SCHOOL apresentam "You Can't Stop the Beat"

TONYA PINKINS apresenta "Gonna Pass Me a Law"

NATHAN LANE E BRIAN D'ARCY JAMES apresentam "Free"

KAREN OLIVO E DANÇARINOS apresentam "America"

IDINA MENZEL apresenta "Defying Gravity"

IDINA MENZEL E MARVIN HAMLISCH apresentam "What I Did for Love"

ELAINE STRITCH apresenta "Broadway Baby"

CHAD KIMBALL apresenta "Memphis Lives in Me"

BRIAN D'ARCY JAMES apresenta "Blue Skies"

AUDRA MCDONALD apresenta "Can't Stop Talking About Him" e "Happiness Is a Thing Called Joe"

ASSATA ALSTON apresenta "Gimme Gimme"

AO LADO (acima): Lyle Lovett, Alison Krauss, Band Perry, Kris Kristofferson, James Taaylor, Caroline Taylor e Darius Rucker; (ao centro): Los Lobos; (abaixo): Mick Jagger.

24 DE FEVEREIRO DE 2011
O SOM DA MOTOWN

LEDISI

NATASHA BEDINGFIELD, JORDIN SPARKS, E LEDISI

STEVIE WONDER

SMOKEY ROBINSON E SHERYL CROW

SHERYL CROW

SEAL

NICK JONAS

JOHN LEGEND, NICK JONAS, JAMIE FOXX E SEAL

JORDIN SPARKS

JOHN LEGEND

NATASHA BEDINGFIELD

AMBER RILEY

21 DE NOVEMBRO DE 2011
MÚSICA COUNTRY

A BANDA PERRY apresenta "If I Die Young" e "I Will Always Love You"

DARIUS RUCKER E KRIS KRISTOFFERSON apresentam "Pancho e Lefty"

MICKEY apresenta "Crazy"

ARNOLD MCCULLER E LYLE LOVETT apresentam "Funny How Time Slips Away"

LYLE LOVETT apresenta "Cowboy Man"

LAUREN ALAINA apresenta "Coal Miner's Daughter"

KRIS KRISTOFFERSON apresenta "Me and Bobby McGee"

JAMES TAYLOR apresenta
"Wichita Lineman" e
"Riding on a Railroad"

DIERKS BENTLEY apresenta "Home"

DARIUS RUCKER apresenta
"I Got Nothing"

DIERKS BENTLEY E LAUREN ALAINA
apresentam "Always on My Mind"

ALISON KRAUSS apresenta
"When You Say Nothing at All"

21 DE FEVEREIRO DE 2012
RED, WHITE, AND BLUES

BUDDY GUY E ENSEMBLE apresentam
"Sweet Home Chicago"

TROMBONE SHORTY apresenta
"St. James Infirmary"

SUSAN TEDESCHI, DEREK TRUCKS E WARREN HAYNES apresentam "I'd Rather Go Blind"

MICK JAGGER apresenta
"I Can't Turn You Loose"
e "Miss You"

KEB' MO' apresenta "Henry"

MICK JAGGER E JEFF BECK apresentam
"Commit a Crime"

BUDDY GUY, GARY CLARK JR., JEFF BECK E MICK JAGGER apresentam
"I'd Rather Go Blind"

BUDDY GUY E JEFF BECK apresentam
"Let Me Love You"

SHEMEKIA COPELAND E GARY CLARK JR.
apresentam "Beat Up Old Guitar"

GARY CLARK JR. apresenta
"Catfish Blues"

B.B. KING E ENSEMBLE apresentam
"Let the Good Times Roll"

9 DE MAIO DE 2012
PRÊMIO GERSHWIN DE MÚSICA POPULAR DA BIBLIOTECA DO CONGRESSO

SHERYL CROW apresenta "Walk on By"

STEVIE WONDER apresenta "Alfie"

SHERYL CROW E LYLE LOVETT apresentam "I'll Never Fall in Love Again"

SHELÉA E ARTURO SANDOVAL apresentam "Anyone Who Had a Heart"

RUMER apresenta "A House Is Not a Home"

MIKE MYERS apresenta "What's New Pussy Cat"

MICHAEL FEINSTEIN apresenta "Close to You"

LYLE LOVETT apresenta "Always Something There to Remind Me"

DIANA KRALL apresenta "The Look of Love"

BURT BACHARACH apresenta "What the World Needs Now Is Love"

ARTURO SANDOVAL E STEVIE WONDER apresentam "Make It Easy on Yourself"

9 DE ABRIL DE 2013
O SOUL DE MEMPHIS

SAM MOORE E JOSHUA LEDET apresentam "Soul Man"

BOOKER T. JONES E ENSEMBLE apresentam "In the Midnight Hour"

WILLIAM BELL apresenta "You Don't Miss Your Water"

JUSTIN TIMBERLAKE E STEVE CROPPER apresentam "(Sittin' On) The Dock of the Bay"

SAM MOORE apresenta "When Something Is Wrong with My Baby"

QUEEN LATIFAH apresenta "I Can't Stand the Rain"

AO LADO: Carole King. **ACIMA:** Joan Baez.

MAVIS STAPLES apresenta
"I'll Take You There"

JOSHUA LEDET apresenta
"When a Man Loves a Woman"

CYNDI LAUPER E CHARLIE MUSSELWHITE
apresentam "Try a Little
Tenderness"

EDDIE FLOYD apresenta
"Knock on Wood"

**ALABAMA SHAKES, STEVE CROPPER
E BOOKER T. JONES** apresentam
"Born Under a Bad Sign"

22 DE MAIO DE 2013
PRÊMIO GERSHWIN DE MÚSICA POPULAR DA BIBLIOTECA DO CONGRESSO

CAROLE KING

6 DE NOVEMBRO DE 2014
UMA HOMENAGEM ÀS TROPAS

WILLIE NELSON E JOHN FOGERTY

6 DE MARÇO DE 2014
MULHERES DO SOUL

JANELLE MONÁE

PATTI LABELLE apresenta
"Over the Rainbow"

MELISSA ETHERIDGE apresenta
"Neither One of Us"

ARIANA GRANDE apresenta
"Tattooed Heart"
e "I Have Nothing"

ARETHA FRANKLIN apresenta
"Amazing Grace"

14 DE ABRIL DE 2015
A TRADIÇÃO GOSPEL

ARETHA FRANKLIN apresenta
"Plant My Feet on Higher Ground"

SHIRLEY CAESAR apresenta
"Sweeping Through the City"

MICHELLE WILLIAMS apresenta
"Say Yes"

RHIANNON GIDDENS apresenta
"Up Above My Head"

TAMELA MANN apresenta
"Take Me to the King"

Ben Harper, William Bell, Cyndi Lauper, Justin Timberlake, Queen Latifah, Sam Moore, Charlie Musselwhite e Steve Cropper. **A SEGUIR:** Bruce Springsteen levou seu som para 250 funcionários na despedida dos Obamas no Salão Leste, em 12 de janeiro de 2017.

Então, vim para cá e comecei a ler o livro, a tocar algumas músicas. E me dei conta de que ler o livro soava um pouco pomposo porque o jeito como escrevemos não é o mesmo como falamos. Por isso, comecei a parafrasear o que estava no livro como se estivesse simplesmente contando uma história, e passei algumas horas durante dois dias neste estúdio antes de viajar.

PRESIDENTE OBAMA: E você essencialmente acabou fazendo... o que você diria, talvez noventa minutos de...

AMBOS: Do que virou o show da Broadway.

BRUCE SPRINGSTEEN: Vocês dois têm crédito por isso, porque estavam ali bem na minha frente, e eu estava empolgado por estar lá, me sentindo honrado por tocar para vocês. Posso dizer honestamente que me senti, depois de me apresentar, como nunca tinha me sentido depois de nenhuma apresentação porque foi uma coisa diferente.

Terminada a coisa, você foi o primeiro a subir no palco e, se curvando para falar perto de meu ouvido, disse: "Ei, escuta só, eu sei que você fez isso só para nós, mas precisa transformar esse troço num show em algum lugar ou coisa parecida, sabe?". Voltando para casa naquela noite, conversamos o tempo todo. Patti e Jon [Landau] disseram: "Achamos que você tem que fazer alguma coisa com isso". E uma coisa levou à outra. Eu pensei: "Bom, vou precisar de um espaço bem pequeno, porque é necessário um silêncio total para a coisa funcionar, assim como tivemos no Salão Leste". E conseguimos encontrar um teatrinho na Broadway e...

PRESIDENTE OBAMA: Você acabou tendo que trabalhar para valer.

BRUCE SPRINGSTEEN: Acabei fazendo lá um show de duas horas e vinte minutos, cinco noites por semana. Uma das melhores épocas na minha vida.

Você canta no chuveiro?

PRESIDENTE OBAMA: Com certeza.

BRUCE SPRINGSTEEN: Ha!

PRESIDENTE OBAMA: Eu canto no chuveiro. Canto fora do chuveiro. Não tenho a menor vergonha de cantar. Minhas filhas e minha esposa às vezes olham para cima e fazem aquelas caras... Meus auxiliares tiravam sarro de mim por ficar fazendo air guitar no avião presidencial.

BRUCE SPRINGSTEEN: Que pena que perdi isso. O motivo da pergunta é porque você interpretou muitíssimo bem "Let's Stay Together", do Al Green. Estou certo? Foi essa mesmo?

PRESIDENTE OBAMA: A história é a seguinte: estávamos no lendário Apollo Theater, no Harlem, para angariar recursos de campanha. Al Green tinha se apresentado. Mas, como sempre acontece, não vi o show porque tinham me levado para outro lugar. Cheguei lá só no fim. Então eu estava sentado nos bastidores com Valerie Jarrett e disse: "Cara, perdi o show do Al Green!". E aí comecei a cantar, ali mesmo: *I'm... so in love with you*. Os caras do som, muito espertinhos, disseram: "Sr. presidente, por que não canta essa música lá no palco?".

E respondi: "Ora, vocês acham que eu não faria isso?".

A Valerie disse: "Olhe, não faça isso".

BRUCE SPRINGSTEEN: Que engraçado.

PRESIDENTE OBAMA: Porque ela, nessas circunstâncias, é a representante da Michelle. E eu provavelmente não teria feito aquilo não fosse pelo fato de que, se não me engano, era meu quinto evento naquele dia, e eu já estava meio fora de mim.

BRUCE SPRINGSTEEN: Melhor para você.

PRESIDENTE OBAMA: Estava um pouco cansado. E Al Green ainda continuava lá, sentado na plateia. Por isso, entrei no palco e disse: "Ah, o Al passou por aqui. Infelizmente, perdi o show".

Aí olhei para ver se os caras do palco estavam espertos — e desatei a cantar.

BRUCE SPRINGSTEEN: O que eu quero perguntar mesmo, obviamente, é sobre "Amazing Grace", porque aquilo de fato mexeu com todo o país. Por que, naquele dia, você decidiu cantar aquela música?

PÁGINA ANTERIOR: O presidente Obama e Michelle Obama cumprimentam Bruce Springsteen no Salão Azul antes da cerimônia da Medalha Presidencial da Liberdade, em 22 de novembro de 2016. Bruce recebeu a prestigiosa condecoração com outros vinte homenageados. **ACIMA:** Bruce e Patti Scialfa no palco, compartilhando o microfone e um momento especial **AO LADO:** *Springsteen on Broadway* teve pré-estreia em 3 de outubro de 2017 e estreia oficial em 12 de outubro de 2017. A temporada inicial, que rendeu a Bruce um prêmio Tony, foi prorrogada duas vezes e terminou em 15 de dezembro de 2018, depois de 236 apresentações. Uma nova temporada, mais curta, foi anunciada no St. James Theatre para o final de 2021. **PÁGINAS A SEGUIR (pp. 106-7):** Bruce no camarim do Walter Kerr Theatre em Nova York; **(pp. 108-9):** Ovação na Broadway.

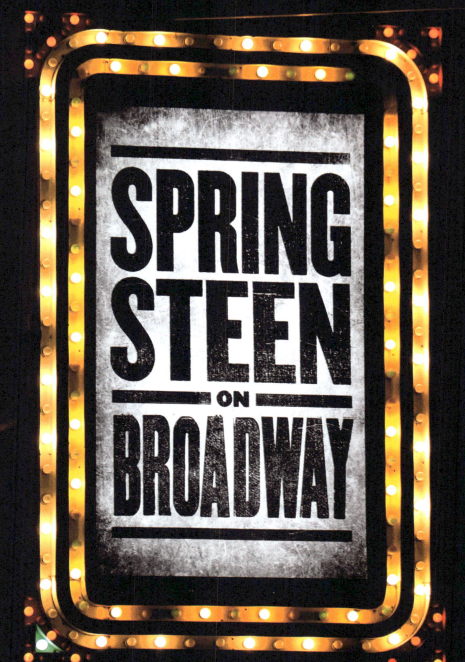

PRESIDENTE OBAMA: Essa é uma história interessante. Foi um dia mágico que começou triste — ou esperávamos que começaria triste, mas por acaso foi também o dia em que saiu a decisão da Suprema Corte afirmando que era inconstitucional impedir que os parceiros LGBTQIA+ se casassem. Esse foi um momento de alegria. Mas estávamos viajando para Charleston depois que aquele jovem branco cheio de ódio atacou a tiros um grupo de estudos da Bíblia em que tinha sido recebido de braços abertos. Eu de fato havia encontrado o pastor, o reverendo Pinckney, em visitas anteriores à Carolina do Sul. Ele tinha duas filhinhas pouco mais novas que Malia e Sasha.

E isso vinha na esteira do que parecia ser uma chacina a cada três meses. Depois de cada um desses atentados — às vezes Michelle ia comigo, apesar de em determinado momento aquilo tivesse se tornado difícil para ela —, eu passava algumas horas com uma família que havia perdido um filho, um pai ou um irmão assassinado a tiros sem nenhum motivo. Depois de Newtown, quando homens de 26 e 27 anos haviam sido mortos dessa maneira por um rapaz louco — que contava com um verdadeiro arsenal em sua casa —, eu pensei: "Muito bem, o Congresso vai fazer alguma coisa sobre isso". E o mais perto que estive de simplesmente perder a fé neste país foi provavelmente depois que foram derrotados os esforços para aprovar leis de segurança bastante modestas referentes às armas. Elas nem chegaram a ser discutidas no Senado. Depois de vinte crianças serem massacradas daquele jeito. A única vez em que vi um agente do Serviço Secreto chorar foi enquanto eu discursava em Newtown. Pois aconteceu de novo, e eu disse: "Quero ir ao funeral, sabe, mas não quero falar. Não tenho mais nada a dizer. Sinto que esgotei todas as minhas palavras. Expus argumentos práticos, argumentos racionais, argumentos emocionais, mostrei raiva ao falar sobre esse tema, mostrei tristeza, e nada parece ter tido o menor impacto. Estou sem palavras".

Claro que pediram que eu falasse, e concordei: "Muito bem, é parte do meu trabalho". Mas estava travado, não tinha nada a dizer.

Acontece que, na época, eu vinha me correspondendo com uma amiga, Marilynne Robinson, uma escritora maravilhosa, autora de *Gilead*, e um tema sobre o qual ela costumava escrever era a graça. Tínhamos conversado e trocado cartas acerca da noção de graça como um reconhecimento de que somos fundamentalmente imperfeitos, fracos e confusos. Não merecemos a graça, mas às vezes a recebemos.

Em 26 de junho de 2016, a Suprema Corte legalizou o casamento entre pessoas do mesmo sexo ao emitir uma decisão ansiosamente esperada no caso Obergefell versus Hodges (com cinco votos contra quatro). Logo depois da decisão histórica, a Casa Branca foi iluminada com as cores do arco-íris em homenagem à comunidade LGBTQIA+. Milhares de pessoas se reuniram em frente à Casa Branca para comemorar — incluindo Michelle Obama e a filha Malia, que saíram sorrateiramente da residência para observar do gramado a multidão eufórica.

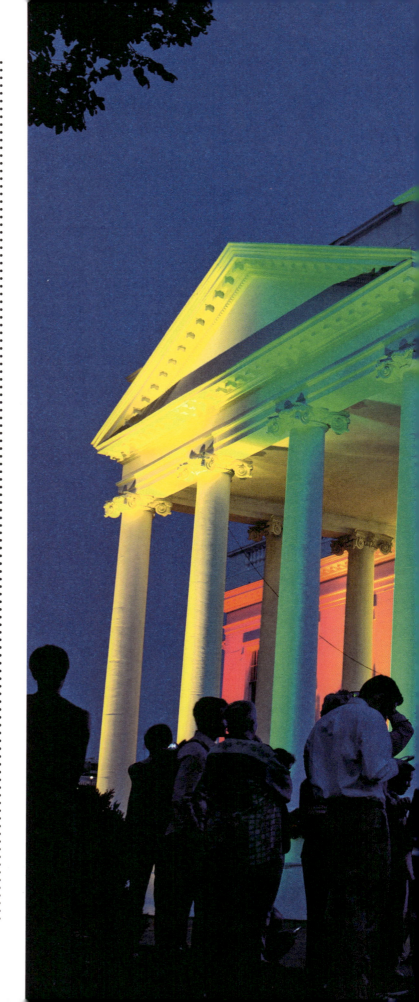

Exatamente enquanto escrevíamos sobre isso, as famílias das pessoas assassinadas em Charleston, durante o indiciamento do atirador, disseram: "Nós perdoamos você". A ficha não caiu de imediato. Eu ainda estava pensando: "Não sei o que dizer". Falei com meu principal redator de discursos, Cody Keenan: "Não sei o que vai funcionar nesse caso". Ele me sugeriu alguma coisa que simplesmente não estava à altura do momento. Não por culpa dele, mas porque estava vivendo o mesmo problema que eu. Tínhamos feito a mesma coisa muitas vezes.

Então, lá estava eu sentado por volta das dez da noite. Simplesmente travado, sem saber o que iria dizer no dia seguinte. A carta de Marilynne estava em cima de uma escrivaninha, vi a palavra graça e, por algum motivo, comecei a cantarolar para mim mesmo. *Amazing grace...*

E pensei nas famílias que disseram: "Nós perdoamos você". Naquele mesmo momento, escrevi o discurso fúnebre em dez minutos, talvez vinte. Simplesmente jorrou de dentro de mim.

Embarcamos no Air Force One e eu disse a Valerie e Michelle — mais uma vez, elas duas são as pessoas mais céticas quando eu invento alguma coisa fora do script. "Escutem, só quero que vocês saibam — não tenho certeza, mas é possível que eu cante." Elas então disseram: "Espera aí, como assim?". "Não sei", respondi, "vamos ver se baixa o espírito na hora."

Então chegamos lá. Era obviamente um grande auditório. O reverendo Pinckney pertencia à Associação Missionária Evangélica e, por isso, atrás de mim estavam todos os pastores. Me levantei e fiz o discurso fúnebre. Cheguei ao ponto em que falava da graça sublime, e simplesmente senti que era importante para mim fazer aquilo. E senti que era importante fazer aquilo exatamente porque eu não tinha certeza se era capaz de conseguir. Precisava mostrar às pessoas que ia conseguir, então resolvi tentar. Precisava revelar o que eu estava sentindo, e foi por isso que fiz uma longa pausa antes de começar a cantar. Uma parte de mim se preparava para seguir em frente e dizer: "Não sei como isso vai ser". A essa altura, eu já estava muito emocionado e preocupado com a possibilidade de cair no choro quando começasse a cantar.

Então precisei me controlar. O que permitiu que eu fizesse isso foi estar numa igreja. Era um estádio, mas era também uma igreja. Era uma igreja de negros, e aquela é a nossa casa. E eu sabia que tudo que tinha de fazer era entoar o primeiro compasso, porque o órgão logo iria me acompanhar; e sabia que todos os pastores atrás de mim iriam ficar de pé. E, por pior que eu cantasse, as pessoas dariam um jeito de elevar o nosso nível.

BRUCE SPRINGSTEEN: Foi um momento sublime da sua presidência.

PRESIDENTE OBAMA: Bom, é um exemplo da ideia de que você chega ao seu melhor quando entende que não passa de um instrumento para todos os outros, para as pessoas que contam com você, que a questão não é você ou seu ego, ambição, talento e capacidade. Mas, pelo menos no meu caso, cheguei ao meu melhor quando todas essas coisas se desfizeram, e eu estava só tentando descobrir como podia proporcionar uma plataforma, ser um porta-voz ou servir. O propósito maior exige que você às vezes saia do caminho ou faça coisas que estão fora da sua zona de conforto. Andar um pouco na corda bamba. Ter fé suficiente para se arriscar.

E acredito que, quando você faz o seu melhor como artista, provavelmente sente o mesmo. Você ensaia, ensaia, ensaia. Tem suas habilidades. Mas precisa se deixar levar.

BRUCE SPRINGSTEEN: Isso aí, acho que a questão emocional fala muito alto. Sempre achei que, como banda, tocávamos invariavelmente melhor quando o emocional falava mais alto.

PRESIDENTE OBAMA: Você chega ao seu melhor quando compreende que serve simplesmente como instrumento para todos os outros. Para mim, esse foi também o momento em que pensei: "Será que as palavras bastam?". E teriam bastado. Mas imaginei que a música, o salto no escuro que aquilo representava — principalmente porque eu sabia que não pareceria como um cantor profissional, pareceria só mais outro cara qualquer no meio daquele coro —, aquele seria o toque da graça, a coisa que emocionou as pessoas.

E parte da razão por aquilo de algum modo ter feito sentido no momento foi porque não somente é uma bela canção, mas também porque capta o elemento unificador dos Estados Unidos, que é representado pela música americana. Aquele é um hino inglês do velho mundo usado por todos, em todas as igrejas, em todo o país. Igrejas brancas, igrejas negras, e foi transformado pela tradição do gospel. E naquela hora trouxe à tona o fato de que, por trás até mesmo de uma tragédia como aquela, existe uma coisa que é de todos nós. Uma coisa que compartilhamos.

> VOCÊ CHEGA AO SEU MELHOR QUANDO ENTENDE QUE NÃO PASSA DE UM INSTRUMENTO PARA TODOS OS OUTROS, QUE A QUESTÃO NÃO É VOCÊ OU SEU EGO, AMBIÇÃO, TALENTO E CAPACIDADE. CHEGUEI AO MEU MELHOR QUANDO TODAS ESSAS COISAS SE DESFIZERAM
> — PRESIDENTE OBAMA

AO LADO: O presidente Obama e Michelle Obama chegam a Charleston, Carolina do Sul, em 26 de junho de 2015.

UNIVERSIDADE
DE CHARLESTON

CHARLESTON,
CAROLINA DO SUL

14H49

DRAFT 6/26/15 900am
Keenan
6-4698 desk | 503-5633 mobile

Remarks of President Barack Obama
Eulogy for Reverend Clementa C. Pinckney
Charleston, South Carolina
June 26, 2015

The Bible calls us to hope. To persevere, and have faith in things not seen.

"They were still living by faith when they died," the Book of Hebrews says of the prophets. *"They did not receive the things promised; they only saw them and welcomed them from a distance, admitting that they were foreigners and strangers on Earth."*

We are here today to remember a man of God who lived by faith. A man who believed in things not seen. A man of service who persevered, knowing full well that he would not receive all those things he was promised, because he believed his efforts would deliver a better life for those who followed.

To Jennifer, his beloved wife; to Eliana and Malana, his beautiful daughters, to this Mother Emanuel family and the people of Charleston:

I did not know Reverend Pinckney very well. I was not that fortunate. But I did have the pleasure of meeting him, here in South Carolina, back when we were both a little bit younger. And the first thing I noticed was his grace, his easy smile, his reassuring baritone, his deceptive sense of humor – all qualities that helped him wear a heavy burden of expectation so effortlessly.

Friends of his remarked this week that when Clementa entered a room, it was like the future arrived; that even from a young age, folks knew he was special. Anointed. He was the progeny of a long line of the faithful – a family of preachers who spread God's word, and protesters who sowed change to expand voting rights and desegregate the South.

Clem heard their instruction, and did not forsake their teaching. He was in the pulpit by 13, pastor by 18, public servant by 23. He did not exhibit any of the cockiness of youth, nor did he possess youth's insecurities; instead, he set an example worthy of his position, wise beyond his years, in his speech, his conduct, his love, faith, and purity.

As a senator, he represented a sprawling swath of the Lowcountry, a place that has long been one of the most neglected in America. A place still wracked by poverty and inadequate schools; a place where children can still go hungry and the sick too often go without treatment. A place that needed someone like Clem. His position in the minority party meant the odds of winning more resources for his constituents were often long, his calls for greater equity in the allocation of resources often unheeded, the votes he cast sometimes lonely. But he never gave up; stayed true to his convictions; would not grow discouraged. After a full day at the capitol, he'd climb into his car and head to the church to draw sustenance from his ministry, and from the community that loved and needed him; to fortify his faith, and imagine what might be.

1

Reverend Pinckney embodied a politics that was neither mean nor small, conducting himself quietly, and kindly, and diligently. He encouraged progress not by pushing his ideas alone, but by seeking out yours, and partnering with you to make it happen. He ~~exemplified~~ empathy, ~~the idea of walking~~ in someone else's shoes. No wonder one of his senate colleagues remembered Senator Pinckney this week as "the most gentle of the 46 of us – the best of the 46 of us."

Clem was often asked why he'd choose to be a pastor and a public servant. But as our brothers and sisters in the AME church know well, they're one and the same. "Our calling," Clem once said, "is not just within the walls of the congregation, but…the life and community in which our congregation resides." It's the idea that our Christian faith demands deeds and not just words; that the "sweet hour of prayer" actually last the whole week long; that to put our faith in action is about more than our individual salvation, but our collective salvation; that to feed the hungry and clothe the naked and house the homeless is not merely a call for isolated charity but the imperative of a just society.

Preacher by 13. Pastor by 18. Public servant by 23.

What a life Clementa Pinckney lived. What an example he set. What a model for his faith, and for us all.

And to lose him at 41 – slain in his sanctuary with eight wonderful members of his flock, each at different stages in life, but bound together by a common commitment to their God.

Cynthia Hurd. Susie Jackson. Ethel Lance. DePayne Middleton-Doctor. Tywanza Sanders. Daniel L. Simmons, Sr. Sharonda Coleman-Singleton. Myra Thompson.

Good and decent people, so full of life, and kindness, and perseverance, and faith.

To the families of these fallen, the nation shares in your grief. Our pain cuts that much deeper because it happened in church. The ~~black~~ church is ~~the spiritual heart~~ of ~~the black community~~ – a place to call our own in ~~American life~~, a sanctuary from so many ~~of our~~ hardships. Over the course of centuries, black churches ~~have been a rock to stand on:~~ "hush harbors" where slaves could worship in safety; praise houses where their free descendants could gather on the coast; rest stops for the weary along the Underground Railroad, and bunkers for the foot soldiers of the Civil Rights Movement. They are community centers where we organize for jobs and justice; ~~for quality schools and health care~~; where children are loved and kept out of harm's way and told that they matter.

That's what the black church means. Our beating heart; the ~~special~~ place where our dignity as a people is inviolate. ~~And~~ There is no better example of this centrality than Mother Emanuel – a church built by blacks seeking their liberty, burned to the ground because its worshipers sought to end slavery, only to ~~be built anew~~. When there were laws banning all-black church gatherings, services happened here, in defiance of unjust laws. When there was a righteous movement to ~~change such laws~~, Dr. King preached from its pulpit, and marches began from its steps. A sacred place, this church, not just for blacks or Christians, but for every American who cares about the steady liberty and justice for all.

It is doubtful that the killer of Reverend Pinckney and eight others knew this history. But he surely sensed the meaning of his actions – actions that drew on a long history of bombs and fires and shots at churches as a means to terrorize and control. He may have seen this as an opportunity to incite fear and recrimination; violence and suspicion; to deepen divisions that trace back to our nation's original sin.

Oh, but God works in mysterious ways, doesn't he?

Blinded by hatred, their assassin could not see the grace of Reverend Pinckney and that Bible Study group – their light shining as they opened the church doors and invited a stranger to join their circle of fellowship. He could not have anticipated the way their families would respond – even in the midst of unspeakable grief – with words of forgiveness. He could not imagine how the city of Charleston, and the state of South Carolina, and the United States of America would respond – with not merely revulsion at this evil act, but with a big-hearted generosity and, more importantly, a thoughtful introspection and self-examination so rarely seen in our public life.

Blinded by hatred, he failed to comprehend what Reverend Pinckney so well understood – the power of God's grace.

This whole week, I've been reflecting on this idea of grace – the grace of the families who lost loved ones, the grace Reverend Pinckney would talk about in his sermons; the grace in my favorite hymnal.

Amazing grace, how sweet the sound, that saved a wretch like me;
I once was lost, but now I'm found; was blind but now I see.

According to Christian tradition, grace is not merited, it's not something we deserve, but rather, it is the free and benevolent favor of God, as manifested in the salvation of sinners and the bestowal of blessings.

As a nation, out of terrible tragedy, God has visited grace upon us. For he has allowed us to see where we've been blind. He has given us the chance to find our best selves, where we've been lost. We may not have earned it, this grace, but it is up to us now to make the most of it, to receive it with gratitude, and make ourselves worthy of the gift.

For too long, we were blind to the pain that the Confederate flag stirred in too many of our citizens. It's true – a flag didn't cause these murders. But as people from all walks of life, Republicans and Democrats, including Governor Haley, have so eloquently stated, the flag has always represented more than just ancestral pride. To many, black and white alike, it has been a reminder of systematic oppression and racial subjugation. We see that now. Removing the flag from the state capitol isn't an act of political correctness or an insult to the valor of Confederate soldiers. It is an acknowledgment that the cause for which they fought – the cause of slavery – was wrong. It is one step in an honest accounting of our history, and a balm for so many unhealed wounds. It is an expression of the amazing changes that have transformed this country for the better because of the work of so many people of good will, people of all races striving to form a more perfect union. By taking down that flag, we express God's grace.

3

For too long, we've been blind to the way past injustices continue to shape the present. Perhaps we see that now. Perhaps this tragedy causes us to ask some tough questions about how we can permit so many of our children to languish in poverty, or attend dilapidated schools, or grow up without prospects for a job or career. Perhaps it softens hearts towards those lost young men, thousands, millions, caught up in the criminal justice system, and leads us to make sure it is not infected with bias; that we embrace changes in how we train and equip our police so that the bonds of trust between law enforcement and the communities they serve make us all safer and more secure. By recognizing our common humanity, by treating every child as important, regardless of the color of their skin or the station into which they were born, and do what is necessary to make opportunity real for all, we express God's grace.

For too long, we've been blind to the unique mayhem that gun violence inflicts upon this nation. Yes, our eyes open when eight of our brothers and sisters are cut down in a church basement, and twelve in a movie theater, and twenty-six in an elementary school. But do we see the thirty precious lives that guns cut short in this country every single day? Can we see the countless more whose lives are forever changed – the survivors crippled with permanent pain; the husband who will never again feel his wife's warm touch; the entire communities whose grief rises again every time they have to watch this happen somewhere else?

Can we see, now, that we are unique among nations in the number of firearms we stockpile, the frequency with which we turn them on each other, the wretched anguish we inflict upon ourselves, and realize that it does not make us more free? The vast majority of Americans, the majority of gun owners even, want to do something about this. We see that now. By acknowledging the pain and loss of others, by respecting the traditions and values of others, to make the moral choice to change if it will save even one precious life, we express God's grace.

We don't earn God's grace, but we choose how to receive it. We decide how to honor it. None of us can expect a transformation in race relations overnight; none of us should believe that a handful of gun safety measures will prevent any tragedy. People of goodwill will continue to debate the merits of various policies, as our democracy requires, and whatever solutions we find will necessarily be incomplete.

But it would be a betrayal of everything Reverend Pinckney stood for, I believe, if we allowed ourselves to slip into a comfortable silence again, once the eulogies have been delivered and the media has moved on. To avoid uncomfortable truths about the prejudice that still infects our society; to settle for symbolic gestures without following up with the hard work of change – that's no way to receive grace. Likewise, it would be a refutation of the forgiveness expressed by those families if we merely slipped into the old habits, whereby those who disagree with us are not merely wrong but bad; and we shout instead of listen, and barricade ourselves behind our preconceived notions.

Reverend Pinckney once said, "Across the South, we have a deep appreciation of history -- we haven't always had a deep appreciation of each other's histories." What is true in the South applies to America. Clem recognized that justice grows out of recognition, of ourselves in others; that my liberty depends on my respect for yours; that history cannot be a weapon to justify injustice, but must be a manual for how to avoid the mistakes of the past, and set us on a better course. He knew that the path to grace involves an open mind, but more importantly, an open heart.

[Handwritten at top:] That's what I've felt this week — an open heart. That, more than any policy or politics or analysis, is what's called upon right now, what a friend of mine calls "that reservoir of goodness, beyond, and of another kind, that we are able to do each other in the ordinary course of things." If we can find that grace, anything is possible. If we can tap that grace, everything will change.

Amazing grace, how sweet the sound, that saved a wretch like me;
I once was lost, but now I'm found; was blind but now I see.

Clementa Pinckney found that grace.

Cynthia Hurd found that grace.

Susie Jackson found that grace.

Ethel Lance found that grace.

DePayne Middleton-Doctor found that grace.

Tywanza Sanders found that grace.

Daniel L. Simmons, Sr. found that grace.

Sharonda Coleman-Singleton found that grace.

Myra Thompson found that grace.

Through ~~their tragic deaths,~~ *the example of their lives* they have now passed it on to us. May we find ourselves worthy of this precious and extraordinary gift, as long as our lives endure. ~~And~~ May grace ~~lead them home, and may~~ God ~~continue to shed his~~ grace *now* on the United States of America.
Amen.

A PELE AMERICANA

Falar sobre raça nem sempre é fácil. Superar a divisão racial nos Estados Unidos vai exigir políticas concretas para abordar o legado duradouro da escravidão e das leis Jim Crow, mas também exigirá de cada um — em nossos locais de trabalho, nossas políticas, em nossas igrejas, nas milhões de interações diárias — que a gente faça um esforço maior para compreender a realidade do outro.

Sem falar das nossas próprias posturas tácitas.

Como muitos de nós aprendemos — seja por uma infância como a minha, em que cresci sendo diferente, ou pela parceria que Bruce teve durante toda a vida com o "Big Man", Clarence Clemons; seja através das grandes e velhas canções de protesto, ou dos novos tipos de movimentos de protesto por todo o país —, esse tipo de reconhecimento pode ser incômodo.

Mesmo — ou talvez em especial — quando diz respeito a pessoas que amamos.

CAPÍTULO
— 4 —

PRESIDENTE OBAMA: Conversamos sobre a tensão racial em Freehold, mas, quando você começou a formar o que veio a ser a E Street Band, ela era integrada. Isso foi intencional? Ou simplesmente uma questão de: "Cara, estou tentando reunir os melhores músicos que puder. Este é o som que eu quero"?

BRUCE SPRINGSTEEN: Começou quando vi Clarence. Ele tinha um som que abalava todas as estruturas. Era um dos saxofonistas mais espetaculares que eu já tinha ouvido até então.

PRESIDENTE OBAMA: Ele era mais velho que você?

BRUCE SPRINGSTEEN: Sim, Clarence era uns oito anos mais velho que eu.

PRESIDENTE OBAMA: Então ele já tinha bem mais de vinte anos. Tinha circulado. Tinha visto algumas coisas.

BRUCE SPRINGSTEEN: Ele fez faculdade e já havia tido uma certa experiência. Quase foi jogador profissional de futebol americano, mas terminou como saxofonista itinerante nas redondezas de Asbury Park, tocando nas casas noturnas frequentadas pelos negros na época.

Entrou certa noite no lugar em que eu estava tocando, subiu no palco, se colocou à minha direita e mandou ver. Eu senti: "A coisa flui bem entre nós". Ficamos amigos, ele começou a tocar na banda, as pessoas começaram a aparecer e a curtir. E, com o tempo, a banda se desenvolveu. Durante um ou dois anos eram três caras brancos e três caras negros. Isso por volta de 1974.

Foi uma coisa que simplesmente aconteceu. Davey Sancious entrou no Upstage Club, que era frequentado principalmente por brancos — eu diria quase só por brancos —, teve colhões de subir no palco e arregaçou. Era um garoto magricela de dezesseis anos da E Street, em Belmar. Por isso o nome de E Street Band.

Eu sabia que ia precisar daquele cara, porque ele era incrível.

Então íamos tocar num lugar chamado Satellite Lounge, em Fort Dix, Nova Jersey. Mas tínhamos acabado de mandar embora nosso baterista, um sujeito fabuloso, Vincent "Mad Dog" Lopez, que tinha alguns problemas para controlar seu nervosismo. Eu adoro Vini, ele é um de meus maiores amigos atualmente. Mas a coisa era um pouco diferente naquela época. Por isso, telefonei para a casa noturna e disse: "Não podemos fazer o show".

Acontece que o dono do lugar era um mafioso local, e ele disse que, se não fizéssemos o show, ia mandar quebrar os meus dedos.

Sendo assim, e como estávamos em Nova Jersey, respondi: "Pode ser que a gente toque".

PRESIDENTE OBAMA: Não brinca, cara!

AO LADO: Clarence Clemons com seu icônico saxofone, c. 1972. **A SEGUIR:** Os primeiros tempos da E Street Band, c. 1975.

BRUCE SPRINGSTEEN: Mas não tínhamos um baterista, e o show era na noite seguinte. Por isso, Davey Sancious disse: "Conheço um cara chamado Boom Carter". Era um jovem negro de Asbury Park, que passou 24 horas sem dormir aprendendo todas as músicas do show. Tocamos no Satellite Lounge. Foi assim que terminamos com três negros e três brancos na E Street Band. Não foi nada intencional, e não podemos esquecer de uma coisa... estávamos no começo da década de 1970. Éramos garotos... uma geração diferente da dos nossos pais. E não lembro que as pessoas tenham ficado...

PRESIDENTE OBAMA: Chocadas com aquilo, ou...

BRUCE SPRINGSTEEN: Não. E tocávamos um monte de sons que tinham raízes na cultura negra. Era uma banda poderosa e simpática, e teria sido interessante ver até onde poderia ir. Só que Dave e Boom eram tão bons que saíram para criar a própria banda, para tocar jazz. E então simplesmente pus um anúncio no jornal. Ouvi trinta bateristas e trinta pianistas: peguei os dois melhores que, por acaso, eram brancos. Simples assim.

PRESIDENTE OBAMA: Aliás, ninguém deve saber hoje que você teve aquela banda integrada.

BRUCE SPRINGSTEEN: Não mesmo. E...

PRESIDENTE OBAMA: Eu não sabia disso porque — veja bem, não quero chamar você de velho, irmão — quando *Born to Run* foi lançado eu ainda era...

BRUCE SPRINGSTEEN: Era uma criança.

PRESIDENTE OBAMA: Estava no ensino médio, e por isso não sabia que você tinha uma banda metade negra e metade branca. Sabia que a Average White Band só tinha brancos, aqueles caras escoceses. Que, por sinal, mandavam bem.

BRUCE SPRINGSTEEN: É verdade.

PRESIDENTE OBAMA: Eu adorava. Sabia que Earth, Wind & Fire era composta só de negros. Mas uma parte da razão por que eu necessariamente não saberia nada sobre a composição de sua banda original é que, além de não existir internet nem videoclipes, a música era ainda muito dividida em categorias.

BRUCE SPRINGSTEEN: Muitíssimo. E o nosso público era em sua maioria branco.

PRESIDENTE OBAMA: E Clarence não apareceu na capa da *Time*, certo?

BRUCE SPRINGSTEEN: Não.

PRESIDENTE OBAMA: É Bruce Springsteen de cabelos cacheados, com a carinha bonita e usando uma boina, tudo aquilo...

E como era o equilíbrio de poder dentro da banda? Porque imagino que toda equipe, todo grupo, tem sua dinâmica, e Clarence, por um lado, era uma figura icônica na E Street Band, mas era também um coadjuvante, e você o líder.

BRUCE SPRINGSTEEN: Engraçado, porque era uma dinâmica que acontecia naturalmente, que desenvolvíamos juntos. Houve um momento em que eu disse: "Ei, C., sabe como é, amanhã à noite, quando eu for para a frente do palco e tocar isto, você vem para o meu lado e toca junto". E foi o que fizemos na noite seguinte.

PRESIDENTE OBAMA: É como um desses filmes sobre amizade ambientado no palco.

BRUCE SPRINGSTEEN: E a plateia pirava. Nossa parceria tinha um idealismo; sempre senti que nosso público olhava para nós e via o país em que queria acreditar.

E isso se tornou a história mais significativa que contei. Eu nunca compus uma música com uma narrativa mais significativa que a de Clarence e eu lado a lado em todas as 1001 noites em que fizemos shows. Ele emprestou sua força à minha história, à história que contamos juntos, que foi sobre a distância entre o Sonho Americano e a realidade americana.

PRESIDENTE OBAMA: E talvez o que você estivesse tentando retratar com Clarence no palco não era um tempo mais inocente? Uma espécie de versão melhorada do que podia ter sido?

> EU NUNCA COMPUS UMA MÚSICA COM UMA NARRATIVA MAIS SIGNIFICATIVA QUE A DE CLARENCE E EU LADO A LADO EM TODAS AS 1001 NOITES EM QUE FIZEMOS SHOWS. ELE EMPRESTOU SUA FORÇA À MINHA HISTÓRIA, À HISTÓRIA QUE CONTAMOS JUNTOS, QUE FOI SOBRE A DISTÂNCIA ENTRE O SONHO AMERICANO E A REALIDADE AMERICANA.
> — BRUCE SPRINGSTEEN

AO LADO: Na última semana de outubro de 1975, Bruce Springsteen apareceu na capa da *Time* e da *Newsweek*, confirmando seu status de astro do rock.

BRUCE SPRINGSTEEN: Como eu disse, tentamos ocupar um lugar fora da terra de ninguém que ficava entre o Sonho Americano e a realidade americana. Acho que uma das razões pelas quais minha parceria com o Clarence emocionava as pessoas era a ideia: "Ah, é assim que o mundo poderia ser". Mas também contávamos histórias sobre o mundo como era.

PRESIDENTE OBAMA: Existe uma história por trás da capa do álbum *Born to Run*.

BRUCE SPRINGSTEEN: Antes daquela capa, Clarence era, como eu conto no meu livro, um saxofonista negro e grandalhão da minha banda. Éramos cinco, e ele era um deles.

Mas, depois da capa de *Born to Run*, Clarence virou o Big Man. O Big Man foi inventado, e fomos inventados como grupo e como dupla naquela capa. Quando a pessoa comprava o disco e olhava a capa, via o quê? A foto muito charmosa de um cantor branco de rock com visual punk, mas, quando abre a capa, nasce uma banda.

Levei Clarence para a sessão porque queria ser fotografado com ele. Sabia instintivamente que queríamos passar uma mensagem sobre nós dois lado a lado. Foi dramático, empolgante e um pouco mais. Estávamos tentando criar e apresentar ao nosso público a versão musical da noção de comunidade do John Lewis. Era o que queríamos que o nosso público visse quando fosse ouvir a banda à noite.

Eu queria que a banda fizesse com que o público se espelhasse nela para reconhecer a si mesmo. A capa capturou o que eu senti na primeira noite em que Clarence e eu improvisamos no palco da Student Prince, a casa noturna minúscula onde ele apareceu certa noite e nos conhecemos. Eu pensei: "Nesta noite nasceu uma história de verdade". É uma história que podia ser cultivada e evoluir, mas antes de tudo precisava estar presente no meio da sujeira, da cerveja, das bandas e dos bares onde tinha nascido. Olhando para aquela capa, ela está cheia da ressonância e da mitologia do passado do rock, mas também de um frescor que contempla o futuro.

O que esses dois caras estão fazendo juntos? Que história estão compartilhando? Se você olhar a capa do álbum, parece que estou sussurrando alguma coisa no ouvido de Clarence. *Qual é essa história? Quero ouvir isso.* A história começa antes de pôr a agulha no disco. Era a história de nossa busca pela versão musical dessa noção de comunidade.

PRESIDENTE OBAMA: Mas parte do que você está descrevendo é que Clarence proporcionou alguma coisa a você como pessoa, assim como à banda, que ajudou a capturar o que terminaria sendo o seu som, o seu espírito. Também, em algum nível, temos ali um homem negro mais velho, que está na luta há muito tempo e precisa se associar a um cara jovem e branco...

BRUCE SPRINGSTEEN: Um carinha branco e magricela, sabe?

PRESIDENTE OBAMA: Que tem menos experiência que ele. Enfim, a coisa funciona maravilhosamente para os dois. Mas também tem suas complicações, certo? Nesse relacionamento como um todo. E eu sei que vocês nunca falaram sobre isso.

BRUCE SPRINGSTEEN: Ele teve que ceder mais do que eu, no sentido de que, depois que nosso tecladista e baterista saíram, Clarence era muitas vezes o único homem negro ali presente. Tinha que navegar na cultura branca para executar a maior parte de seu trabalho, sabe como é?

PRESIDENTE OBAMA: Escrevi sobre isso no meu primeiro livro. Meus amigos no ensino médio eram brancos, havaianos, filipinos. Fiz amizade com uns caras negros mais velhos que me levavam para as festas na base, e convidei meus colegas para uma dessas festas. Quando chegamos lá, olhei para eles e estavam numa boa, mas também estavam sentindo pela primeira vez na vida o que eu era obrigado a encarar o tempo todo. Eles eram os únicos brancos no lugar. Ou não negros. Entende?

BRUCE SPRINGSTEEN: Isso aconteceu com a gente na Costa do Marfim. Durante a excursão da Anistia Internacional, chegamos num estádio em que só havia rostos negros. Ficamos sem reação por um momento, aí Clarence se aproximou e disse: "Bom... agora vocês sabem como a gente se sente".

PRESIDENTE OBAMA: Ele disse isso?

BRUCE SPRINGSTEEN: Sim!

ACIMA: O terceiro álbum de estúdio de Bruce Springsteen, *Born to Run*, foi lançado em 25 de agosto de 1975. Sucesso de crítica e de público, atingiu uma audiência maior e trouxe letras mais amadurecidas. **AO LADO:** Bruce com Clarence Clemons na sessão de fotos para a capa de *Born to Run*, em 20 de junho de 1975. **PÁGINAS A SEGUIR (p. 134):** Barack Obama com Greg Orme vestidos para o baile de formatura, c. 1979. **(p. 135):** Os amigos do presidente Obama do ensino médio Greg Orme (esq.) e Robert "Bobby" Titcomb (centro) conhecem Malia, com Michelle Obama, na primeira viagem da bebê ao Havaí, 1998.

PRESIDENTE OBAMA: E como foi o show?

BRUCE SPRINGSTEEN: Começamos a tocar e, durante uns sessenta segundos, todo mundo ficou se olhando... e então o estádio explodiu! Foi simplesmente a plateia mais generosa que tivemos até hoje.

Mas era difícil para Clarence e sofrido em certos momentos. Conversávamos sobre aquilo, em geral nas noites em que, por uma ou outra razão, isso ficava mais evidente.

PRESIDENTE OBAMA: Por exemplo...

BRUCE SPRINGSTEEN: Uma noite, Clarence e eu fomos a uma casa noturna local. Eu estava vendo a banda tocar e, quando me dei conta, Clarence estava na porta de entrada, no meio de uma confusão. Levantei e vi que Clarence estava segurando dois sujeitos enquanto o dono do lugar segurava um outro; todos então se separaram e o proprietário pôs os três para fora.

Ao sair, um deles disse a palavra com N. Clarence estava ali perto. Ele era um cara calejado, mas logo depois sumiu. Fui para o estacionamento procurar por ele porque não sabia onde os outros sujeitos tinham ido. Sem ter a menor ideia para onde ele poderia estar. Mas Clarence estava parado perto de um carro. Me olhou e disse: "Brucie, por que eles disseram aquilo? Jogo futebol americano com esses caras todos os domingos. As mesmas pessoas. Por que disseram aquilo?".

E, em vez de responder "É porque são uns filhos da puta", eu só falei: "Não sei. Não sei por quê".

PRESIDENTE OBAMA: De onde vem?

BRUCE SPRINGSTEEN: Pois é.

PRESIDENTE OBAMA: E por que você saberia? Pois a mesma coisa aconteceu comigo. Quando estava na escola, eu tinha um amigo com quem jogava basquete. Um dia brigamos, e ele me chamou de *coon* [corruptela de *racoon*, usada como insulto racista].

Bom, para começo de conversa nem existem racuns no Havaí, né? Ele talvez nem soubesse o que era um racum — o que sabia era: "Posso te atingir falando isso".

BRUCE SPRINGSTEEN: Sem dúvida.

PRESIDENTE OBAMA: E me lembro que dei um soco na cara dele e quebrei o nariz dele! Estávamos no vestiário.

BRUCE SPRINGSTEEN: E fez bem.

PRESIDENTE OBAMA: Foi um gesto reativo. E, de repente, o sangue estava jorrando. Ele disse: "Por que você fez isso?". Expliquei: "Nunca mais me chame daquilo".

No fim, é uma afirmação de status em relação ao outro. O que está sendo dito é: "Não importa o que eu seja — posso ser pobre. Posso ser ignorante. Posso ser maldoso. Posso ser feio. Posso não gostar de mim mesmo. Posso ser infeliz. Mas sabe o que eu não sou? Não sou *você*".

E essa psicologia básica é depois institucionalizada e usada para justificar a desumanização de alguém.

No fim das contas, a questão se resume a isso. Em certos casos é simplesmente, sabe como é: "Estou com medo. Sou insignificante, não tenho nenhum valor. E essa coisa é que vai me dar alguma importância".

BRUCE SPRINGSTEEN: Quando eu o vi pela primeira vez, você falou sobre uma noção de esperança tipicamente americana. E a presença de Clarence tinha uma coisa que refletia essa qualidade, era o que fazia nossa banda ter tanta força quando íamos tocar em alguma cidade à noite. E essa parceria... era simplesmente uma coisa verdadeira, sabe? Eu estava ao lado da cama quando ele deu o último suspiro.

PRESIDENTE OBAMA: Você sente falta dele.

BRUCE SPRINGSTEEN: Sim, claro que sinto.

PRESIDENTE OBAMA: Você o amava.

BRUCE SPRINGSTEEN: Foram quarenta anos de vida. Não é uma coisa que vai acontecer de novo. Quarenta anos. E a única coisa que sempre levamos muito a sério foi que a questão racial era importante. Vivemos juntos. Viajamos por todos os Estados Unidos, provavelmente tínhamos o maior nível de proximidade que duas pessoas podem ser. Mas também éramos obrigados a admitir que havia uma parte de Clarence que eu nunca entenderia totalmente. Era um relacionamento diferente de qualquer outro que tive na minha vida.

AO LADO: O hoje icônico cartaz "Hope" foi criado em 2008 pelo renomado artista de rua Shepard Fairey, que tomou como base uma fotografia de Mannie Garcia, da AP. Ilustrado por Fairey em um dia e impresso originalmente como cartaz lambe-lambe, logo viralizou, tornando-se um dos símbolos mais reconhecíveis da campanha presidencial de Barack Obama e suas mensagens otimistas de esperança e mudanças. **ACIMA:** Publicado pela primeira vez pela Dial Press em 1963, *Da próxima vez, o fogo*, de James Baldwin, contém dois ensaios históricos sobre raça: "Meu cárcere estremeceu: Carta ao meu sobrinho por ocasião do centésimo aniversário da emancipação" e "Ao pé da cruz: Carta de uma região da minha mente".

Depois do assassinato de George Floyd, comecei a ler James Baldwin, e a seguinte passagem sempre me impressionou: "Os brancos deste país terão muito a fazer a fim de aprender a se aceitarem e amarem a si próprios e uns aos outros; e, quando conseguirem isso — coisa que não ocorrerá amanhã e pode perfeitamente não ocorrer nunca —, o problema dos negros deixará de existir, pois não será mais necessário".

PRESIDENTE OBAMA: Necessário.

BRUCE SPRINGSTEEN: Isso mesmo.

PRESIDENTE OBAMA: Perfeito. O legado da raça está soterrado... mas continua sempre lá, certo?

Dependendo da sua comunidade, nem sempre é claro o quanto isso está perto da superfície. E muitos negros acham que o mais difícil não é lidar com um membro da Ku Klux Klan. Esse você conhece. Esse você consegue identificar. Está preparado para aquilo. O que machuca são as pessoas que claramente não são mal-intencionadas, mas o fato de ainda terem essa carta na manga e poderem usar quando menos se espera é de cortar o coração. Porque é quando a gente se dá conta de como isso é profundo. E não é uma questão de não usar termos racistas, não é uma questão de simplesmente votar em Barack Obama. Você viu o filme *Corra!*?

BRUCE SPRINGSTEEN: Vi.

PRESIDENTE OBAMA: Por isso, quando o pai, que depois ficamos sabendo que é louco, diz: "Cara, eu votaria no Obama uma terceira vez", isso é parte do significado dessa fala.

BRUCE SPRINGSTEEN: Eu sinto que o país devia ter essa conversa agora, sabe? Se quisermos criar um país mais honesto, adulto e digno, que esteja à altura de seus ideais. E dias como esse, em que John Lewis foi enterrado com certeza não são dias em que podemos nos dar ao luxo de ser cínicos quanto às possibilidades dos Estados Unidos.

PRESIDENTE OBAMA: John personificou um tipo muito especial de coragem. Coragem e confiança no poder da redenção. A capacidade de dizer: "Aqui estou. Pode fazer o seu pior. Eu acredito que, em algum momento, uma consciência vai ser despertada. Existe uma força dentro de você que vai enxergar o que eu sou". Ele nunca abriu mão dessa esperança. Eu disse a John e falei algo parecido no discurso fúnebre em sua homenagem: "John, estes são seus filhos. Talvez eles não soubessem disso, mas você ajudou a trazer à tona dentro deles o sentimento do que é certo e do que é errado. Você ajudou a infundir neles a expectativa de sermos melhores do que somos". Às vezes, quando eu não estava me comportando direito, minha mãe costumava dizer: "Escute, não me importo necessariamente com que você acredite no que eu lhe disse para fazer, mas, se fizer com alguma frequência, é quem você será". E acredito que uma parte dos jovens está dizendo: "Você disse que devemos ser assim, você disse que todas as pessoas são iguais e devem ser tratadas com respeito, e disse a mesma coisa tantas vezes porque talvez nem *você* acreditasse nisso, mas nós acreditamos. E vamos forçá-los a adaptar seus comportamentos, suas políticas, suas instituições e suas leis para que se ajustem ao que disse ser o certo. Porque você talvez estivesse descrevendo uma fantasia para se sentir melhor, mas nós acreditamos nela. E vamos tentar transformá-la em realidade".

E é por isso que, desde que as manifestações e o ativismo não descambem para a violência, eu quero que os jovens ampliem essas fronteiras e testem a paciência de seus pais e avós. Espero que façam isso. Digo aos jovens ativistas que encontro: "Se vocês quiserem meu conselho sobre como conseguir que uma lei seja aprovada ou como obter votos suficientes para eleger alguém, posso dar umas dicas práticas. Mas isso não significa necessariamente que esses devem ser seus objetivos. Às vezes, seu objetivo deve ser apenas..."

BRUCE SPRINGSTEEN: Jogar merda no ventilador.

PRESIDENTE OBAMA: ... jogar merda no ventilador. E abrir novas possibilidades. O que você pensa quando vê todos esses jovens protestando?

BRUCE SPRINGSTEEN: É um momento bem empolgante, sabe? Meu filho estava lá. Vai fazer trinta anos esta semana. Mora em Nova York e estava lá no meio daquela multidão.

AO LADO (acima): Passageiros da Liberdade, julho de 1961; **(abaixo):** Manifestantes do Black Lives Matter, verão de 2020.

> SE VOCÊS QUISEREM MEU CONSELHO SOBRE COMO CONSEGUIR QUE UMA LEI SEJA APROVADA OU COMO OBTER VOTOS SUFICIENTES PARA ELEGER ALGUÉM, POSSO DAR ALGUMAS DICAS PRÁTICAS. MAS ISSO NÃO SIGNIFICA NECESSARIAMENTE QUE ESSES DEVEM SER SEUS OBJETIVOS. ÀS VEZES, SEU OBJETIVO DEVE SER APENAS JOGAR MERDA NO VENTILADOR. E ABRIR NOVAS POSSIBILIDADES
>
> — PRESIDENTE OBAMA

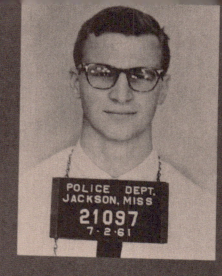

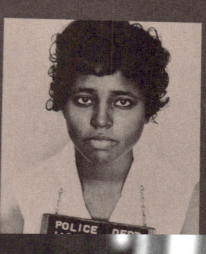

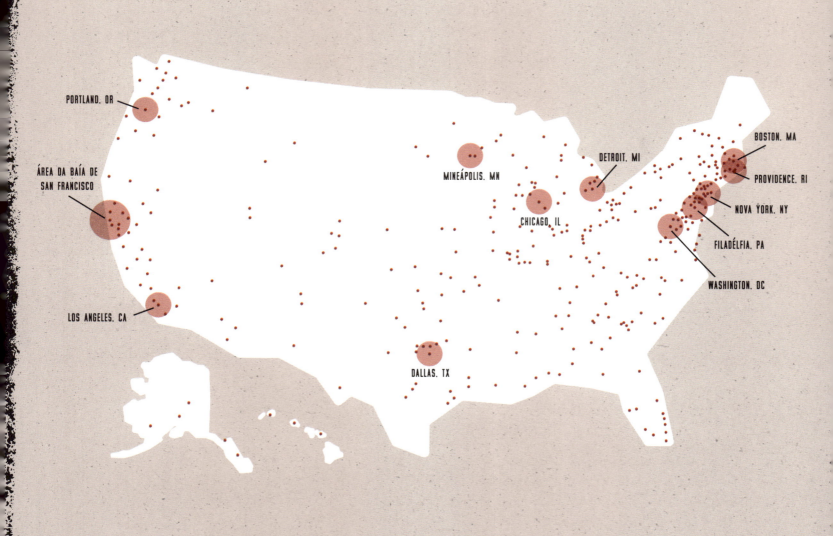

PRESIDENTE OBAMA: Vou dizer uma coisa para você... ter um filho de trinta anos... Nós não tínhamos trinta anos até ontem?

BRUCE SPRINGSTEEN: Eu tinha...

PRESIDENTE OBAMA: Cara, não sei o que aconteceu. Enfim, acompanhar o que esses jovens estão fazendo tem sido estimulante e traz esperança. Nos protestos da década de 1960, era um grupo mais restrito de jovens que se envolvia. Alguns heroicos jovens brancos iam lá como Viajantes da Liberdade, mas eram uma pequena parcela da população. Nas universidades, havia jovens ativistas que se concentravam na injustiça racial. Mas o que estamos vendo — e continua vivo — parece ser uma mudança de atitude que tem um aspecto geracional. E não é uniforme, mas, de qualquer modo, representa uma pluralidade do país. Acho animadora a vontade desses jovens não somente de irem às ruas, mas também de fazerem questionamentos difíceis a si mesmos e a seus pais. Olhar para dentro e não apenas para fora.

BRUCE SPRINGSTEEN: Como conciliar os fatos de que o mesmo país que mandou um homem à Lua é o país das leis Jim Crow? Obviamente você não aceita isso, mas como entende que pode ser o mesmo país?

PRESIDENTE OBAMA: Acho que é em parte porque nunca fizemos um acerto de contas de verdade, e com isso sempre varremos para baixo do tapete uma grande parcela de nossas experiências e de nossa vivência como cidadãos.

BRUCE SPRINGSTEEN: Bom, você mencionou que não teve um acerto de contas, mas estamos aqui hoje, quando tudo indica que isso está sendo exigido. Será que o país está pronto para desconstruir seus mitos de fundação, suas narrativas míticas, sua história mítica? Está preparado para pensar em reparações? Você acha que estamos agora nesse ponto?

PRESIDENTE OBAMA: Se você me pergunta em teoria: "As reparações seriam justificadas?", a resposta é sim. Não há muita dúvida de que a riqueza deste país e o poderio deste país foram construídos substancialmente — não exclusivamente, talvez não majoritariamente, mas em boa parte — às custas dos escravizados.

BRUCE SPRINGSTEEN: A Casa Branca...

PRESIDENTE OBAMA: Eles construíram a casa em que morei por algum tempo.

E também é verdade que, após o fim da escravidão formal, com a manutenção das leis Jim Crow, a opressão e a discriminação sistemáticas impediram que as famílias negras pudessem acumular riquezas ou competir, o que exerceu efeitos ao longo de várias gerações. Por isso, para pensar no que é justo, é preciso olhar para trás e dizer: "Os descendentes dos que sofreram aqueles tipos terríveis, cruéis e frequentemente arbitrários de injustiça merecem alguma forma de reparação, de compensação — um reconhecimento".

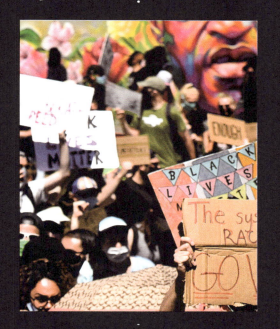

BRUCE SPRINGSTEEN: Como você, na condição de presidente, sabendo tudo isso, conduz ou prepara a nação a fazer alguma coisa que parece, como você colocou, tão justificada? Ou ao menos a prepara para aceitar isso?

PRESIDENTE OBAMA: Bem, isso nos leva à questão: "É de fato possível obter esse tipo de justiça? É possível fazer com que um país concorde em admitir sua história?". E minha avaliação foi que, do ponto de vista prático, isso era inalcançável. Se não conseguimos nem que este país proporcione educação para as crianças pobres das cidades grandes!

O que eu vi durante minha presidência foi que as políticas de resistência e ressentimento dos brancos, a conversa sobre pessoas que abusavam dos benefícios sociais e sobre pobres que não mereciam ajuda nenhuma, a reação violenta contra as ações afirmativas — tudo isso significava que a perspectiva de realmente propor qualquer programa coerente e relevante de reparações era não somente fadada ao fracasso em termos políticos, mas talvez até contraproducente.

ACIMA: George Floyd foi morto pelo policial de Mineápolis Derek Chauvin, em 25 de maio de 2020. Os protestos começaram na cidade no dia seguinte e logo se espalharam por todo o país. **AO LADO:** Em 6 de junho de 2020, meio milhão de pessoas, segundo estimativas, participaram de protestos em quase 550 localidades nos Estados Unidos. Pesquisas revelam que de 15 milhões a 26 milhões de pessoas participaram de pelo menos uma manifestação, o que faz dos protestos de Black Lives Matter o maior movimento na história do país.
A SEGUIR: Em 2005, o Congresso criou uma força-tarefa para informar o papel da mão de obra escrava na construção de prédios do governo. Um exemplo é visto nesse registro contábil, em que os salários dos negros Peter, Tom, Ben, Harry e Daniel são anotados como pagos para James Hoban, que os escravizava. O relatório oficializou o que já era amplamente sabido: que no fim do século XVIII, pessoas escravizadas de Virgínia e Maryland desempenharam papel significativo na construção da Casa Branca e do Capitólio. Essa folha de pagamento mostra quanto o governo dos Estados Unidos pagou a proprietários de escravos pelo serviço de carpinteiros escravizados.

A PELE AMERICANA

Presidents' House — We acknowledge severally to have ra[...]
Carpenter's Roll — Signatures being in full for Wages du[...] in the City of Washington in the Month [...]

Name	Days	Rate	£..s..d	In words
Pierce Purcell	23	15/	17..5..	Seventeen Pou[nds]
Rich.d Dowling	22	8/4	9..3..4	Nine Pounds three
Peter Lenox	23	"	9..3..4	Nine Pounds three
James Duncan	7½	"	3..2..6	Three Pounds two
Redmond Purcell	13	"	5..8..4	Five Pounds eig[ht]
Samuel Curtis	11	"	4..11..8	Four Pounds El[even]
Timothy Sheedy	18½	"	7..14..2	Seven Pounds fou[rteen]
Robert Aul	17½	"	7..5..10	Seven Pounds fi[ve]
Simon Toole	18½	"	7..14..2	Seven Pounds fou[rteen]
John McCorkill	10	7/6	3..15..—	Three Pounds fi[fteen]
Sam.l McCorkill	23	7/	8..1..—	Eight Pounds o[ne]
Peter Smith	22½	6/6	7..6..3	Seven Pounds
Negros Peter	15½	"	5..—..9	Five Pounds
Tom	15½	"	5..—..9	Five Pounds
Ben	23	5/	5..15..—	Five Pounds fi[fteen]
Harry	23	4/	4..12..—	Four Pounds t[welve]
Daniel	23	4/	4..12..—	Four Pounds

£115..11..1 Eq.l to 300 Dollars [...]

9..3..4
9..15..10

...ed of Thos. Richmond the Sums prefixed to our respective
... as Carpenters & Joiners employed at the Presidents Ho...
...ry 1795 Witness our Hands this 7th March 1795

...ive Shillings	" "	by Redmd Purcell
...llings and fourpence	" "	Michael Dowling
...llings and fourpence	" "	Peter Lenox
...llings and sixpence	" "	Jas Duncan
...Shillings and fourpence	"	Redmd Purcell
...Shillings and eightpence		Samuel Curtis
...Shillings and twopence	"	Timothy Sheedy
...Shillings and tenpence	" "	Robt Aull
...Shillings and twopence	" "	Simon Tools
...Shillings	" " "	James Hoban
...Shilling	" " "	Redmd Purcell
...Shillings & threepence	" "	Redmd Purcell
...pence	" " "	James Hoban
...pence	" " " "	Redmd Purcell
...Shillings	" " "	} James Hoban
...ve Shillings	" " "	
...ve Shillings	" " "	

24

É bastante compreensível que as pessoas brancas da classe trabalhadora, os brancos da classe média, gente que está tendo dificuldade em pagar suas contas ou honrar seus empréstimos estudantis, gente que não tem plano de saúde e sente que o governo as deixou na mão, não ficariam felizes com a ideia de um programa substancial destinado a lidar com o passado sem cuidar do futuro deles.

BRUCE SPRINGSTEEN: Você está me dizendo que vivemos num país onde isso pode ser feito para banqueiros de Wall Street, mas não para uma parte da população que vem sofrendo há tanto tempo.

PRESIDENTE OBAMA: Estou dizendo que os ressentimentos, os medos, os estereótipos e as barreiras tribais que dividem este país permanecem muito profundos. Por isso, minha avaliação tem sido a de que a melhor maneira de proporcionar programas e abrir oportunidades para o sucesso e a igualdade dos afro-americanos consiste em expor a coisa da seguinte forma: "Vamos nos certificar de que todas as crianças recebam uma boa educação. Vamos nos assegurar de que todas as pessoas recebam assistência médica. Somos um país rico o bastante para isso; todos deveriam ter empregos que pagam um salário decente".

E, ao formular a questão em termos genéricos, em vez de beneficiar especificamente um grupo racial que foi prejudicado no passado, temos mais chances de conquistarmos uma maioria. O desafio — e olhe que é uma pergunta que já me fiz, e que todo político progressista que se importa com este país e se importa com a justiça deve se fazer — é: a realidade da nossa história não exige reparações? Se nosso sistema de justiça criminal e as forças policiais estão contaminadas e precisamos começar e reconstruí-las do zero, será que não estamos obrigados a simplesmente dizer isso mesmo que o país não esteja pronto para fazê-lo? Mesmo que se percam votos, mesmo que se abra mão da possibilidade de fazer mais progressos pontuais, não vale a pena proclamar a verdade?

Esse é o tipo de pergunta com que me defrontei constantemente, e parte da minha conclusão foi, e tem sido, de que é menos uma questão de "isso ou aquilo", e sim de "tanto isso quanto aquilo". Mas há um reconhecimento de que, a cada momento, cada um de nós tem papéis diferentes a desempenhar.

O ativista tem um papel diferente a desempenhar em relação ao político. O ficcionista e o poeta têm papéis diferentes a desempenhar em relação ao jornalista. Portanto, há um papel para o Jeremias profético que diga: "Isto está errado e isto é injusto, e todos vocês precisam olhar para si próprios e seus pecados". E existem aqueles que estão lidando com o aqui e agora, e não nos observando sempre a partir de uma posição mais elevada, aqueles que vivem um dia a dia mais profano. "Como posso arranjar um emprego para esse cara? Como consigo que essa pessoa receba assistência médica? Como fazer com que essa criança tenha uma boa educação escolar?"

Houve momentos em que fui criticado pela esquerda — apesar de ser um político de esquerda — por não condenar com mais contundência os desequilíbrios e injustiças estruturais. Houve momentos em que afro-americanos, acadêmicos e intelectuais disseram que eu contava uma história esperançosa demais sobre o progresso nas relações raciais deste país. E sou obrigado a reconhecer que fiz a aposta de que poderia — sem apagar o passado — inspirar mais o país e aproximá-lo mais de seus ideais caso declarasse isso viável e potencializasse as ocasiões em que isso era possível. Em vez de simplesmente condenar o país por todos os seus pecados, dizer também que poderíamos superá-los.

Mas, embora eu estivesse convencido de que as reparações estavam fadadas ao fracasso durante minha presidência, entendo os argumentos de gente que respeito, como Ta-Nehisi Coates. Acredito que devemos falar sobre o assunto mesmo assim, no mínimo para educar o país sobre um passado que com frequência não é ensinado nas escolas. E que, convenhamos, muitos preferem esquecer. Voltamos ao começo de tudo que conversamos. A ponte entre os Estados Unidos como são e como o vemos de uma perspectiva mitológica. A única maneira de superar esse abismo é começar com um acerto de contas honesto, e então fazer o trabalho necessário. Não estou disposto, e sei que você também não, a abandonar o ideal, porque ele vale a pena. Mas o ideal, essa união mais perfeita entre nós, está distante da realidade. Há quem diga: "Vamos simplesmente nos livrar do ideal". Acho que todos precisam de uma estrela-guia, precisam de um lugar para onde mirar...

BRUCE SPRINGSTEEN: Concordo inteiramente com o que você está dizendo.

PRESIDENTE OBAMA: Mas também acho que não poderão chegar aonde querem ir caso não saibam onde estão.

BRUCE SPRINGSTEEN: Sem dúvida.

ACIMA: O presidente Obama participa de uma aula de alfabetização com estudantes da pré-escola durante visita a uma sala de aula na Moravia Park Elementary School em Baltimore, MD, em 17 de maio de 2013. **AO LADO:** Em 2014, depois de pesquisar o racismo sistêmico nos Estados Unidos, o escritor Ta-Nehisi Coates publicou um artigo de 16 mil palavras intitulado "The Case for Reparations" na revista *Atlantic*. O artigo de Coates deu novo alento ao debate nacional sobre o que o governo dos Estados Unidos deve aos descendentes de escravizados e, em 2019, a Câmara dos Representantes aprovou o HR 40, um projeto de lei que cria uma comissão para pesquisar e propor indenizações a essas pessoas.

O ARCO DA HISTÓRIA SE DIRECIONA À JUSTIÇA, MAS NÃO EM UMA LINHA RETA.

O arco sociopolítico da segunda metade do século XX e das primeiras décadas do século XXI vai em direção às formas de justiça que demandam inclusão, diversidade e equidade. Americanos negros, jovens, latines, trabalhadores rurais, trabalhadores pobres, as comunidades LGBTQIA+ e de deficientes, e muitas outras pessoas cuja identidade tem sido marginalizada e cujos direitos têm sido negados continuam a formar coalizões e a se organizar em busca de mudança.

DIREITOS CIVIS
1954-1968

DIREITO AO VOTO
1965

DIREITOS DOS DEFICIENTES
FINAL DE 1960-1990

MOVIMENTO DO OCCUPY
2011-HOJE

MOVIMENTO BLACK LIVES MATTER
2013-HOJE

PRESIDENTE OBAMA: A primeira coisa é conhecer suas coordenadas atuais.

BRUCE SPRINGSTEEN: O que me chocou recentemente foi descobrir que nossas coordenadas atuais não são tão firmes quanto pensei que eram, sabe?

PRESIDENTE OBAMA: Pensou que já tivéssemos ultrapassado alguns desses marcos?

BRUCE SPRINGSTEEN: A marcha com as camisas polo e as tochas de bambu. Pensei que isso já tinha acabado, sabe?

PRESIDENTE OBAMA: Pois é, você pensou... pensou que não estávamos mais debatendo o nazismo? Pensou que isso tivesse terminado lá atrás, em 1945?

BRUCE SPRINGSTEEN: Essas coisinhas, sabe?

PRESIDENTE OBAMA: Sei, sim.

BRUCE SPRINGSTEEN: Descobrir que isso não circula só nas extremidades, mas que passando pelo coração do país... Isso é um chamado às armas, e nos faz ver claramente quanto trabalho temos pela frente.

PRESIDENTE OBAMA: Sempre digo às pessoas que acredito na trajetória ascendente da humanidade. Mas não creio que seja uma linha reta e constante.

BRUCE SPRINGSTEEN: É muito torta.

PRESIDENTE OBAMA: Segue em zigue-zagues, volta atrás, dá piruetas...

BRUCE SPRINGSTEEN: O arco da história, não é mesmo?

PRESIDENTE OBAMA: O arco do universo moral, que aponta para a justiça, mas não em linha reta. Pode se afastar. E isso vale para toda a nossa história.

Conversamos sobre direitos civis, conversamos sobre rock, sobre música e sobre transformações sociais.

BRUCE SPRINGSTEEN: Certo.

> O ATIVISTA TEM UM PAPEL DIFERENTE A DESEMPENHAR EM RELAÇÃO AO POLÍTICO. O FICCIONISTA E O POETA TÊM PAPÉIS DIFERENTES A DESEMPENHAR EM RELAÇÃO AO JORNALISTA. PORTANTO, HÁ UM PAPEL PARA O JEREMIAS PROFÉTICO QUE DIGA: "ISTO ESTÁ ERRADO E ISTO É INJUSTO, E TODOS VOCÊS PRECISAM OLHAR PARA SI PRÓPRIOS E SEUS PECADOS".
> — PRESIDENTE OBAMA

PRESIDENTE OBAMA: Pois bem, vamos dar uma aliviada: melhores músicas de protesto. As melhores três, quatro ou cinco, quantas você puder lembrar...

BRUCE SPRINGSTEEN: "Fight the Power", do Public Enemy.

PRESIDENTE OBAMA: Essa é muito boa.

BRUCE SPRINGSTEEN: Acrescentaria "Anarchy in the UK" ou "God Save the Queen" dos Sex Pistols. São grandes músicas de protesto.

PRESIDENTE OBAMA: "Maggie's Farm" é uma grande música de protesto...

BRUCE SPRINGSTEEN: Maravilhosa!

PRESIDENTE OBAMA: *I ain't gonna work on Maggie's farm no more.*

BRUCE SPRINGSTEEN: Cantou bem.

PRESIDENTE OBAMA: "A Change Is Gonna Come", de Sam Cooke.

BRUCE SPRINGSTEEN: Linda.

PRESIDENTE OBAMA: Quando ele começa a cantar, é uma coisa.

BRUCE SPRINGSTEEN: Tem muita dor histórica ali. Mas quanta elegância e generosidade na voz dele.

PRESIDENTE OBAMA: E Billie Holiday cantando "Strange Fruit".

BRUCE SPRINGSTEEN: Bum! Vai para o topo da lista.

PRESIDENTE OBAMA: Sabe qual é uma grande música de protesto que as pessoas não entendem como uma música de protesto?

BRUCE SPRINGSTEEN: Qual é?

AO LADO: No fim de 1963, Sam Cooke compôs "A Change Is Gonna Come", hoje um clássico, depois que ele e a mulher foram impedidos de entrar num hotel só para brancos na Louisiana. Inspirado pelo discurso de dr. Martin Luther King Jr. na Marcha para Washington por Empregos e Liberdade, bem como por "Blowin' in the Wind", de Bob Dylan, Cooke se empenhou em escrever e gravar uma canção abertamente mais pessoal e política do que seus singles R&B de sucesso. A música refletia sobre a mudança que "já chega tarde" e virou hino dos direitos civis depois de sua morte prematura, em 1964.

O SOM DO PROTESTO

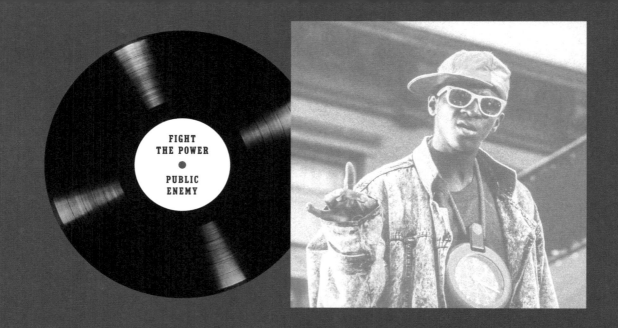

FIGHT THE POWER • **PUBLIC ENEMY**

STRANGE FRUIT • **BILLIE HOLIDAY**

ANARCHY IN THE UK • **THE SEX PISTOLS**

GOD SAVE THE QUEEN • **THE SEX PISTOLS**

PRESIDENTE OBAMA: "Respect", cantada pela Aretha Franklin. R-E-S-P-E-C-T, né? É uma música de protesto.

BRUCE SPRINGSTEEN: Uma das melhores.

PRESIDENTE OBAMA: Ela está dizendo para todos os homens: "Toma tento!". Mas não é uma lição de moral.

BRUCE SPRINGSTEEN: Não. Acho que minhas músicas de protesto prediletas são as que captam um determinado espírito, mais do que as que contêm uma diatribe ou um dogma específico.

PRESIDENTE OBAMA: Bem, aqui está um bom exemplo. "American Skin" é sobre um evento bastante específico. Um sinal de nossos tempos, apesar de infelizmente a história ter se repetido muitas vezes desde então e muita gente talvez não se lembre exatamente do que aconteceu.

BRUCE SPRINGSTEEN: Bom, Amadou Diallo era um imigrante africano que, por ter sido confundido com outra pessoa, foi parado pela polícia. Ele estava no hall de entrada do prédio onde morava. Fez menção de pegar a carteira e tomou dezenove tiros — 41 tiros foram dados ao todo pelos policiais, depois absolvidos.

PRESIDENTE OBAMA: E, o que é importante em termos de contexto, esses policiais não estavam uniformizados. Por isso, Diallo nem sabia necessariamente por que aqueles quatro indivíduos estavam lhe mandando parar e dando a entender que tinham algum assunto a tratar com ele.

BRUCE SPRINGSTEEN: Depois que ocorreu esse incidente, comecei a pensar: "Pois é, a pele. A pele é o destino", e que privilégio é esquecer que você vive num determinado corpo! Os brancos podem fazer isso. Os negros não podem. É isso que é a questão central dessa música. O resto foi falar sobre o medo que sentimos uns dos outros. Tudo começa com o medo. O medo de uma mãe quando o filho vai a pé para a escola todos os dias. O medo que os próprios policiais carregam.

O ódio vem mais em seguida. De onde vem todo o racismo sistêmico que hoje temos nos Estados Unidos? As pessoas estão amedrontadas. Amedrontadas com o quê? Com a mudança demográfica. Estão com medo de que o país se torne um lugar em que as vozes negras e pardas falem mais alto, fiquem mais influentes, mais poderosas, mais iguais.

PRESIDENTE OBAMA: Perda de status.

BRUCE SPRINGSTEEN: Isso aí, perda de status.

PRESIDENTE OBAMA: Aconteceu alguma reação negativa em relação a você depois de compor essa música?

BRUCE SPRINGSTEEN: Toquei pela primeira vez em Atlanta, que é um lugar ótimo para uma estreia. Aplausos pouco entusiasmados. Mas, quando voltei para Nova York antes de tocarmos no Madison Square Garden, estávamos na primeira página do *New York Post*... muitos xingamentos vindos de todo lado. Nosso show se tornou uma pequena *cause célèbre* na cidade.

Os pais de Amadou Diallo foram ao Madison Square Garden, muito simpáticos. Reuni a banda nos bastidores e disse: "Vamos subir só lá e tocar. É para isso que nós existimos. É o nosso negócio. Vamos lá tocar essa música".

E fomos lá, tocamos seis ou sete músicas e começamos essa. Não sei como sabiam do que se tratava, mas rolou uma correria em direção ao palco, com alguns policiais fazendo gestos obscenos em nossa direção. Teve algumas vaias. Depois disso, durante vários anos tivemos muitos problemas com a polícia, que eu sempre achei que fosse mais por não terem ouvido a música de verdade.

Se a pessoa ouvir com atenção, vai compreender que não é uma coisa fundamentalmente polêmica. Não é uma diatribe. Não é uma acusação. É só uma tentativa de avaliar o custo humano desse tipo de assassinatos que se repetem dia após dia. O custo humano. A música tem vinte anos. É o que estamos pagando em sangue por não ter resolvido essas questões. Por não termos nos resolvido uns com os outros. A coisa simplesmente continua.

ACIMA: Ingresso para a apresentação de Bruce Springsteen no Madison Square Garden, que o levou à primeira página do *New York Post*. **AO CENTRO:** Palheta do violão de Patti Scialfa. **AO LADO:** Patti Scialfa e seu violão são o centro das atenções durante o Reunion Tour, c. 2000. Membro da E Street Band desde 1984, Patti foi admitida formalmente no Rock and Roll Hall of Fame com a banda em 2014.

Point Blank   Pulse   American Skin

(1A) **41 Shots**

41 shots - well take that ride
        cross this muddy, bloody river
              to the other side
41 shots - my boots caked in mud
        bifolded in this water + in each class
                blood
        is it a wallet, is it a knife
              is it a gun   this is your life
     And no secret   no secret my friend
round here you can get killed just for
              livin in your American skin

41 shots - how many it take to die
        you kneel over his vestibule
              prayin for his life
                        down in his eyes
is it in your heart is it in your eyes   / soul

(1b) 41 shots clip empty
     kneel over him / your vestibule prayin ....
         41 shots   rub that ride hands
                    bleed over side
        was it a gun
                mami   10 yr old son
41 shots Mary dresses her little boy for school
        says listen to   here on these so that I love you gon
                     me   son
              understand
              or know the rules
41 shots If a police officer places you, always be
         polite   don't reach for anything; don't run
     son if don't reach for anything in your pockets
     promise mamy keep your hands in sight

PELE AMERICANA (41 TIROS)

41 tiros... e vamos atravessar/ Aquele rio de sangue para a outra margem/ 41 tiros... ecoando na noite/ Você está se ajoelhando junto ao corpo dele no hall de entrada/ Rezando pela vida dele/ É uma pistola, é uma faca/ É uma carteira, essa é sua vida/ Não é nenhum segredo/ Não é nenhum segredo/ Nenhum segredo, meu amigo/ Você pode ser morto só porque estava vivo/ Na sua pele americana/ 41 tiros... Lena arruma o filho para ir à escola/ Ela diz: "Na rua, Charles,/ Você tem que entender as regras/ Se um policial te parar/ Promete que vai ser sempre educado, que nunca vai sair correndo/ Promete à mamãe que vai deixar suas mãos à vista"/ É uma pistola, é uma faca/ É uma carteira, essa é sua vida/ Não é nenhum segredo/ Não é nenhum segredo/ Nenhum segredo, meu amigo/ Você pode ser morto só porque estava vivo/ Na sua pele americana/ É uma pistola, é uma faca/ Está em seu coração? Está em seus olhos?/ Não é nenhum segredo/ Não é nenhum segredo/ Não é nenhum segredo/ 41 tiros... e vamos atravessar/ Aquele rio de sangue/ Para a outra margem/ 41 tiros... minhas botas estão todas enlameadas/ Fomos batizados nessas águas e no sangue uns dos outros/ Será que é uma pistola? Será que é uma faca?/ Será que é uma carteira? Essa é sua vida/ Não é nenhum segredo/ Não é nenhum segredo/ Nenhum segredo, meu amigo/ Você pode ser morto só porque estava vivo na sua pele americana

O TODO-PODEROSO DÓLAR

5

Consta que Benjamin Franklin — que foi bem próspero em sua época — teria dito que "o dinheiro nunca fez ninguém feliz, nem fará. […] Quanto mais se tem, mais se quer. Em vez de preencher um vácuo, ele cria".

Um sábio, o sr. Franklin. Em nossa meninice e adolescência, nos anos 1960 e começo da década de 1970, a minha família não tinha muita coisa, nem a do Bruce. E nem esperavam ter, em termos de dinheiro. Mas o que tínhamos era suficiente. A sociedade americana não era tão estratificada como agora. A vida ainda era uma luta para muita gente, e não havia tantas oportunidades para mulheres e pessoas de cor.

Mas, graças a sindicatos fortes e a investimentos do governo, a possibilidade de subir de vida não era um mito. O trabalho não era apenas sinônimo de estabilidade financeira e a promessa de vida melhor para os filhos dava também um senso de dignidade, de autoestima. Bruce e eu temos pensado muito nisto: que a economia americana mudou, que os Estados Unidos se tornaram mais desiguais, e que na correria atrás do Todo-Poderoso Dólar perdemos alguns dos valores de comunidade, solidariedade e sacrifício comum de que vamos precisar para nos reunificar.

CAPÍTULO
— 5 —

PRESIDENTE OBAMA: Parte da sua história sobre o recrutamento é que de repente você se dá conta de que existe uma questão de classe em tudo isso. Como assim, os estudantes universitários não precisam ir à guerra? Parte do que separa a Segunda Guerra Mundial, a Maior Geração de Todas, da geração do Vietnã é a súbita consciência de que: "Estamos entrando nessa para que os privilegiados não precisem fazer sacrifícios por causa das decisões ruins tomadas em Washington". Acho que existe uma consciência da injustiça disso que acaba desiludindo as pessoas.

BRUCE SPRINGSTEEN: Não sabíamos que era assim. Que não estamos lá em cima, estamos aqui embaixo. E aqui embaixo as regras se aplicam. E se não quisermos ir, é preciso ser malandro para escapar, e fazer coisas inacreditáveis, sabe como é? Ninguém tinha condição de pagar atestado médico, ou de voltar para a faculdade. Mal consegui entrar da primeira vez. Não lembro nem de ter ficado puto com isso.

PRESIDENTE OBAMA: Você não sentiu nenhum ressentimento de classe?

BRUCE SPRINGSTEEN: Não, não senti.

PRESIDENTE OBAMA: Você simplesmente pensa: "Pois é, com os riquinhos o tratamento é outro". Mas você não acha que isso levanta dúvidas sobre o mito do Sonho Americano e da possibilidade de subir na vida, de que "qualquer um pode conseguir"?

BRUCE SPRINGSTEEN: Acho que a gente perdeu a fé na vida, na liberdade e na busca de significado para todos. Perdeu a fé nisso. Eu não achava que fosse me dar bem na vida, porque simplesmente não conheci ninguém que tivesse conseguido. Não havia grandes histórias de sucesso no meu bairro; todo mundo era 100% classe trabalhadora. Eu não conhecia ninguém que tivesse contrato com gravadora — absolutamente ninguém. Eu não conhecia ninguém que tivesse viajado de avião. Nós, os moleques do bairro, éramos como uma tribo perdida. Víamos aviões passar lá em cima, sabíamos que tinha gente dentro. Mas tudo isso estava fora dos limites da nossa experiência. A gente simplesmente encarava com naturalidade.

E havia um pouco de "Aaah, cada um que se vire".

O cenário econômico em Freehold nos meus tempos de criança, nos anos 1950, era muito diferente do cenário econômico no país hoje. Se você fosse classe média em Freehold, ou estivesse entre os mais ricos de Freehold, morava em uma determinada rua. Lembro que se chamava Brinckerhoff Avenue. Era a mais larga, a mais arborizada na cidade. E para achar pobreza ali só procurando muito.

AO LADO (acima): "A Grande Geração" abarca americanos nascidos nas primeiras décadas do século XX, cuja infância foi marcada por avanços tecnológicos, como o telefone, mas também pelas dificuldades econômicas da Grande Depressão. Quando os Estados Unidos entraram na II Guerra Mundial, milhões de homens alistados foram para o exterior, enquanto milhões de mulheres ingressaram no mercado de trabalho para sustentar a família e o esforço de guerra. As lutas e os sacrifícios que os solavancos econômicos e a devastação pela guerra exigiram dos americanos ainda definem essa geração. Na foto, o veterano da II Guerra Mundial Kenneth "Rock" Merritt conta histórias do Dia D para o presidente Obama a bordo do Marine One, na 70ª cerimônia de comemoração franco-americana do Dia D, em 6 de junho de 2014; **(abaixo):** Com casas homogêneas e comunidade cuidadosamente planejada, o vilarejo de Levittown, NY, era um modelo de sonho suburbano no país do pós-guerra, c. 1955.

Estava lá, quase sempre nas comunidades não brancas, mas a desigualdade de renda parecia bem menos pronunciada. Meus pais viviam precariamente. Gastavam todo o dinheiro que tinham na semana até receber o dinheiro da próxima, depois gastavam o próximo salário inteiro de novo — todos vivíamos desse jeito. Mas não nos sentíamos em dificuldade. Tínhamos roupa, comida, um teto. Nossa casa era bem caída, mas ficava lá no meio das outras e não era tão drasticamente diferente.

PRESIDENTE OBAMA: Não é que você tivesse vergonha da casa, ou pensasse: "Cara, precisamos de umas cortinas mais bonitinhas".

BRUCE SPRINGSTEEN: Na nossa casa tinha um pouco disso. Eu morava numa das casas mais velhas da cidade e era bem acabada. Mesmo assim, nunca me vi como um menino pobre, até o dia em que meu pai disse: "Hoje à noite vamos ao cinema, temos que vender o estepe do carro".

PRESIDENTE OBAMA: Sério mesmo?

BRUCE SPRINGSTEEN: Sim.

PRESIDENTE OBAMA: Mas, veja só, ninguém esfregava na sua cara que você não tinha tanto quanto os outros.

BRUCE SPRINGSTEEN: Não, eu morava em um bairro de classe média.

PRESIDENTE OBAMA: O que está dizendo, então, é que se você mora lá quando criança e olha em volta pensa: "Tudo bem, estou praticamente no mesmo nível de todo mundo aqui".

BRUCE SPRINGSTEEN: De Bobby Duncan na mesma rua, ou de Richie Blackwell perto de você...

PRESIDENTE OBAMA: Sim, e talvez o pai dele seja o gerente do banco. Enquanto o meu é só um empregado no banco ou na fábrica. Mas você não se sente do lado de fora olhando para dentro.

BRUCE SPRINGSTEEN: Não, você não se sente vitimizado ou uma vítima. Percebe que existem as diferenças de classe, claro. Mas essa consciência é bem menos acentuada do que hoje.

> EU NÃO ACHAVA QUE FOSSE ME DAR BEM NA VIDA, PORQUE SIMPLESMENTE NÃO CONHECI NINGUÉM QUE TIVESSE CONSEGUIDO. NÃO HAVIA GRANDES HISTÓRIAS DE SUCESSO NO MEU BAIRRO; TODO MUNDO ERA 100% CLASSE TRABALHADORA
> — BRUCE SPRINGSTEEN

PRESIDENTE OBAMA: Mas tinha gente no bairro, uns meninos que diziam: "Cara, sabe de uma coisa, estou indo embora daqui, porque vou ganhar muito dinheiro. Vou comprar aquele Chevrolet novo e isso é um sinal, uma prova de que consegui". Havia alguma noção de que era preciso ganhar uma certa quantidade de dinheiro, ou ter uma certa quantidade de coisas, porque se não tivesse você era um fracassado, ou estava andando para trás, ou não tinha sido ambicioso o bastante?

BRUCE SPRINGSTEEN: Pela minha experiência, isso aí é um fenômeno bem mais moderno. Não lembro de ser uma conversa importante na época de ensino médio. Todo mundo queria ser capaz de se sustentar e, para se dar bem mesmo na vida, você tinha que ir para a faculdade.

PRESIDENTE OBAMA: Certo, isso era uma distinção.

BRUCE SPRINGSTEEN: Grande distinção. Enorme distinção.

PRESIDENTE OBAMA: Se você ia para a faculdade, indicava uma coisa um pouco diferente.

BRUCE SPRINGSTEEN: Você era especial. Mas isso mudou drasticamente nos Estados Unidos nos anos 1970, e sem dúvida na década de 1980. A era dourada dos anos 1980.

PRESIDENTE OBAMA: Fiz o fundamental e depois o médio nos anos 1970. E vi tudo isso pelas lentes dos meus avós, com quem morei a maior parte do tempo. E eles são gente da Depressão, da Segunda Guerra Mundial.

BRUCE SPRINGSTEEN: Pois é, assim como os meus avós.

PRESIDENTE OBAMA: E morávamos num apartamento em Honolulu. Talvez de uns 110 metros quadrados. Lembro que voltei ao apartamento, já adulto, e pensei comigo: "É, na verdade é um lugar bem modesto". Mas na época eu nunca pensava: "Caramba, não tenho muita coisa". Não éramos da classe operária, no sentido de que meus avós trabalhavam em escritório. Minha avó fazia um trabalho típico de mulher. Começou como bancária. Não tinha curso superior, apesar de ser muito inteligente, porque a Lei dos Veteranos não se aplicava às mulheres. Ela trabalhou numa fábrica enquanto meu avô estava na guerra.

AO LADO: Barack Obama com seu blazer da Punahou, e a mãe, Ann, c. 1978. **A SEGUIR:** Desfile do 175º aniversário de Freehold, 1953.

Ele volta; consegue o benefício da Lei dos Veteranos, fica na faculdade quase um ano e meio, e abandona.

Ela não vai para a faculdade. Mas acaba sendo vice-presidente do banco — o Banco do Havaí. E meu avô era vendedor. Eram da classe média do Havaí, se bem que na faixa de renda inferior. Fiz escola preparatória. Então digamos que 80% dos alunos dessa escola estavam em uma situação melhor que a minha. Mas o curioso é que não nos sentíamos pobres.

Eu não me achava excluído do mundo só porque não era rico. Meus avós queriam que eu fizesse faculdade, e se sacrificaram para me colocar na escola preparatória, o que mais ou menos garantia, a não ser que eu fosse expulso por beber, minha entrada na faculdade.

Dizendo tudo isso, sabe como é... parecemos aqueles velhos que...

BRUCE SPRINGSTEEN: É terrível. Muito ruim.

PRESIDENTE OBAMA: "Cara, eu ia para a escola sem sapato."

Quando me mudei para Chicago, fui trabalhar com gente que perdeu o emprego, porque a siderúrgica foi embora. E é aí que vejo mais claramente a intersecção de raça com classe, porque a situação que você descreve em Freehold nunca esteve totalmente ao alcance dos afro-americanos, ou era sempre uma versão mais pobre, mais insegura, e mais precária.

BRUCE SPRINGSTEEN: Certo.

PRESIDENTE OBAMA: Os pais de Michelle são exemplos de pessoas que podiam aspirar a uma vida de classe trabalhadora. Uma vida de classe média operária como a que você descreve em Freehold.

Mas é sempre um pouco mais precária. E os degraus onde conseguem pôr os pés na escada são sempre um pouco mais escorregadios. Lembro de conversar com pessoas quando cheguei ao sul de Chicago e que era realmente uma vitória conseguir, por exemplo, um emprego nos correios. Significava ter um salário fixo e aposentadoria.

BRUCE SPRINGSTEEN: Sim, quando meu pai trabalhava na linha de montagem, isso era importante.

PRESIDENTE OBAMA: Mas acho que você e eu tivemos a mesma impressão de que essa mudança ocorreu aí pelo começo dos anos 1980. Poucos meses depois de eleito, Reagan acaba com o sindicato dos controladores de tráfego aéreo, e temos estagflação.

BRUCE SPRINGSTEEN: Isso mesmo. E surge o começo do tipo de mídia que o programa *Lifestyles of the Rich and Famous* introduz, trazendo a cultura do materialismo para dentro da nossa casa, 24 horas por dia, e de repente nos dizem: "Você só vale alguma coisa se tiver essas coisas".

PRESIDENTE OBAMA: Isso é mais ou menos na época em que me mudei para Nova York. E Nova York está saindo da beira da falência. Mas Wall Street está bombando, não é? Logo o filme *Wall Street* é lançado. "Ganância é uma coisa boa." Michael Douglas todo estiloso.

AMBOS: E os celulares enormes.

BRUCE SPRINGSTEEN: Do tamanho de uma mochila!

PRESIDENTE OBAMA: Manhattan em 1981, 1982, 1983 é um bom ponto para observar essa mudança de cultura. Era o epicentro. E, como você disse, de repente está ali na sua cara. É como aquela peça do David Mamet, *O sucesso a qualquer preço,* em que o chefe diz assim para um bando de vendedores: "Primeiro lugar, ganha um Cadillac. Segundo lugar, um faqueiro de carnes. Terceiro lugar, rua".

De repente há uma sensação de que: "Olha, ou se ganha ou se perde neste jogo capitalista, e você não vai querer ficar no fim da fila, vai?". O que vi então entre os colegas foi uma mudança de pensamento para a noção de que: "Se eu não for para Wall Street ou para um escritório de advogados de primeira linha para me garantir nesse mundo, então posso rolar ladeira abaixo".

> DE REPENTE HÁ UMA SENSAÇÃO DE QUE: "OLHA, OU SE GANHA OU SE PERDE NESTE JOGO CAPITALISTA, E VOCÊ NÃO VAI QUERER FICAR NO FIM DA FILA, VAI?".
> — PRESIDENTE OBAMA

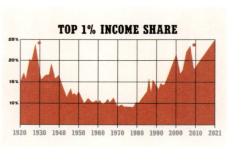

ACIMA: Depois da década de 1970, a desigualdade de renda nos Estados Unidos se agravou drasticamente. Em 1970, o 1% dos americanos mais ricos representava 9% da renda total do país. Hoje eles são quase 25% e os 400 americanos mais ricos têm mais dinheiro do que os 150 milhões de americanos mais pobres. Enquanto essa consolidação preocupante acontecia, a renda da classe média continuava a mesma, ou caía, depois dos anos 1970. Ao mesmo tempo, o custo de vida — incluindo moradia, creche e educação — continuava a subir. **AO LADO:** O mundo cão das grandes empresas americanas nos anos 1980 era bem exemplificado pelas pessoas poderosas e influentes que trabalhavam no distrito financeiro de Nova York, dramaticamente representadas em *Wall Street*, de 1987. No filme, Michael Douglas interpreta Gordon Gekko, um "invasor corporativo" sem escrúpulos que faz um discurso infame para os acionistas de uma empresa em dificuldade, ao declarar "Ganância é uma coisa boa".

> GANÂNCIA. MARQUE MINHAS PALAVRAS. NÃO SÓ VAI SALVAR A TELDAR PAPER, MAS OUTRA CORPORAÇÃO FALIDA CHAMADA ESTADOS UNIDOS.

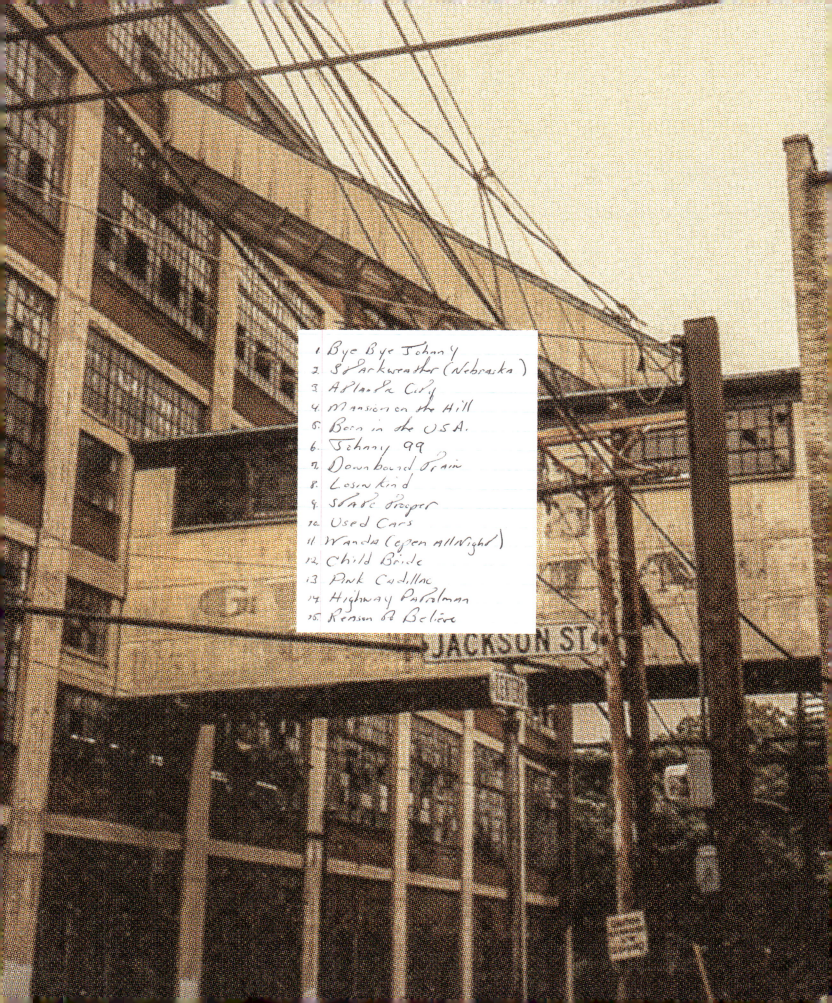

1. Bye Bye Johnny
2. Starkweather (Nebraska)
3. Atlantic City
4. Mansion on the Hill
5. Born in the USA.
6. Johnny 99
7. Downbound Train
8. Losin Kind
9. State Trooper
10. Used Cars
11. Wanda (Open All Night)
12. Child Bride
13. Pink Cadillac
14. Highway Patrolman
15. Reason to Believe

Enquanto isso, estou nadando contra a corrente, com uma ideia diferente de Estados Unidos. E minha ideia de país foi definida pelos Viajantes da Liberdade. Minha ideia dos Estados Unidos foi definida pelos mineiros de carvão, pelas pessoas que trabalhavam com Jane Addams nas casas de acolhimento em Chicago. E minha ideia de país eram os soldados rasos da Segunda Guerra Mundial que lutavam contra o fascismo e faziam sacrifícios. Por isso acho que em minha cabeça sempre houve essas duas ideias opostas. Havia os Estados Unidos em que cada um só se preocupa em abocanhar o seu. E havia os outros Estados Unidos que dizem: "Estamos construindo juntos o celeiro. Todo mundo contribui".

Basicamente me torno adulto na era Reagan. E então, quando penso nos Estados Unidos, e penso em meu lugar dentro deles, em vez de uma cultura de doação, de sacrifício e de comunidade, o que vejo é um país em que somos definidos pela ganância.

BRUCE SPRINGSTEEN: Vou citar agora um "por exemplo". Meus filhos frequentaram uma escolinha muito legal em frente de casa, do outro lado da rua. Fui até lá para uma conversa de "primeiro dia" com os pais. O diretor começa se levantando para dizer: "Não quero que os senhores pais tenham medo de que no primeiro dia do seu filho no Bear Stearns…"

PRESIDENTE OBAMA: Ah, não!

BRUCE SPRINGSTEEN: Isso como *discurso inicial*. Meu filho só tem quatro anos! Mas era esse o clima naquele momento.

PRESIDENTE OBAMA: Era mesmo, dava para sentir — essa ansiedade. Quando eu dizia que estava indo trabalhar como líder comunitário ninguém conseguia entender. Isso tudo num contexto em que as fábricas estavam indo para fora do país; sindicatos foram extintos; os CEOs, que ganhavam provavelmente trinta vezes mais do que homens e mulheres da linha de montagem nos anos 1950 e 1960, agora ganham trezentas vezes mais.

De repente, nos anos 1980, Ronald Reagan descreve o governo como o problema. "Vamos reduzir impostos, vamos reduzir os serviços públicos." Também significa cortar empregos públicos, cortar empregos nos sindicatos, e essa combinação de indústria indo embora e empregos do setor público desaparecendo diminui a oportunidade de homens e mulheres negros arranjarem emprego. E justamente quando, depois do movimento pelos direitos civis, finalmente foi aberta a porta de alguns daqueles empregos que até então eram proibidos para eles, o tapete é puxado debaixo dos seus pés. Então é uma mudança real no jeito como o capitalismo funciona, e os salários estão realmente estagnando, e as desigualdades realmente crescendo.

BRUCE SPRINGSTEEN: E a classe média agora sendo esmagada.

PRESIDENTE OBAMA: Sendo espremida.

BRUCE SPRINGSTEEN: E cabe a pergunta: será que os anos 1940 e os 1950, e um pouco os anos 1960, foram só uma pausa entre duas eras douradas?

PRESIDENTE OBAMA: E a resposta é… em grande parte, sim.

BRUCE SPRINGSTEEN: Certo, em 1981 eu compus "Atlantic City."

No começo dos anos 1980 há um medo muito grande no ar. Talvez seja possível localizar as origens no fim da Guerra do Vietnã. E compus um álbum muito estranho chamado *Nebraska*, um disco muito tranquilo que lidava com todas as questões daquele momento. Então, eu escrevo sobre essas coisas quando não tenho muita consciência delas. Sigo o que estou farejando no ar.

Isso, combinado com a vida do meu pai, minhas experiências em Freehold, onde vi o que acontece quando rolam alguns problemas com o sindicato e de repente a fábrica vai mais para o sul e todo mundo fica desempregado, e o custo disso ficou com as famílias da cidade e com a minha — tudo isso me levou a escrever nessa direção. E, como eu disse, não compus o álbum com a ideia de despertar uma consciência social. Estava só contando histórias que sentia na época.

PRESIDENTE OBAMA: Aí está um assunto para nós dois: começamos sem pensar muito em dinheiro, mas pensando, no seu caso, em música e na sua arte, e comigo afirmando deliberadamente que não estou indo por este caminho…

> NO COMEÇO DOS ANOS 1980 HÁ UM MEDO MUITO GRANDE NO AR. TALVEZ SEJA POSSÍVEL LOCALIZAR AS ORIGENS NO FIM DA GUERRA DO VIETNÃ. E COMPUS UM ÁLBUM MUITO ESTRANHO CHAMADO NEBRASKA, UM DISCO MUITO TRANQUILO QUE LIDAVA COM TODAS AS QUESTÕES DAQUELE MOMENTO.
>
> — BRUCE SPRINGSTEEN

AO LADO (detalhe): Um rascunho da ordem das faixas de *Nebraska*, enviado por Bruce Springsteen para o empresário Jon Landau. Quando o álbum estava pronto, as músicas incluídas foram "Nebraska", "Mansion on the Hill", "Highway Patrolman", "Used Cars", "My Father's House", "Atlantic City", "Johnny 99", "State Trooper", "Open All Night" e "Reason to Believe". **A SEGUIR:** Laços de comunidade criados por Barack Obama nos anos em que trabalhou como organizador pesaram muito em sua decisão de entrar na política e concorrer a uma vaga no Senado do estado do Illinois representando o lado sul de Chicago, c. 1996.

ATLANTIC CITY

Eles arrebentaram o Chicken Man na Filadélfia ontem à noite/ e agora explodiram a casa dele também/ Na Boardwalk estão se preparando para uma briga, vejamos o que os bandidinhos aprontam/ Agora problemas vêm de outro estado e o promotor não tem sossego/ Vai ter briga de gângster na Boardwalk e a comissão de apostas está por um fio/ Bem, tudo morre, baby, isso é fato/ Mas vai ver tudo que morre um dia volta/ Maquie-se, faça um belo penteado/ E me encontre esta noite em Atlantic City/ Eu tinha um bico e tentei economizar/ Mas tenho dívidas que nenhum homem honesto consegue pagar/ Por isso saquei o que tinha no Central Trust/ E comprei duas passagens para nós no Coast City/ Tudo morre, baby, isso é fato/ Mas vai ver tudo que morre um dia volta/ Maquie-se, faça um belo penteado/ E me encontre esta noite em Atlantic City/ Talvez a nossa sorte tenha acabado e nosso amor esfriado, mas ficarei com você para sempre/ Vamos para onde a areia vira ouro, então vista sua meia-calça, porque está esfriando/ E tudo morre, baby, isso é fato, mas vai ver tudo que morre um dia volta/ Tenho procurado emprego, mas é difícil achar/ Aqui só tem ganhadores e perdedores e não vá parar do lado errado dessa linha/ Estou cansado de ficar entre os perdedores/ Então, baby, noite passada conheci esse cara e vou fazer um favor pra ele/ Bem, acho que tudo morre, baby, isso é fato/ Mas vai ver tudo que morre um dia volta/ Faça um belo penteado e fique bem bonita/ E me encontre esta noite em Atlantic City

— DE NEBRASKA (1982)

BRUCE SPRINGSTEEN: É uma grande decisão tomada por quem vem dos lugares que você estudou e levando em conta as oportunidades que teria. Como chegou a essa decisão?

PRESIDENTE OBAMA: Em parte foi porque minha mãe tinha o pensamento livre. E ela virou mundo, tornou-se antropóloga, foi trabalhar em países em desenvolvimento. Na verdade, era pouco prática, meio romântica. E tenho certeza de que me passou um pouco disso. Mas em parte também vinha do reconhecimento de que o Sonho Americano nunca foi totalmente acessível aos negros. Quando pensava no que deveria fazer na vida, não era: "Cara, vou ser um Jay Rockefeller". Era mais tipo: "Veja o John Lewis. Veja o dr. King. Veja essas pessoas que tentaram melhorar o mundo e criar oportunidades para as pessoas". Então, em parte pela necessidade pessoal de descobrir quem eu era como negro americano, parecia que precisava seguir esse caminho. Minha salvação estava ali.

BRUCE SPRINGSTEEN: Aí está uma palavra interessante, *salvação*. Transforma o que você está fazendo num exercício de redenção.

PRESIDENTE OBAMA: Pois é. Para mim, era isso. Eu me vi em Chicago trabalhando com pessoas que passavam por dificuldades, e de forma muito concreta, tentando descobrir como arranjar emprego, e como conseguir que o filho trabalhe e como conseguir pôr o filho na faculdade, ou pelo menos num curso técnico. O que está acontecendo com o valor da minha casa? Eles passam por isso tudo, e vejo tudo isso em termos concretos. E isso é uma salvação para mim, porque minha própria história se funde com a deles, e com a história americana em termos mais amplos. E, se consigo descobrir como ajudar essa comunidade da qual agora faço parte — e, como saberia depois, onde minha esposa foi criada —, talvez eu possa redimir um pedaço dos Estados Unidos também, e torná-lo meu também. Esse se torna o meu jeito de pensar.

BRUCE SPRINGSTEEN: Essas são, basicamente, minhas motivações também. E existe a questão mais profunda de saber de onde vem isso, porque é a resposta a alguma coisa.

PRESIDENTE OBAMA: Estamos tentando descobrir como nos sentirmos bem e como fazer o mundo à nossa volta se sentir bem.

BRUCE SPRINGSTEEN: Bem colocado.

PRESIDENTE OBAMA: Mas o curioso é que Michelle, em parte porque tinha muita clareza sobre quem era — com pais amorosos, uma boa noção de família, de comunidade —, ela não sente que precisa de redenção. O que ela sente é: "Só preciso de algum dinheiro".

BRUCE SPRINGSTEEN: Engraçado.

PRESIDENTE OBAMA: Então, quando nos conhecemos ela tinha um Saab, e fazia parte de um clube de degustação de vinhos. Do ponto de vista dela, a princípio estava bem colocada no mundo.

Lembro da primeira vez que ela me convidou para uma festinha com vários amigos, todos jovens com bons empregos. Eu sou o peixe fora d'água. Porque uma das minhas respostas para aquilo era que eu havia tomado a direção oposta. Eu tinha, digamos, três camisas. Um prato. E morava em uns apartamentos precários e toda a minha mobília era catada na rua. Eu sabia que ali estava a tentação. Se eu começasse a querer coisas, ia entrar nessa ciranda e não conseguiria mais sair.

Então, estou no meio de todos esses jovens com bons empregos. Todos parecem o Richard Gere em *Gigolô americano*.

BRUCE SPRINGSTEEN: O visual era esse aí!

PRESIDENTE OBAMA: Eu entro, vestindo um blazer que não me cai muito bem, comprado numa liquidação qualquer. Ironicamente, acho que isso era parte da minha força como político. As pessoas sentiam que Michelle e eu tínhamos vivido e entendido o que é ter um financiamento estudantil pesado para pagar, o que é ter dívida no cartão de crédito, e o que é ter que dizer não às coisas. E não era teatro.

BRUCE SPRINGSTEEN: Pois é.

PRESIDENTE OBAMA: O que eu queria saber é como você lidou com o dinheiro. Você começou interessado na música, mas quando de repente disse: "Puta merda, sou rico"?

BRUCE SPRINGSTEEN: Aos trinta, talvez 32, 33. O que rolou foi que assinei tantos contratos ruins que por dez anos não ganhei nada. Vou dar um exemplo de como eu tinha pouco dinheiro. Era 1972,

---

ACIMA: Os dias como organizador comunitário, *c.* 1988. **AO LADO:** Barack e Michelle Obama como jovens pais, com a filha Malia, *c.* 1998. **A SEGUIR:** Obama, no começo da carreira política, incentivando eleitores de Chicago a irem votar, 1992.

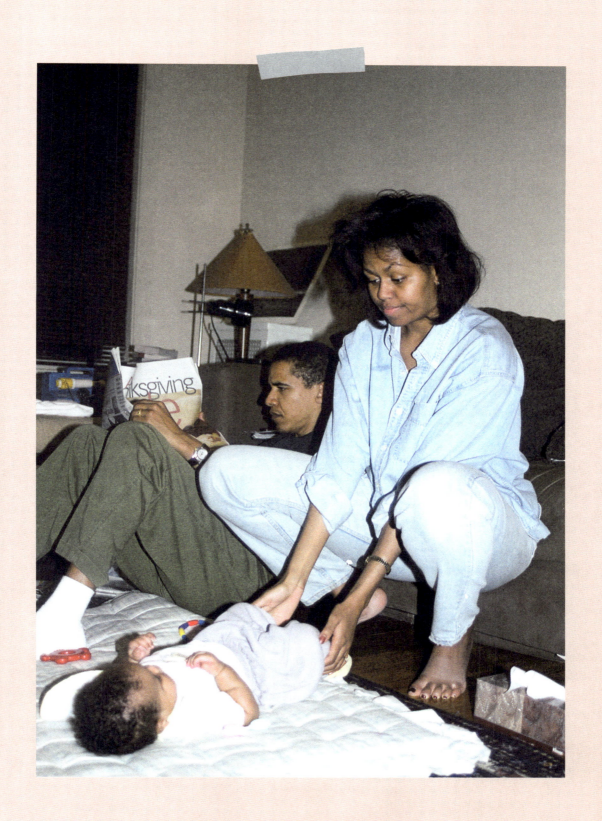

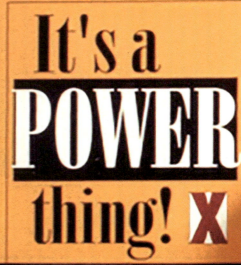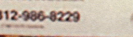

e eu estava duro. Meu agente me disse que se eu fosse a Nova York ele me daria 35 dólares. Então eu disse: "Estou indo". Fui à gaveta, catei meus centavos, e calculei quanto precisava para chegar a Nova York... Certinho. Minha namorada me emprestou o carro, mas era daqueles com transmissão de apertar botão.

Cheguei ao Lincoln Tunnel e custava um dólar para atravessar. Eu tinha cem moedas de um centavo, sabe? Entreguei à mulher os centavos e ela disse: "Não posso aceitar essas moedas".

Tinha uma placa avisando: "Não aceitamos moedas de um centavo". Eu disse: "Minha senhora, é todo o dinheiro que tenho. Estou sem gasolina suficiente para voltar para o lugar de onde vim. Preciso entrar na cidade, então vamos ficar sentados aqui enquanto eu conto cada centavo".

Ela abriu os rolinhos de moeda, raspou cada uma, um, dois, e depois de um minuto olhou para mim e disse: "Você não pode passar". "Por que não?" Ele estende a mão pela janela. Tinha uma moeda canadense no meio.

Pensei: "Não existe um carro que se preze na porra deste mundo que não tenha um centavo debaixo de um banco". Saí da porra do carro, com todo mundo querendo passar por cima de mim, e vasculhei o carro, e não é que achei um centavo, e pude entrar em Nova York? Mas isso me ensinou... Nos Estados Unidos, 99 centavos não levam aonde você quer ir. Tem que ser um dólar ou nada, meu amigo.

PRESIDENTE OBAMA: Estou impressionado. E você não xingou a mulher.

BRUCE SPRINGSTEEN: Não, não. Ou eu achava aquele centavo ou sei lá o que aconteceria.

Mas, com trinta e poucos anos, várias coisas aconteceram. Uma foi que o ramo de shows começou a dar muito lucro. Saíamos por aí fazendo um monte de apresentações. E finalmente paguei quase todas as dívidas dos erros idiotas que cometi. Eu tinha 20 mil no banco quando comecei — quase dez anos depois de assinar um contrato com uma gravadora, era tudo o que eu tinha na vida — e voltei para casa no fim da primeira turnê com muito mais do que isso, e meu primeiro pensamento foi: "Caramba, pelo visto, estou rico". Segundo pensamento: "Que ódio!". Porque agora eu estava numa armadilha.

Então o primeiro luxo que me permiti foi o de ignorar meu dinheiro. Mas lembro que comprei uma coisa nova. Um Chevrolet Camaro de 10 mil dólares. Quando entrava nele me sentia como se estivesse dirigindo um Rolls-Royce de ouro maciço, e ficava constrangido.

PRESIDENTE OBAMA: Você não se sentia bem. Não se sentia à vontade.

BRUCE SPRINGSTEEN: Bem pouco à vontade.

PRESIDENTE OBAMA: Bem, a outra coisa é que isso vai contra a sua imagem. Em termos das pessoas que você considera seu público e também seu tema.

BRUCE SPRINGSTEEN: E de quem acho que sou... Então eu me recuso a aceitar isso. Quero aquela integridade que você mencionou. É disso que estou atrás.

PRESIDENTE OBAMA: Redenção.

BRUCE SPRINGSTEEN: Isso.

PRESIDENTE OBAMA: Salvação.

> NOS ESTADOS UNIDOS, 99 CENTAVOS NÃO LEVAM AONDE VOCÊ QUER IR. TEM QUE SER UM DÓLAR OU NADA, MEU AMIGO.
> — BRUCE SPRINGSTEEN

BRUCE SPRINGSTEEN: Por isso me considero saudavelmente cético quando comecei a mudar de status.

PRESIDENTE OBAMA: Mesmo com todo esse ambiente mudando rapidamente, não é? Quer dizer, durante os anos 1980 e começo dos 1990, não só você está ganhando mais, mas as tentações de como gastar esse dinheiro se tornam mais extravagantes. E seus colegas, o pessoal da sua estratosfera musical, não são tão contidos em termos do que fazer com o dinheiro.

BRUCE SPRINGSTEEN: Cada um tem sua postura nesse sentido. Não julgo ninguém.

PRESIDENTE OBAMA: Não digo julgá-los — a questão é que durante esse período, você pensa consigo mesmo: "Por que não compro uma puta mansão?".

BRUCE SPRINGSTEEN: Penso nisso, e não tenho a resposta, o que é um problemão, porque cheguei num ponto em que disse a mim mesmo: "Quero uma casa. Uma casa é parte dessa integridade".

Não consigo achar uma. Não consigo escolher uma. Não consigo comprar uma. E digo: "Ah, entendi. Não consigo comprar porque não mereço". Por que não tenho uma companheira e uma vida de família, e filhos, e minhas satisfações?

AO LADO: Bruce Springsteen, c. 1973. **A SEGUIR:** Bruce em show no Stone Pony em Asbury Park, NJ, c. 1970 e em 2011.

"Bem, não mereço nada disso." Quando finalmente ganhei algum dinheiro, tive que perguntar a mim mesmo quem eu era.

Lembro de me sentir sem raízes, desconectado, com medo de deixar de ser quem eu era, o lugar de onde vim, onde estavam os meus vínculos. Meus valores básicos. E disse: "Bem, eu poderia me afastar e me valer das minhas liberdades individuais, do que conquistei como pessoa, e fazer disso um estilo de vida, mas não acho que isso seja muito interessante".

Acho que o mais interessante é o que acontece dentro da comunidade. Estou interessado em:

A. Ser parte dessa comunidade, o que para mim é muito difícil.
B. Entender a estrutura social que impacta a vida de toda essa gente.
C. Escrever sobre essa existência e lhe dar uma voz. Só porque, lá no fundo, é quem acho que ainda sou.

Então começo a me perguntar: "O que nós devemos uns aos outros?". No fim das contas, se vemos nos Estados Unidos essa amada comunidade, a verdade é que você tem uma dívida com os seus vizinhos e eles com você. Precisamos reconhecer nos outros o que somos. Ver em cada um quem somos. Continuar a construir coletivamente um país com dádivas e bênçãos compartilhadas sobre todos.

Eu curtia o meu sucesso tanto quanto qualquer um. Mas não achava que por causa disso tinha que abandonar essas ideias, esses valores.

Estava bem ciente de que devia continuar fazendo parte da comunidade de onde vim em termos físicos, emocionais, mentais e espirituais. Isso era importante para mim. Fiquei em Nova Jersey. Frequentava os mesmos bares. Jogava nos mesmos bares nos fins de semana, quando podia. Tinha o mesmo grupo de amigos, e provavelmente acabei exagerando nesse ponto. Mas, olhando para trás, é melhor exagerar nisso do que fazer o contrário. Estou interessado na história que quero contar, e sei que essa história e minha própria personalidade estão intrinsecamente vinculadas às pessoas e ao lugar de onde venho. E se romper essa ligação perco alguma coisa, e uma coisa essencial. Por isso sou cético, vou avançando com o maior cuidado, passinho a passinho, até comprar uma casa na comunidade mais exclusiva nesse pedacinho de Nova Jersey.

E me sinto muito mal por isso. Na primeira noite naquela casa me pergunto: "Que porra é essa? Perdi a porra do juízo? Fiquei maluco? O que é que estou fazendo aqui?". Mas o que percebi foi que, pensando nisso agora, se você passasse de carro na frente da casa, tinha um belo gramado, e era um imóvel de luxo. Uma casa grande, mas o que eu queria fazer com ela? Encher de gente. Foi por isso que comprei. Tinha que encher de gente. Para sentir aquela integridade que eu buscava. Criamos nossos filhos nela por trinta anos.

PRESIDENTE OBAMA: Sei que é verdade para você, Bruce, e sem dúvida é verdade para mim, que estamos sempre perguntando a nós mesmos nessa cultura: "Será que estou perdendo contato com os outros? Sendo vítima dessa imensa máquina de consumo que é empurrada para nós todo santo dia? Será que não sei mais o que é importante?". Isso exige dar um passo atrás e refletir de tempos em tempos, para ter essa perspectiva.

Ano passado, como presente de Natal para Michelle, marquei para nós um jantar no terraço de um hotel com vista para Waikiki. Não levamos as meninas. Uns amigos arranjaram um trio havaiano para tocar umas músicas. A tocha estava acesa.

BRUCE SPRINGSTEEN: Parece legal.

PRESIDENTE OBAMA: Foi um bom programa. Assistimos ao pôr do sol. Fiquei muito satisfeito. A melhor parte da noite foi o começo, quando começamos a lembrar de todos os lugares onde tínhamos ficado em vinte anos de visitas ao Havaí, desde a primeira vez, quando dormimos no sofá dos meus avós. Na segunda, conseguimos um quarto de hotel, que ficava a uns dez quilômetros da praia. Depois passamos para um hotel de verdade, que tinha piscina, era perto da praia. Depois fomos para, digamos, o Sheraton. Isso num período de dez anos.

BRUCE SPRINGSTEEN: Estão chegando lá!

PRESIDENTE OBAMA: Depois teve um lugar, quando as meninas nasceram, com um quarto separado, uma espécie de suíte júnior — acho que é assim que chamam.

Você pode fechar a porta, por isso é possível ter um pouco de privacidade.

BRUCE SPRINGSTEEN: Muito bom.

ACIMA: Michelle e Malia Obama no Havaí, Natal de 1998. **AO LADO:** Os Obamas explorando o Havaí antes de as filhas nascerem, meados dos anos 1990.

PRESIDENTE OBAMA: Você pode medir seu status econômico ao longo dos anos pelas férias que tira como casal. Michelle e eu quase podíamos ver todos os lugares onde ficamos, mas o prazer estava em lembrar que fomos felizes em cada lugar. A única coisa constante era o tempo que passávamos juntos, e o ambiente na verdade não fazia grande diferença.

No começo teve um surto de entusiasmo — olha, eles têm esses frascos de xampu no banheiro. Depois você passa para um lugar que tem, digamos, um roupão, e pensa: "Cara, experimente o roupão".

Mas, depois desse momento inicial ainda era o pôr do sol que importava, e ficar de mãos dadas. Ainda era o barulho das meninas correndo atrás uma da outra na areia e rindo. Eram as coisas que dinheiro nenhum paga e que não tinham nada a ver com o lugar onde estávamos hospedados.

BRUCE SPRINGSTEEN: São esses os elementos da alegria.

PRESIDENTE OBAMA: Isso era o que nos dava integridade. E acho que comunicar isso como parte da nossa política, das nossas histórias, das nossas músicas, e lembrarmos do sentimento de conexão com o que de fato importa nos fazem chegar ao ponto de formar uma coalizão capaz de mudar a política.

Só se consegue isso se as pessoas lá no topo reconhecerem: "O que vai me deixar feliz é viver numa sociedade saudável, justa. Não é quanta coisa eu tenho, nem viver atrás de um portão. Posso abrir mão de um pouco disso e me sentir melhor. Se todas as crianças conseguem uma boa educação, isso significa um futuro melhor para os meus filhos".

BRUCE SPRINGSTEEN: Acho que "Used Cars" é uma música que captura o sentimento de vida da minha família, da minha infância e do meu bairro — a mesmice daquelas vidas — tanto quanto qualquer coisa que escrevi. Tudo que lembro é que, quando meu pai entrou na garagem com aquele novo carro usado, ficamos tão animados como se fosse um Lincoln Continental novinho.

Pensando bem, acho que havia naquilo uma felicidade e também uma tristeza.

PRESIDENTE OBAMA: Existem desigualdades econômicas muito reais que apareceram e precisam ser corrigidas.

BRUCE SPRINGSTEEN: Se não corrigirmos, o país vai pro beleléu.

A família Obama chega ao Havaí, *c.* 2010.

CARROS USADOS

Minha irmã caçula está no banco da frente com uma casquinha de sorvete/ Minha mãe no banco de trás sozinha/ Meu pai sai lentamente do estacionamento para um test drive na Michigan Avenue/ Minha mãe acaricia a aliança de casamento/ Vê o vendedor olhar para as mãos do meu pai/ Ele está falando da ajudinha que nos daria se pudesse, mas não pode/ Pois eu, se pudesse, juro que sei o que faria/ Bem, meu caro, no dia que eu ganhar na loteria nunca mais entro num carro usado/ Os vizinhos vêm de perto e de longe/ Quando paramos em nosso novo carro usado/ Eu queria era que ele pisasse no acelerador e gritasse "vão se danar estamos caindo fora"/ Meu pai, ele batalha no mesmo emprego de manhã a manhã/ Eu, eu vou andando para casa pelas mesmas ruas encardidas onde nasci/ No meio da quadra escuto minha irmãzinha no banco da frente apertando a buzina/ O som ecoa por toda a Michigan Avenue/ Pois eu lhe digo, meu caro, no dia que der meu número nunca mais ando de carro usado

— DE <u>NEBRASKA</u> (1982)

PRESIDENTE OBAMA: Porque, quando as pessoas perdem essa noção de lugar e de status, quando de repente só um emprego fixo não basta para você sustentar a família ou ser respeitado, e quando você sofre de insegurança crônica, tem um monte de questões políticas que precisam ser corrigidas.

Mas as soluções políticas são necessárias em parte porque o país começa a contar uma história diferente sobre o que é importante: uma mudança em relação àquilo que conversávamos sobre os anos 1980, aquela atitude de "ganância é uma coisa boa" que na verdade nunca desapareceu. Acelerou. E a discussão entre conservadores e liberais, direita e esquerda, muitas vezes tem a ver com quanta redistribuição de riqueza deveria haver, quanta tributação, mas nunca chega às questões centrais sobre o motivo por que passamos a medir o nosso valor apenas pela quantidade de coisas que temos.

E, se pudermos encarar isso de outro jeito, talvez fique mais fácil para aqueles que têm de sobra abrir mão de um pouco para garantir que os que têm pouco tenham o suficiente.

BRUCE SPRINGSTEEN: Isso mesmo. Tem um dilúvio de certo tipo de informação que distorce a vida e não desaparece. Sempre. As pessoas precisam de habilidades interpretativas de que gerações antes da nossa talvez não precisassem. Vão precisar tomar decisões sobre o que é valioso. O que é valioso de verdade, num nível profundo.

PRESIDENTE OBAMA: É exatamente essa a questão: existe uma narrativa coletiva que contamos sobre aquilo a que damos valor. Como criar uma nova narrativa em que os valores compartilhados de que você fala em suas músicas e que tento expressar na minha atividade política. Em que os valores de família — ter um código de conduta sobre como viver uma vida honesta, generosa, plena, e que tipo de amigo e de vizinho você é para os outros — são o que dá status? De qualquer maneira, acho que vamos conseguir sair dessa. Mas sabe o que pode ajudar? Quando existem bardos e poetas como você ajudando a nos conduzir de volta para o caminho da retidão e do amor. Por isso agradeço que você esteja empenhado nisso, e sei de muita gente que também está. E você só precisa continuar fazendo música, cara.

BRUCE SPRINGSTEEN: Eu fico feliz que você também esteja.

PRESIDENTE OBAMA: Você sabe se ficarmos aqui rasgando muita seda nossas mulheres vêm chamar nossa atenção!

BRUCE SPRINGSTEEN: Dá para dizer que temos uma grande narrativa: a história que venho contando a vida inteira, a história à qual você dedicou sua vida. Mas é preciso que haja ouvidos dispostos a ouvir essa narrativa. Quais são as condições para que as pessoas escutem e acreditem que isso é verdade?

PRESIDENTE OBAMA: Parte do que tentei fazer na minha carreira política, parte do que estou tentando fazer pós-carreira política, é contar uma história que contradiga essa narrativa de que o Sonho Americano é definido pela ideia de querer chegar ao topo dessa pirâmide que fica cada dia mais íngreme, e que, quanto mais gente embaixo, melhor para você.

Nossas expectativas e nossos gostos em termos do que significa ser bem-sucedido mudou, e evidentemente isso se reflete em nossa vida política, o que explica por que alguém como Donald Trump se elegeu, porque na cabeça de muita gente ele é a imagem do sucesso. Tudo é folheado a ouro. Você é dono do aviãozão. Você tem um prédio com seu nome e sai por aí demitindo todo mundo. Particularmente para os homens, isso é ser bem-sucedido, não é?

Uma coisa que nunca entendi é por que as pessoas preferem o sucesso individual à custa de outras pessoas. Existem comunidades inteiras baseadas na premissa de viver atrás de portões, isolados da comunidade mais ampla. Isso sempre me pareceu solitário. É como o *Cidadão Kane* se arrastando pelos salões de sua mansão gigantesca, resmungando sobre Rosebud. Mas essa é a atitude de muita gente poderosa. É o modelo do sucesso. É o estágio final da cultura que muitas vezes promovemos.

A boa notícia é que acho que consigo ver uma convergência possível entre os impulsos religiosos que estão na igreja e os impulsos espirituais de muitos jovens progressistas que dizem: "Sabe de uma coisa, eu quero preservar o planeta. Acredito em sustentabilidade. Acredito em igualdade". Existe uma dimensão espiritual em nossa política e em como definimos sucesso, e em nossa conexão com os outros e o status em nossa sociedade, que está lá só esperando para ser explorada e aproveitada, e essa é grande parte da obra que precisamos empreender para que os Estados Unidos recuperem sua integridade.

> COMO CRIAR UMA NOVA NARRATIVA EM QUE OS VALORES COMPARTILHADOS DE QUE VOCÊ FALA EM SUAS MÚSICAS E QUE TENTO EXPRESSAR NA MINHA ATIVIDADE POLÍTICA, OS VALORES DE FAMÍLIA, SÃO O QUE DÁ STATUS?
> — PRESIDENTE OBAMA

AO LADO: Multidão aguarda chegada do presidente Obama para o funeral do ex-presidente sul-africano Nelson Mandela, em Joanesburgo, África do Sul, em 10 de dezembro de 2013.

LUTANDO COM FANTASMAS

6

Um assunto que sempre aparece nas minhas conversas com Bruce é a mensagem que a cultura americana envia aos meninos sobre o que significa ser homem. É uma mensagem que, apesar de todas as mudanças ocorridas em nossa sociedade, não mudou muito desde que éramos jovens: a ênfase na força física, e na supressão dos sentimentos, o sucesso definido basicamente pelo que você possui e por sua capacidade de exercer domínio, e não de amar e de se importar com os outros. A tendência a tratar mulheres como objetos a serem possuídos e não como parceiras e cidadãs plenamente desenvolvidas.

Quanto mais conversamos, mais fica claro que essas ideias estreitas e distorcidas de masculinidade contribuíram para muitas tendências danosas que continuamos vendo no país, seja a desigualdade cada vez maior em nossa economia, ou a nossa recusa absoluta em fazer qualquer concessão na política. E talvez, Bruce e eu já percebemos, nosso interesse mais acentuado por essas questões seja por causa da complicada relação que nós dois tivemos com nossos pais — nossas referências tão problemáticas de conduta, com as quais passamos boa parte da vida tentando nos reconciliar.

CAPÍTULO 6

BRUCE SPRINGSTEEN: Sabe, meu pai era o tipo do sujeito que — lembro de um dia que eu dei uma câmera de vídeo para ele e disse: "Pai, quero que você me conte a história da sua vida". A coisa durou cinco minutos...

E ele não disse praticamente nada... O que sei sobre meu pai é informação indireta. Ele vem do lado irlandês da nossa família, que era muito antiquado, muito provinciano, muito comprometido religiosamente com a Igreja católica. Várias gerações viviam na mesma casa. Me disseram que ele foi criado numa fazenda tão longe de Freehold que ia a cavalo pegar o ônibus escolar — e que o cavalo sabia voltar sozinho para o celeiro.

Abandonou a escola com dezesseis anos, foi trabalhar numa fábrica de tapetes como ajudante, e logo depois foi para a guerra. Era do tipo que mandavam para a guerra, e quando voltou nunca mais se mexeu. Não tinha vontade.

Conheceu minha mãe por meio de nossos parentes. Eles se casaram logo, e sua única promessa foi arranjar um emprego de verdade. Trabalhou na linha de montagem da Ford, teve vários empregos em fábrica, e foi motorista de caminhão e guarda na prisão de Freehold por um tempo. Mudou de emprego muitas vezes ao longo da vida.

O que descobri sobre meu pai foi de observá-lo, e um pouco do que minha mãe me falou sobre ele, o que não era muita coisa, mas não correspondia ao homem que conheci. Não arranquei informação nenhuma de minha avó e do meu avô, que eram tão calados quanto ele. Tive que me conformar com a ideia de que nunca ia conhecer meu pai, que era assim e pronto.

Ele era um homem simplesmente impossível de conhecer, com um gosto pelo segredo. Acho que herdou isso do pai; a única coisa que eu sabia sobre o meu avô era que ele de vez em quando ia embora por um tempo e depois voltava.

PRESIDENTE OBAMA: E ninguém sabia para onde?

BRUCE SPRINGSTEEN: Não, não, não...

PRESIDENTE OBAMA: Ou o que ia fazer?

BRUCE SPRINGSTEEN: Meu pai manteve essa tradição de segredo sobre sua própria vida. Na verdade, quando penso nisso, meu pai desaparecia um dia por semana, sempre sozinho, e minha mãe em casa conosco, e eu não sabia para onde ele tinha ido ou o que tinha feito naquele período. E era uma coisa que tinha sido passada para ele, uma coisa que precisei me esforçar muito para não imitar.

PRESIDENTE OBAMA: Sabe de uma coisa, o curioso para mim foi não ter meu pai em casa. Tive um padrasto por um tempo.

AO LADO: Douglas, pai de Bruce Springsteen, c. 1960. Douglas está presente em muitas músicas de Bruce, incluindo "Adam Raised a Cain" do álbum *Darkness on the Edge of Town*: "Papai trabalhou a vida inteira só pela dor, nada mais/ Agora anda por essas salas vazias buscando alguém para culpar/ Mas a gente herda os pecados, a gente herda as chamas".

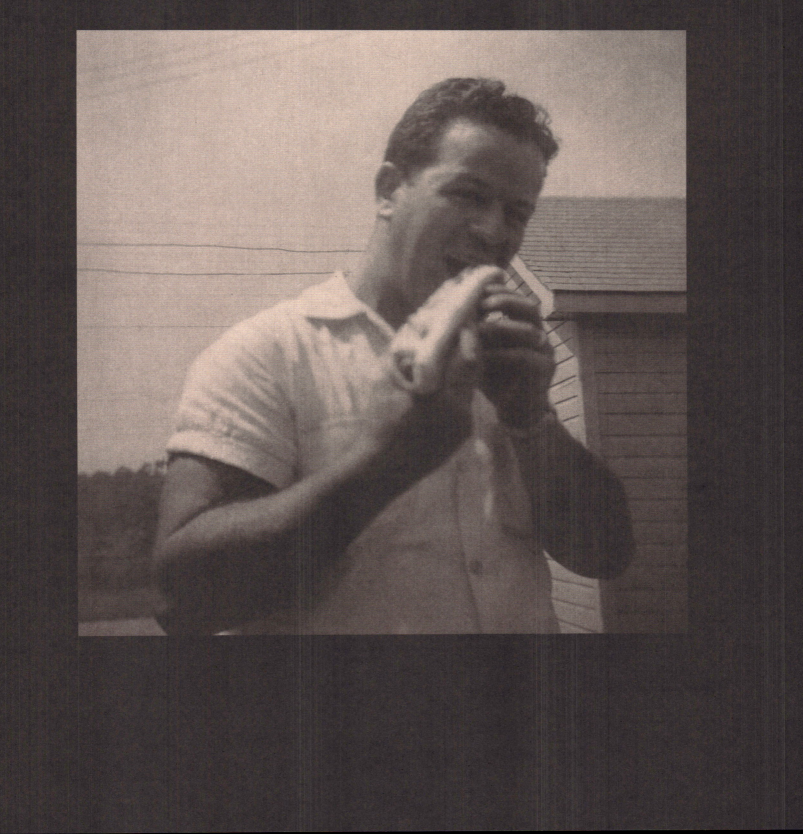

BRUCE SPRINGSTEEN: Por quanto tempo você teve esse padrasto?

PRESIDENTE OBAMA: Morei com ele provavelmente quatro anos, dos seis aos dez. Era um homem bom, me tratava bem, me ensinou boxe, até que...

BRUCE SPRINGSTEEN: O que aconteceu com ele?

PRESIDENTE OBAMA: Bem, ele era indonésio. Nós nos mudamos para a Indonésia. Vivemos quatro anos lá. Quando eu tinha dez, minha mãe, preocupada com minha educação, decidiu: "Preciso mandar Barry" — era meu apelido — "preciso mandá-lo de volta para o Havaí, para que tenha uma educação americana". Então voltei para morar com os meus avós nos Estados Unidos, e naquela altura o casamento da minha mãe com meu padrasto já estava meio desgastado. Eles se separaram sem brigas. Depois apareceu uma doença do fígado e ele morreu muito jovem. Lembro de chorar quando ele morreu.

BRUCE SPRINGSTEEN: Pois é...

PRESIDENTE OBAMA: Apesar de tudo...

BRUCE SPRINGSTEEN: Se você chorou quando ele morreu...

PRESIDENTE OBAMA: Sim, algum impacto ele teve. Uma das coisas de não ter um pai em casa era não ver alguém com um ofício ou uma profissão que eu talvez devesse imitar ou seguir também.

BRUCE SPRINGSTEEN: Que idade tinha o seu avô?

PRESIDENTE OBAMA: Era relativamente jovem. Acho que provavelmente — porque minha mãe me teve aos dezoito anos — ele tinha 45 quando nasci, o que significa que quando eu era adolescente ele talvez não fosse muito mais velho do que sou hoje. Apesar de parecer muito mais velho. E *vivia* como se fosse muito mais velho, não é? Parte disso é geracional.

BRUCE SPRINGSTEEN: E você tendo que se mirar num homem branco de 45 anos...

PRESIDENTE OBAMA: Eu o amava muito e ainda vejo coisas dele em mim, mas não tinha nada nele que me fizesse pensar: "Eu devia ser assim". Era alguém que, no fim das contas, não estava satisfeito com a própria vida, porque sonhava alto e seus sonhos nunca se realizaram. Era do tipo que, quando eu tinha dez anos, passava os fins de semana desenhando a casa que adoraria construir.

Fazia uns desenhos arquitetônicos que tinha visto em alguma revista sobre como construir, com muitos detalhes. Mas a casa nunca foi construída.

Minha avó é que era prática. Com muito trabalho tinha subido de atendente a vice-presidente do banco local, e acabou sendo a principal provedora da família, o que era, para aquela geração, uma fonte de ressentimento.

BRUCE SPRINGSTEEN: Sim, como a minha mãe.

PRESIDENTE OBAMA: Mas ninguém falava. Menciono isso só porque, para voltar ao que estávamos falando, não tinha exatamente um modelo óbvio que eu pudesse seguir. E o fato de estar no Havaí, onde praticamente não existiam homens afro-americanos, significava que eu tinha que juntar as peças sozinho.

Então, como adolescente, estava tentando entender: "Tudo bem, o que significa ser homem?". Significa ter que ser atleta. Certo? Aí o basquete vira obsessão. Significa correr atrás das meninas, dando certo ou não.

BRUCE SPRINGSTEEN: Até agora não está dando certo, mas vai em frente, continua.

PRESIDENTE OBAMA: Certo? É o que você precisa fazer. Quanta cerveja você consegue beber?

BRUCE SPRINGSTEEN: Nem me fale.

PRESIDENTE OBAMA: Aguentava ficar bêbado? Como se saía numa briga?

BRUCE SPRINGSTEEN: Isso.

PRESIDENTE OBAMA: Era o que a cultura nos dizia que era coisa de homem. E, sem um pai em casa, muita coisa você vai pegando da cultura popular.

> UMA DAS COISAS DE NÃO TER UM PAI EM CASA ERA NÃO VER ALGUÉM COM UM OFÍCIO OU UMA PROFISSÃO QUE EU TALVEZ DEVESSE IMITAR OU SEGUIR TAMBÉM.
> — PRESIDENTE OBAMA

AO LADO (acima à esq.): O sr. Barack Hussein Obama, em seus anos de Harvard, c. 1963; **(acima à dir.):** Barack Obama com o padrasto, Lolo Soetoro; a mãe, Ann; e a irmã Maya na Indonésia, c. 1970; **(abaixo):** Adele, mãe de Bruce Springsteen, no trabalho, c. 1958. **A SEGUIR (p. 198):** Obama encarnando Julius Erving, c. 1979. **(p. 199):** O jovem Obama na Indonésia, c. 1980.

Você vê os filmes de James Bond, ou, no meu caso, *Shaft* e *Super Fly*, e principalmente atletas — todo mundo adora o Dr. J. Isso vira modelo de descolado, de forte...

BRUCE SPRINGSTEEN: Todas essas coisas... quero dizer, se eu pudesse fazer qualquer dessas coisas que você mencionou jamais teria sido um astro do rock! Nunca! As pessoas da minha área de trabalho não eram boas em nada disso, por isso tinham que buscar um caminho alternativo.

PRESIDENTE OBAMA: Para ficar com as meninas...

BRUCE SPRINGSTEEN: Para ficar com as meninas. Para encher a cara. Para dominar. Quero dizer, a trajetória da minha vida profissional foi um pouco engraçada, porque eu era mais popular, acho, justamente quando tinha uma imagem menos parecida com quem eu sou.

PRESIDENTE OBAMA: Gosto de pensar que sou alguém que enfrentou muitos desses problemas e agora, bem, sou sensível e sintonizado com meus sentimentos e, sabe como é, o macho esclarecido, essas coisas.

BRUCE SPRINGSTEEN: De fora e da gente se conhecer no geral, digo que acho que você é.

PRESIDENTE OBAMA: É o que eu gostaria de pensar que sou, mas, apesar disso, tem horas em que, quando estamos à mesa de jantar, ou disputando um jogo de tabuleiro, e então, sabe como é, o comportamento alfa aparece, e Michelle me olha e diz: "Você é um tremendo de um..."

BRUCE SPRINGSTEEN: "Cuzão", sabe como é...

PRESIDENTE OBAMA: As meninas reviram os olhos e dizem: "Quer saber, você é um meninão".

BRUCE SPRINGSTEEN: Eu tinha uma imagem muito macho alfa em meados dos anos 1980, na era Reagan.

PRESIDENTE OBAMA: *The Boss.*

BRUCE SPRINGSTEEN: Isso. E aquela ideia dos Estados Unidos como uma força poderosa e dominante estava ressurgindo. Engraçado como eu vejo, à minha maneira, que persegui esse arquétipo. Quer dizer, existe domínio maior do que se apresentar diante de um estádio com 50 mil pessoas...

PRESIDENTE OBAMA: Com tambores e fumaça.

BRUCE SPRINGSTEEN: Coisa de gladiador, não é? Uma experiência de gladiador em certo sentido. Então não posso negar que isso me afetou, e que senti prazer com isso.

PRESIDENTE OBAMA: O interessante é o quanto isso não mudou muito. Com as mulheres entrando no mercado de trabalho, ganhando voz e se fortalecendo, muito do que impulsiona nossa política está enraizado no seguinte medo: "Será que estou sendo castrado?". Dá para ver isso na cultura popular, e um pouco em algumas políticas culturais por aí. Vimos isso, obviamente, em Donald Trump. Nessa caricatura de...

BRUCE SPRINGSTEEN: Masculinidade.

PRESIDENTE OBAMA: Sem nunca se desculpar, sem fraquezas, sem emoções...

BRUCE SPRINGSTEEN: Sem transparência. Com isso, você fica isolado e sozinho, principalmente em tempos difíceis.

PRESIDENTE OBAMA: A gente vê isso também nas estatísticas de suicídio e abuso de opioides. E no que aconteceu na comunidade afro-americana quando os homens perderam empregos e status com a desindustrialização e as fábricas fechando. E agora vemos isso acontecer em comunidades operárias brancas, onde pela primeira vez vemos declínio da expectativa de vida entre muitos homens brancos da classe

ACIMA: *The Boss*, 1980. **AO LADO:** Como muitos jovens, principalmente os que não têm pai em casa, o presidente Obama desenvolveu sua concepção de masculinidade com base na cultura popular da época. Entre as influências mais importantes estavam: *Os diamantes são eternos* (**acima à esq.**), último filme de Sean Connery como o hipermasculino James Bond, o agente secreto internacional 007. Connery fazia um Bond de fala mansa, arrogante e promíscuo, que sempre tentava levar a melhor sobre e/ou seduzir as escassamente vestidas *femme fatales* chamadas de Bond Girls. Ronald Reagan (**acima à dir.**) foi o presidente entre 1981-9; seu estilo político conservador e sua abordagem de questões nacionais e internacionais definiram a década em muitos sentidos. Antes de entrar na política como governador da Califórnia, era ator, visto por muitos como símbolo de masculinidade e vigor. *Shaft* (**ao centro**) é um filme de ação de 1971 dirigido por Gordon Parks, com Richard Roundtree como o sexy detetive particular urbano do Harlem John Shaft. É um dos filmes definitivos do "Blaxploitation", conhecido também pela trilha sonora que rendeu um Grammy para Isaac Hayes. *Crime e Poder* (**abaixo à esq.**), dirigido pelo filho de Parks, Gordon Parks Jr., saiu em 1972 e é considerado um clássico do Blaxploitation. Ron O'Neal interpreta Youngblood Priest, rico traficante de cocaína que vive luxuosamente em Nova York, mas que deseja sair do negócio. Possui outra trilha sonora icônica, de autoria de Curtis Mayfield. "Dr. J" (**abaixo à dir.**) é o apelido do grande jogador de basquete Julius Erving, amplamente tido como um dos melhores jogadores da história da Associação Nacional de Basquete e da Associação Americana de Basquete. É conhecido em especial por ter popularizado a enterrada de bola.

trabalhadora. E tem também, como se sabe, a solidão, principalmente quando envelhecemos. Michelle sempre chama a atenção para isso, diz que pode conversar dez horas seguidas com suas amigas; elas ficam lá sentadas conversando sobre tudo.

E eu converso muito com meus amigos homens, mas depois de uma hora fico meio sem assunto e a gente liga em algum jogo, ou vai jogar bola, então até existe alguma atividade. Mas essa habilidade de compartilhar e de manter uma conexão mais prolongada — isso nós não ensinamos aos meninos.

BRUCE SPRINGSTEEN: Desde muito cedo vivi com um homem que sofreu essa perda de status, e eu via isso todo santo dia. Tinha a ver também com a falta de trabalho, a incerteza do trabalho, e eu via essa baixa autoestima. Era parte da minha vida todos os dias quando morava com meu pai. Isso me ensinou uma coisa: trabalho é essencial. É por isso que, se não pudermos dar trabalho às pessoas neste país, vamos ter tempos dificílimos.

PRESIDENTE OBAMA: É, sim. É essencial para a maneira como as pessoas se definem em termos de autoestima.

E penso nos jovens que vêm depois de mim. Apesar de todas as mudanças que ocorreram nos Estados Unidos, quando se trata de "o que significa ser homem?", ainda vejo essa mesma confusão, e as mesmas medidas limitadas de masculinidade de antigamente valendo hoje. Isso é verdade para meninos afro-americanos ou para meninos brancos. Eles não têm rituais, roteiros e ritos de iniciação com um sentido claro de força e energia masculinas que seja positivo, em oposição a apenas exercer domínio.

Converso com os amigos das minhas filhas sobre os meninos da idade delas, e muita coisa na cultura popular diz que a única coisa clara e significativa sobre ser homem, sobre ser masculino, é se dar bem nos esportes e nas conquistas sexuais...

BRUCE SPRINGSTEEN: E violência.

PRESIDENTE OBAMA: E violência. São essas três coisas. A violência, se em algum momento pode ser considerada saudável, é quando faz parte dos esportes. Depois, você acrescenta esta definição: ganhar dinheiro. Quanto dinheiro você consegue ganhar?

E existem algumas qualidades do homem americano tradicional que são absolutamente dignas de elogio e imitação. Esse senso de responsabilidade, estar disposto a fazer coisas difíceis e alguns sacrifícios pela família, ou pelas gerações futuras. A Maior Geração de Todas mostrou isso muitas e muitas vezes. E essa ideia de resolver seus próprios problemas, de ser adulto.

Mas tem muitas coisas dentro disso que não levamos em conta, que agora estamos vendo no Me Too, com as mulheres ainda reivindicando salários iguais, com o que ainda não resolvemos em termos de violência e abuso doméstico. Nunca foi feita uma avaliação séria de quem eram nossos pais, o que havia dentro deles, como entendemos isso e falamos sobre isso. As lições que podemos tirar. Tudo isso está meio que enterrado.

BRUCE SPRINGSTEEN: Sim, mas acabamos sendo apenas versões dos anos 1960 dos nossos pais, levando adiante o mesmo sexismo.

PRESIDENTE OBAMA: Isso mesmo — carregando a mesma bagagem. A mesma raiva, as mesmas frustrações reprimidas, as mesmas mensagens. E tinha outra coisa que eu sei que você é capaz de entender: era essa coisa de não mostrar fraqueza.

BRUCE SPRINGSTEEN: Exatamente.

PRESIDENTE OBAMA: Você não pode mostrar emoção, não fala muito do que está sentindo — medos, dúvidas, desilusões. Você projeta uma imagem de: "O.k., deixa comigo". Está tudo sob controle. Estou bem. Não tenho por que me preocupar.

BRUCE SPRINGSTEEN: Bem, tive tudo isso atenuado por um pai com uma doença mental grave, por isso no ensino médio comecei a ter consciência de sua vulnerabilidade, apesar de, por fora, ele se apresentar como esse sujeito confiante e totalmente de acordo com o arquétipo padrão.

As coisas pioraram muito nos últimos anos do ensino médio e nos últimos anos que vivi com ele lá em casa. Tinha alguma coisa na doença, ou no jeito de ser dele, que envolvia uma tremenda negação dos laços de família. E isso criou problemas enormes para mim quando fiquei mais velho, porque eu não conseguia estabelecer relações familiares.

Sempre me lembro dele se queixando de que se não tivesse família poderia ter conseguido determinado emprego e

---

AO LADO: Em 21 de janeiro de 2017, um dia depois da posse de Donald Trump, cerca de 7 milhões de pessoas no mundo inteiro participaram da Marcha das Mulheres. A demonstração colossal de resistência tinha o objetivo de enviar ao novo governo a mensagem de que os comentários racistas e misóginos de Trump, e as políticas por ele propostas, eram inaceitáveis. Quase meio milhão de manifestantes participaram da Marcha das Mulheres em Washington, tornando-a a maior manifestação na capital do país desde as marchas contra a guerra dos anos 1960 e 1970.

viajado. Foi uma oportunidade que ele perdeu. E sentava ali com isso na cabeça e meia dúzia de cervejas, noite após noite após noite, e essa era a sua resposta para tudo, sabe como é? E isso criava um sentimento de culpa na gente. E essa era a minha imagem de masculinidade até depois dos trinta, quando comecei a entender isso tudo sozinho, porque eu não conseguia criar e manter uma relação, sentia vergonha até de ter uma mulher do meu lado.

Eu simplesmente não conseguia ter uma vida com as informações que ele me passou, e eu tentando e tentando.

Durante os primeiros anos com Patti, se estivéssemos em público, eu ficava muito, muito apreensivo. Eu não conseguia conciliar isso na minha cabeça, até que percebi: "Então, estes são sinais que recebi quando era muito jovem — de que uma família não torna você mais forte, torna mais fraco. Acaba com suas oportunidades. Tira sua masculinidade".

PRESIDENTE OBAMA: Ela castra você.

BRUCE SPRINGSTEEN: Exatamente.

PRESIDENTE OBAMA: Restringe você.

BRUCE SPRINGSTEEN: E foi isso que levei comigo por muito, muito tempo. Vivia com medo dessa castração, e por isso vivia sem amor, sem companheirismo, sem lar. A gente arruma uma malinha de roupas e mete o pé na estrada e vai de um lugar para outro.

PRESIDENTE OBAMA: É livre.

BRUCE SPRINGSTEEN: Pensa que é.

PRESIDENTE OBAMA: Essa é a ideia.

BRUCE SPRINGSTEEN: Isso mesmo. Você pensa que é. E eu achava que era.

Pensei assim por muito tempo, até me arriscar a ter alguma coisa além do que era permitido. Além do que eu me permitia. E você não percebe isso quando tem vinte e poucos anos. Mas, lá pelos trinta, me pareceu que tinha alguma coisa errada. Você teve que lidar com isso?

PRESIDENTE OBAMA: Então, algumas coisas são experiências compartilhadas, e outras seguem por um caminho um pouco diferente. Meu pai foi embora quando eu tinha dois anos. E só o vi de novo aos dez, quando ele veio passar um mês para nos visitar no Havaí.

BRUCE SPRINGSTEEN: Por que ele foi visitá-los oito anos depois?

PRESIDENTE OBAMA: A história que eu sei é que meu pai foi criado num vilarejo no noroeste do Quênia. Ele começa pastoreando cabras, depois pega um avião para o Havaí, depois vai parar em Harvard, e de repente é um economista...

BRUCE SPRINGSTEEN: Incrível.

PRESIDENTE OBAMA: E, nesse pulo que deu, de viver numa sociedade realmente rural, agrícola, para tentar fingir que é urbano e sofisticado, alguma coisa se perdeu. Alguma coisa desapareceu. Apesar de ser extremamente confiante e carismático, e, pelo que dizem, capaz de eclipsar as pessoas no âmbito intelectual, emocionalmente ele era um homem traumatizado e marcado de um jeito que só consigo imaginar pelas histórias que ouvi depois, porque na verdade não o conheci. Enfim, quando era estudante no Havaí ele conheceu minha mãe. Sou concebido. Acho que o casamento vem depois da concepção.

Mas então ele conseguiu uma bolsa para estudar em Harvard e decidiu: "É para lá que eu vou". Estava disposto a nos levar com ele, mas acho que por problemas de grana os dois se separaram. Mas mantêm contato. Ele volta para o Quênia, consegue um emprego no governo e tem outro casamento, outros filhos.

BRUCE SPRINGSTEEN: Quando volta para visitar você, tem outra família...

PRESIDENTE OBAMA: Arranjou outra família, e acho que ele e a mulher estavam com dificuldades.

Ele deve ter ido para ver minha mãe, que ainda o enxerga como ele era naquela altura da vida dele em que tudo parecia possível. E acho que ele devia estar tentando cortejar minha mãe, e convencê-la a ir com ele para o Quênia me levando

ACIMA: Bruce Springsteen e Patti Scialfa tocando na Meadowlands Arena, no distrito de East Rutherford, NJ, julho de 1992. **AO LADO:** De acordo com o presidente Obama, "todo homem tenta corresponder às expectativas do pai, ou superar seus erros".

junto. E minha mãe, que ainda era apaixonada por ele, teve o bom senso de perceber que talvez não fosse uma boa ideia.

Mas eu tive contato com ele durante um mês. E... Não sei o que pensar dele.

Porque ele é tão forasteiro, entende? Tem sotaque britânico, e um vozeirão, e é muito espaçoso. E todo mundo meio que se submete a ele, porque tem uma personalidade forte. E ele meio que estava tentando mandar em mim.

Dizia assim: "Anna" — era como chamava minha mãe; o nome dela era Ann — "Anna, acho que esse menino... Está vendo televisão demais. Devia estar estudando". Por isso, eu não fiquei muito feliz com a aparição dele. E não via a hora de ele sumir. Porque eu não conseguia me relacionar com o cara. Era um estranho, que de repente estava dentro de casa.

BRUCE SPRINGSTEEN: Entendi.

PRESIDENTE OBAMA: Então, ele vai embora. Nunca mais o vi. Mas trocamos cartas.

Já na faculdade, eu decidi: "Se eu quiser entender melhor quem sou, preciso conhecê-lo melhor": Escrevi para ele dizendo: "Escuta só, estou indo ao Quênia. Gostaria de passar um tempo com você". Ele respondeu: "Ah, sim, acho uma boa decisão você vir aqui". E um dia recebi um telefonema, provavelmente uns seis meses antes de quando planejava ir, que ele tinha morrido num acidente de carro.

Mas descobri, ou compreendi, duas coisas mais tarde. A primeira foi a influência em mim daquele mês que ele passou lá, num grau que eu não tinha percebido.

BRUCE SPRINGSTEEN: Incrível...

PRESIDENTE OBAMA: Na verdade foi ele que me deu minha primeira bola de basquete. Então, de repente, viro fanático por basquete... Como isso aconteceu, não é? Mas lembro que a outra coisa que fizemos juntos foi, ele resolveu me levar a um show do Dave Brubeck.

Pensando bem, isso mostra por que eu não simpatizava muito com o cara, sabe como é, você é um menino americano de dez anos e um cara quer levar você a um show de jazz.

BRUCE SPRINGSTEEN: "Take Five" — você não vai gostar.

PRESIDENTE OBAMA: "Take Five"! Então, eu estou sentado lá e... Não sei bem o que estou fazendo lá.

Só mais tarde eu penso nisso e digo: "Ah". Viro um dos poucos alunos na minha escola que se interessam por jazz.

E quando fiquei mais velho minha mãe via meu jeito de cruzar as pernas ou fazer gestos e dizia: "É meio assustador".

A outra coisa que descobri foi: observando seus outros filhos homens — que conheci mais tarde quando estive no Quênia — percebi que, de certa forma, provavelmente foi bom eu não ter vivido na casa dele. Porque, mais ou menos como seu pai teve que lidar com tanta coisa, o meu também teve. Isso resultou em caos, destruição, raiva, dor e traumas profundos, e eu não precisei lidar com aquilo.

BRUCE SPRINGSTEEN: O que acho fascinante é o impacto que ele teve em você em um mês. Isso foi só um mês.

PRESIDENTE OBAMA: Pois é.

BRUCE SPRINGSTEEN: O que acontece é que — se não conseguimos o amor que queremos do responsável de quem queremos, como criar a intimidade de que precisamos? "Não consigo me aproximar dele, e não consigo tê-lo. Vou ser ele. É isso que vou fazer. Vou ser ele..." Já tinha bem mais de trinta quando me dei conta de que esse é o meu modo de agir. Estou no palco. Vestido de operário. Nunca tive um emprego na vida.

Meu pai era um cara musculoso, robusto. Porra, eu toquei guitarra a vida inteira, mas tenho dez, doze quilos a mais, que ganhei por frequentar academia. De onde vem isso? Por que passo horas levantando e baixando pesos sem qualquer motivo? Todo o meu trabalho, tudo que eu achava importante, tudo que tinha escrito, vem da história da vida dele. Não da minha. Principalmente da vida dele.

Andei por muitos caminhos que não me levaram aonde eu queria chegar. Acho que só consegui chegar aonde queria como homem quando Patti entrou na minha vida e me ensinou umas coisas que eu precisava mesmo aprender, entende?

> O QUE ACONTECE É QUE — SE NÃO CONSEGUIMOS O AMOR QUE QUEREMOS DO RESPONSÁVEL DE QUEM QUEREMOS, COMO CRIAR A INTIMIDADE DE QUE PRECISAMOS? "NÃO CONSIGO ME APROXIMAR DELE, E NÃO CONSIGO TÊ-LO. VOU SER ELE. É ISSO QUE VOU FAZER. VOU SER ELE..."
> — BRUCE SPRINGSTEEN

AO LADO: De férias com o pai, Barack Obama, em sua única visita ao Havaí quando o filho ainda era menino, c. 1971.

Nisso tive sorte. Aos 32 anos, começo a fazer análise para valer. Só tenho filhos aos quarenta, então são oito anos encarando muita coisa, porque o que descobri sobre esse arquétipo foi que estava destruindo minha vida.

Afastava as pessoas importantes para mim. Não me deixava saber quem eu realmente era. E percebi o seguinte: "Se você quer ir por esse caminho, vá. Mas vai acabar sozinho, meu amigo. E, se quiser que outras pessoas entrem na sua vida, melhor aprender como é que se faz".

E só tem um jeito de fazer isso: abrir as portas. E esse arquétipo não deixa muito espaço para abrir portas, porque esse arquétipo é um homem fechado. Seu eu interior é eternamente secreto e desconhecido — estoico, calado, sem revelar sentimentos. Bem, é preciso se livrar de tudo isso se quiser uma parceria. Se quiser ter uma família que seja plena, proporcionar a eles o tipo de sustento, de criação, de espaço para crescer de que precisam para serem quem são, e terem vida própria, é melhor se preparar para abandonar tudo isso, meu amigo.

Meu pai nunca conversou comigo de verdade até o dia em que morreu. Não sabia como. Não sabia mesmo. Não tinha jeito para isso. E, quando compreendi que ele era muito doente, isso compensou muita coisa. Mas quando você é um menino de seis, oito, nove anos, não vai entender qual é o sofrimento do pai e...

PRESIDENTE OBAMA: Você acaba lutando com fantasmas.

BRUCE SPRINGSTEEN: Acho que é isso que nós fazemos.

PRESIDENTE OBAMA: E fantasmas são complicados porque você está se comparando com alguém que não está presente. E, em alguns casos, acho que as pessoas cujos pais são ausentes — e cujas mães se ressentem muito da ausência dos pais —, o que elas entendem é que aquele sujeito era um horror e *você não quer ser como ele*.

No caso da minha mãe, ela adotou uma postura diferente, que era só apresentar as melhores qualidades dele, e não as piores. E de certa forma isso foi benéfico, porque nunca achei que tivesse herdado defeitos — alguma coisa em mim que fizesse com que me tornasse um alcoólatra ou um marido violento, nada disso. O que aconteceu foi que continuei pensando assim: "Cara, tenho que corresponder a essa expectativa". Todo homem tenta corresponder às expectativas do pai, ou superar seus erros.

Michelle às vezes pergunta: "Por que você acha que tem que fazer essas coisas tão difíceis? Digo, que vazio é esse dentro de você que o faz se sentir tão motivado?". E eu acho que isso é em parte porque desde cedo eu sentia: "Cara, tenho que conseguir isso. Tenho que provar isso. Talvez ele tenha ido embora por achar que não valia a pena ficar por minha causa, mas não, vou mostrar que não ficar foi um erro, porque valia a pena investir em mim".

BRUCE SPRINGSTEEN: Você está sempre tentando provar que tem valor. Está numa jornada que dura a vida inteira tentando provar que tem valor para...

PRESIDENTE OBAMA: Alguém que não está ali.

BRUCE SPRINGSTEEN: Alguém que não está mais lá.

PRESIDENTE OBAMA: E que talvez nem pensasse em você, não por culpa sua, mas porque estava confuso, perdido, traumatizado de várias maneiras, certo?

BRUCE SPRINGSTEEN: Mas, como você diz, acabamos lutando com fantasmas. O negócio é transformar os fantasmas em antepassados.

Fantasmas assombram. Antepassados acompanham você e dão conforto, e uma visão da vida que vai ser a sua própria. Agora meu pai me acompanha como um antepassado. Demorou um tempo enorme para isso acontecer.

> FANTASMAS ASSOMBRAM. ANTEPASSADOS ACOMPANHAM VOCÊ E DÃO CONFORTO, E UMA VISÃO DA VIDA QUE VAI SER A SUA PRÓPRIA. AGORA MEU PAI ME ACOMPANHA COMO UM ANTEPASSADO. DEMOROU UM TEMPO ENORME PARA ISSO ACONTECER.
> — BRUCE SPRINGSTEEN

AO LADO: Bruce Springsteen, evocando o pai "musculoso e robusto" em roupas de operário, 1986. **A SEGUIR:** Bruce e Patti Scialfa, 1986.

My Father's House

Last night I dreamed that I was a child
back south out where the pines grow wild + tall
 I was trying to make it home through
   the forest
 before the darkness falls

I heard the wind rustling through the trees
  ghostly voices rose from the fields
I ran with my heart pounding down that
   broken path
 with the (devil) night snapping at my
   heels

I broke through the trees and there in the
   night
 my fathers house stood shining hard and
   bright
the branches + brambles tore my clothes + scratched
 my arms but I ran until I fell
   shaking in his arms

I awoke from my dream sir and to his house
 I did ride
from out on the road I could see the house standing giving off light
 it's windows shining in
A woman I didn't recognize came + spoke to
   me through a chained door
 she said "I'm sorry son but no one by that
   name lives here any more"

My father's house shines hard + bright
 it stands like a beacon calling me in the night
calling + calling so cold and alone
  but no more
shining cross the dark highway where our sins are atoned

A CASA DO MEU PAI

Noite passada sonhei que era criança lá onde crescem os pinheiros tão altos/ Eu tentava chegar em casa pela floresta antes de escurecer/ Ouvia o sussurro do vento nas árvores e vozes fantasmagóricas vindas dos campos/ Eu corria com o coração acelerado por aquele caminho despedaçado/ Com o demônio tentando morder meus calcanhares/ Me enfiei no meio das árvores, e lá, na noite/ A casa do meu pai brilhava forte, os galhos e espinhos rasgavam minha roupa e arranhavam meus braços/ Mas corri até cair, trêmulo em seus braços/ Acordei pensando que as coisas difíceis que nos separavam/ Nunca mais, senhor, vão nos arrancar do coração um do outro/ Vesti-me, corri para aquela casa e da estrada dava para ver as janelas brilhando sob a luz/ Subi os degraus e parei na varanda, uma mulher que não reconheci veio falar comigo pela porta presa com corrente/ Contei minha história, e quem eu procurava/ Ela disse "Sinto muito, filho, ninguém com esse nome mora aqui mais"/ A casa do meu pai brilha forte como um farol me chamando na noite/ Chamando, e chamando, tão fria, tão só/ Brilhando do outro lado dessa estrada escura onde nossos erros ainda não foram expiados

— DE <u>NEBRASKA</u> (1982)

UM AMOR DESTEMIDO

7

A pesar de todo o nosso sucesso exterior, Bruce e eu sabemos que o grande porto seguro para nós durante esses anos é a família. Tivemos a sorte de encontrar mulheres notáveis, fortes e independentes para nos incentivar, desafiar e manter nossos pés no chão — e nos alertar quando estávamos fazendo merda. Mulheres que ajudaram a nos tornarmos versões aprimoradas de nós mesmos, e nos obrigaram a sempre reexaminar nossas prioridades.

Michelle e Patti também nos deram a maior dádiva da vida: a oportunidade de ser pai. Viver as alegrias, as provações, e a profunda humildade de ser marido e pai. Passamos um bom tempo trocando figurinhas sobre o que as mulheres e os filhos continuam a nos ensinar, valores que pretendemos passar adiante, exemplos que queremos dar, e o país que queremos deixar para eles como legado.

CAPÍTULO
— 7 —

PRESIDENTE OBAMA: Agora somos pais.

BRUCE SPRINGSTEEN: Ah, sim.

PRESIDENTE OBAMA: E como isso mudou você? Quanta coisa ainda falta aprender na função de pai?

BRUCE SPRINGSTEEN: Uf.

PRESIDENTE OBAMA: Faltava muita coisa para resolver antes de poder falar: "O.k., este é o tipo de pai que quero ser"?

BRUCE SPRINGSTEEN: O problema era que eu não confiei nos sentimentos dos outros por muito, muito, muito tempo. Tudo que eu tinha era fé para seguir em frente, achar que se desse um passinho seria capaz de dar outro. De onde vem essa fé? Vem do amor que existe na sua vida.

No meu caso, Patti foi uma enorme fonte de amor na minha vida. Tinha mais coragem emocional do que eu, o que me dava confiança para me arriscar a entrar em contato com partes de mim que eu nunca tinha me arriscado a conhecer, e dizer: "Acho que estou num lugar onde posso ficar, venha o que vier. Se tudo desmoronar e acabar em ruínas, é porque é assim mesmo que as coisas são. Mas e se não desmoronar? Faço o quê? E se de repente eu tiver uma família, e um amor duradouro? Quem sou eu, então?".

Todas essas coisas vieram à tona bem antes de ser pai. Patti e eu estávamos juntos e amávamos um ao outro. Nossa tarefa era: construir alguma coisa. Eu estava com 35, 36 anos. Já é uma certa idade, não? E lá no fundo queria ter uma família, e achava que precisava ser honesto com ela. E falei: "Patti, não sei se vou conseguir". E ela: "Vamos ver. Tudo bem se formos levando aos poucos". E foi o que fizemos.

Então, eu cheguei em casa uma noite. Acho que estava fora por alguns dias. Entrei no quarto e ela disse: "Ah! Falando nisso, estou grávida...".

PRESIDENTE OBAMA: Silêncio total.

BRUCE SPRINGSTEEN: Silêncio total. Foi a impressão que deu. E estávamos na cama. Viro o rosto e ela não sabe exatamente como vou responder, mas tem um espelho do lado de dentro da porta, e ela diz: "Ei, acabei de ver você sorrir". E foi isso! Muitos sorrisos depois, aqui estamos. Meu filho já tem quase trinta.

PRESIDENTE OBAMA: O tempo passa, cara.

BRUCE SPRINGSTEEN: Pois é... A sua mais velha, está com quantos?

AO LADO: Patti Scialfa é integrante da E Street Band desde 1984. Ela e Bruce Springsteen se casaram em 1991. Aqui, estão na lua de mel.

PRESIDENTE OBAMA: Malia está com... Malia está com 22.

BRUCE SPRINGSTEEN: Vinte e dois...

PRESIDENTE OBAMA: Sasha está com dezenove. Então, conheci Michelle quando estava trabalhando numa firma de advocacia durante o verão. Ela já é advogada. É mais nova, mas nunca fez uma pausa nos estudos. Eu tinha tirado um tempo para trabalhar como líder comunitário depois da faculdade, portanto eu era um estudante de direito mais velho. Estava com 28. Ela com 25. E ela vem de uma família totalmente estruturada, e eles tinham um monte de parentes e agregados.

Michelle e eu sempre dizemos que parte da atração que sentimos um pelo outro, além de ela ser muito atraente e engraçada e inteligentíssima, é que em mim ela viu alguma coisa que tinha faltado em sua infância: aventura, pé na estrada...

BRUCE SPRINGSTEEN: Certo.

PRESIDENTE OBAMA: Se arriscar, viajar pelo mundo — isso tinha muito apelo para ela. Eu olhava para ela e para sua família e pensava: "Ah, parece que eles sabem o que estão fazendo". Minha ideia era garantir que meus filhos vivessem num lugar onde existisse amor e gostava da noção de uma família não necessariamente grande, mas com muitos parentes e agregados por perto. Como se houvesse uma comunidade de pessoas que fossem parte da vida delas. E a família da Michelle era muito assim.

No primeiro verão que passamos juntos, pensei comigo: "Essa é uma pessoa com quem eu poderia passar a vida inteira". E Michelle não era nada tímida. Sabe como é, já no comecinho, ela disse o seguinte: "Eu dou muito valor à minha carreira, mas o que eu quero mesmo é ser mãe, e valorizo muito a família". Então, quando me formei em direito e voltei para Chicago, fui morar no apartamento dela, em cima do apartamento da família. O pai dela havia morrido nesse meio-tempo. Tinha uns problemas de saúde. E eu voltei para ficar com ela nessa época. E acho que, do ponto de vista dela, Michelle talvez visse que eu não teria medo de estar ao seu lado quando precisasse.

E, veja bem, quando você volta para uma cidade e se muda para a casa *dela*, o relógio começa a correr, porque...

BRUCE SPRINGSTEEN: Você estava lá.

PRESIDENTE OBAMA: Isso. É como se dissessem: "Quais são suas intenções aqui?". Mas não fiquei apavorado, ainda que uma parte de mim — e isso tem a ver com nossa conversa anterior sobre ser homem — se lembrasse de ter crescido numa cultura que dizia, em comédias, na televisão, na cultura popular: "Cara, elas vão conseguir"...

BRUCE SPRINGSTEEN: Claro.

PRESIDENTE OBAMA: "Já jogaram o anzol."

BRUCE SPRINGSTEEN: Isso mesmo.

PRESIDENTE OBAMA: "Você tem que dar um jeito de escapar"...

BRUCE SPRINGSTEEN: Me surpreende que você não tenha tido um problema maior com isso, considerando a sua história familiar. Surpreende mesmo.

PRESIDENTE OBAMA: Bom, e se isso no fim tiver a ver com nossas relações com as nossas mães? E se nós sentirmos atração e vontade de interagir com alguém que não vai recuar, e não vai nos deixar sair da linha?

Mas, me diga você o que acha que nos levou nessa direção difícil, e em última análise, recompensadora, de escolher mulheres fortes?

BRUCE SPRINGSTEEN: Acho que somos pessoas que precisam de limites. Antes do meu relacionamento com Patti, eu me sentia perdido. Tinha uma noção dos valores que contribuiriam para uma boa vida de família. Mas não tinha nenhum mecanismo emocional para pôr essas coisas em prática. Além disso, como já falamos, me ensinaram que a vida em família era castradora. Que estar com uma mulher era constrangedor. Fazia a gente parecer fraco.

PRESIDENTE OBAMA: Se você precisasse de uma mulher?

AO LADO (**acima**): Michelle Robinson, fotografada por Barack Obama em Lamu, Quênia, na primeira viagem que fizeram juntos à África, *c.* 1991; (**abaixo**): Patti Scialfa, *c.* 1970. **ACIMA:** Bruce e Patti, *c.* 1992. **PÁGINAS A SEGUIR** (**p. 222**): Patti, num momento de tranquilidade em Meadowlands, distrito de East Rutherford, NJ, setembro de 1986; (**p. 223**): Michelle no apartamento de segundo andar que ela e Obama dividiam na casa dos pais dela, na Euclid Avenue em Chicago, *c.* 1990.

UM AMOR DESTEMIDO

BRUCE SPRINGSTEEN: Isso mesmo, se precisasse de uma mulher, você era um fraco. A família restringia sua liberdade. Eu acreditava nisso tudo, e carregava isso comigo na forma de um medo terrível. Um pavor dos vínculos que são necessários para construir uma vida em família. E, por isso, eu destruí todas as relações que tive até me envolver com Patti. E alguma coisa na inteligência, na perspicácia, na força e na feminilidade de Patti que acabou um pouco com esse medo. Isso me deu a confiança de saber que de repente tinha uma parceira em quem me apoiar, com quem falar desses medos.

PRESIDENTE OBAMA: Existe uma coisa que você deve levar em conta quando for se estabelecer ao lado uma mulher forte, desafiadora — o tipo de mulher que me atraía. Se vive com elas o tempo todo, e precisa tomar decisões sobre carreira e família, vai ter que se acostumar a passar o tempo todo negociando as coisas.

E tive que aprender a aceitar foi o fato de que, sim, quer saber? Sou alfa e bastante teimoso. E essa pessoa com quem vivo? Ela tem opiniões firmes e está acostumada a tomar decisões e a ser o centro das atenções. Portanto, agora, tudo está sujeito a contestação.

Descobri que, se você não se sente bem com isso, significa que em alguns momentos vocês vão bater de frente. Sua parceira pode ter um temperamento difícil, e pode não ceder automaticamente para pôr panos quentes nas coisas quando o clima fica tenso. Tive muitos amigos que a certa altura disseram: "Sabe de uma coisa, eu me sinto ameaçado quando me desafiam o tempo todo".

E é comum esses amigos se separarem, e saírem em busca de alguma coisa que pareça mais fácil e confortável, e não os obrigue a mudar tanto. A ideia por trás disso é que as mulheres se adaptem a eles, ao que querem, ao que precisam. No caso de Michelle, ela sem dúvida fez ajustes e mudanças para ficar comigo, mas disse também: "Meu caro, você vai ter que mudar em algumas coisas também".

E existe uma reciprocidade nisso — sempre existiu. Nunca tive a ilusão de que minha vida em família seria do tipo em que eu pudesse sentar e agir como o dono do pedaço, com minha mulher me cobrindo de atenção e amor e preparando minha comida. Isso não era uma opção.

BRUCE SPRINGSTEEN: Desde o início eu sabia que isso não ia rolar com Patti... ela tentava definir um senso mais amplo de masculinidade para mim — uma noção mais abrangente. E isso me assustava. Eu tinha encontrado alguém que podia me transformar, e que poderia me ajudar a me transformar — isso é permitir uma influência gigantesca na sua vida. Mas você percebe que, se não fizer isso, não vai ter uma vida plena, entende?

PRESIDENTE OBAMA: Pensando na minha mãe e na minha avó, como elas eram as pessoas em quem mais confiava e que mais respeitava, talvez fosse natural para mim ver as mulheres como iguais, como amigas, como parceiras no trabalho e no lazer. Isso também era uma indicação de que, se tivesse uma relação com uma mulher que só fizesse charminho para mim e me dissesse que eu era maravilhoso, eu ia acabar me entediando.

A minha avó não era assim de jeito nenhum, nem a minha mãe. Eu sabia que ia ser desafiado. Sabia que ia ser questionado. E as mulheres que eu achava mais interessantes, e mais atraentes, eram as que me interessavam por seu jeito de pensar. Não estou dizendo que não prestava atenção na aparência, mas a capacidade de me fazer rir, a capacidade de me fazer ver o que eu não tinha percebido antes, a capacidade de me obrigar a perguntar a mim mesmo quem eu era e o que queria, o que esperava — tudo isso naturalmente me atraía... Eu gostava da ideia de ter alguma coisa meio difícil.

BRUCE SPRINGSTEEN: Ei, com a minha ruiva aqui foi bem parecido.

PRESIDENTE OBAMA: Sim, sem a menor dúvida.

BRUCE SPRINGSTEEN: Patti teve muitos homens... e partiu muitos corações...

PRESIDENTE OBAMA: Muitos corações partidos por aí...

BRUCE SPRINGSTEEN: E eu disse: "Caramba, ela vive como eu". Também vivia de música, por isso tinha muitas características parecidas com as minhas. Era bem independente, e acostumada a viver sozinha. Não gostava de se prender a nada. E achei isso muito atraente. E pensei comigo: "Sabe de uma coisa, preciso de alguém com esse tipo de força".

ACIMA: Patti Scialfa e Bruce Springsteen no palco da turnê Born in the U.S.A., c. 1985.
AO LADO: O presidente e Michelle Obama aproveitam para dançar enquanto a Big Band de Harry Connick Jr. toca no Salão Leste da Casa Branca no Baile dos Governadores, em 21 de fevereiro de 2010. **A SEGUIR:** Juntos nos bastidores, em Fort Monmouth, Oceanport, NJ, 1999.

PRESIDENTE OBAMA: Aí está alguém do meu feitio, e por quem sempre vou ter muito respeito. E mesmo que eu esteja bravo, mesmo que a gente esteja discutindo, vou dizer para mim: "Sim, mas ela vale a pena".

BRUCE SPRINGSTEEN: E ponto-final.

PRESIDENTE OBAMA: Ponto-final. Porque para mim, pelo menos, se você não tem isso, não vai saber lidar com uma situação difícil. Se quiser ter uma família, precisa escolher uma parceira que você sabe que vai transmitir força, valores, bom senso e sagacidade para os filhos.

E olhando para Michelle eu sabia que ela era única. Não conhecia ninguém igual. Achava até que, se o casamento não desse certo, eu ia sempre admirá-la e respeitá-la, e jamais me arrependeria de ter me relacionado com ela. Por isso a pedi em casamento naquele verão em que me mudei para lá. E...

BRUCE SPRINGSTEEN: E que idade você tinha?

PRESIDENTE OBAMA: Vinte e nove. E então teve um intervalo de uns três anos em que ela ficou voltada para a sua carreira, e eu à minha.

E então começamos a tentar ter filhos. Demorou um pouco. Michelle sofreu um aborto espontâneo, e tivemos que lidar com isso também. E, quando Malia finalmente nasceu, estávamos mais do que prontos para ser pais, entende?

Porque houve um período de seis anos em que, provavelmente durante metade do tempo, nós tentamos, por isso não teve nenhuma surpresa. Nada do tipo: "Tem certeza?". Não tive a menor dúvida no minuto em que vi a criaturinha...

BRUCE SPRINGSTEEN: Puxa, cara.

PRESIDENTE OBAMA: Com aqueles olhos enormes me olhando, eu disse: "Minha nossa, por você eu faço qualquer coisa".

BRUCE SPRINGSTEEN: Sei como é.

PRESIDENTE OBAMA: E, quando veio a segunda, quando Sasha apareceu, senti exatamente a mesma coisa, e esse amor de pai eu não precisei desenvolver...

BRUCE SPRINGSTEEN: Não mesmo, é implícito.

> ERA FÍSICO, ERA EMOCIONAL, ESPIRITUAL. O APEGO ÀS MINHAS FILHAS EU SENTIA INTEIRAMENTE, COMPLETAMENTE.
> — PRESIDENTE OBAMA

PRESIDENTE OBAMA: Era físico, era emocional, espiritual. O apego às minhas filhas eu sentia inteiramente, completamente. E pensava comigo: "Certo. Se o mínimo exigido é amor incondicional, isso eu tenho".

BRUCE SPRINGSTEEN: Rolou um incidente quando Patti estava grávida de alguns meses. Ela tinha tido um sangramento. Por isso fomos ao consultório. E lá de repente me dou conta: "Não existe nada no mundo que eu não fosse capaz de fazer agora". Se alguém disser que tem um leão no corredor, ou um urso, será que você pode ir lá tirá-lo do prédio, agorinha... não tinha nada que eu não fosse capaz de fazer pelo bem-estar de Patti e do bebê. Era...

PRESIDENTE OBAMA: Visceral.

BRUCE SPRINGSTEEN: Era *visceral*. E foi meu primeiro contato com o amor incondicional. Senti um amor destemido pela primeira vez na vida. Primeira vez na vida. Nunca imaginei nem que fosse capaz de sentir isso. E tudo que eu queria era ser o homem de que minha mulher e meu filho precisavam.

PRESIDENTE OBAMA: Você não queria decepcioná-los de jeito nenhum. A ideia de decepcionar sua família e não estar lá, fazendo o que devia ser feito, era uma coisa que não se podia — e eu não podia — aceitar.

BRUCE SPRINGSTEEN: Acho que a questão toda era esta: "Eu sou capaz de não ser uma decepção?".

Eu não tinha certeza. Nunca dá para ter certeza absoluta, acho...

PRESIDENTE OBAMA: Pois é.

BRUCE SPRINGSTEEN: Mas, depois que as crianças nascem e você começa a descobrir a capacidade que tem dentro de si, que nem sabia que tinha, esse é um dom que você recebe dos seus filhos e da sua mulher. A aceitação de um novo eu, e a percepção da sua masculinidade — isso foi imenso. Eu acordei. Senti que era alguém... não necessariamente alguém diferente, mas alguém que foi muito mais longe do que achei que fosse capaz de chegar.

AO LADO (**acima**): Dia do casamento, depois da recepção no South Shore Cultural Center, Chicago, Illinois, em 3 de outubro de 1992; (**abaixo**): Michelle e Barack Obama, antes do discurso do presidente na Convenção Nacional Democrata de 2004, Boston, Massachusetts, em 27 de julho de 2004.

PRESIDENTE OBAMA: Esse é um ponto em que considero que a ideia do que significa ser homem mudou de verdade. Quando tive Malia, não é só que eu tenha me sentido completamente arrebatado, fascinado e apaixonado por aquele pinguinho de gente e pela mulher que passou por tudo para me dar essa alegria. Acho que havia o sentimento de que o pai deveria querer se dedicar aos filhos e querer pôr seus bebês para arrotar e trocar suas fraldas...

BRUCE SPRINGSTEEN: Uhum. Idealmente.

PRESIDENTE OBAMA: E eu assumi o turno da noite.

BRUCE SPRINGSTEEN: Eu também.

PRESIDENTE OBAMA: Porque eu era o coruja.

BRUCE SPRINGSTEEN: Eu também.

PRESIDENTE OBAMA: E o leite materno ficava no freezer. Eu seguia as instruções e, à meia-noite, e às duas da manhã, fazia as duas arrotarem depois de dar de mamar e...

BRUCE SPRINGSTEEN: Eu adorava tudo isso...

PRESIDENTE OBAMA: E ficava com elas no colo, com elas me olhando fixamente e eu lendo para elas, falando com elas, botando música para elas ouvirem.

E acho que a alegria de tudo isso era meio tabu, assim como, por muito tempo, os homens não poderem assistir ao parto, não é?

BRUCE SPRINGSTEEN: É, não nos deixavam entrar.

PRESIDENTE OBAMA: Adorei totalmente essa parte da vida, e o momento foi bom, porque Malia foi uma bebê que nasceu no Quatro de Julho.

BRUCE SPRINGSTEEN: Caramba.

PRESIDENTE OBAMA: Eu estava na legislatura estadual naquele tempo. A legislatura estadual estava de recesso. Eu também lecionava direito naquela época. A faculdade estava em período de férias. Deu para parar de advogar. Então tive todo o tempo do mundo para me esbaldar nisso.

Então Sasha nasceu. Foi uma bebê de verão, a mesma situação.

Mas tinha uma coisa que eu precisava resolver, e Michelle foi dura comigo. O desafio da paternidade para *mim* era que o meu trabalho, por natureza, era cansativo, consumia muito tempo e muitas vezes me obrigava a sair da cidade.

O investimento emocional na paternidade nunca foi um problema; nada me dava mais prazer do que estar com as minhas filhas. Conversar com elas à medida que iam crescendo, e pouco a pouco percebendo as coisas, e descobrindo o mundo — voltar a se admirar com as coisas por causa delas. Olhar para uma folha, uma lesma, perguntar por que isto, por que aquilo — essas coisas. Amava livros infantis, filmes infantis. Envolvimento total. A única coisa de que eu não gostava era pizza para criança, sabe como é, aquelas minipizzas de queijo sem recheio nenhum.

Mas o que eu ia dizer era que um dia o verão acabou. E chegou o dia em que eu precisava ir para Springfield, Illinois, três horas de estrada, para a legislatura estadual. E, ao voltar, havia as reuniões com os eleitores, e eu não podia faltar. E chegou a hora de me candidatar a um cargo e passar cinco dias seguidos fora de casa. E, do ponto de vista da Michelle, família não era só uma questão de amor, ou de estar presente quando você está em casa. Era uma questão de estar fisicamente presente, porque você fez suas escolhas e organizou a vida para ficar mais tempo com a família.

BRUCE SPRINGSTEEN: Pois é. Então você teve suas filhas cedo na vida profissional.

PRESIDENTE OBAMA: Exatamente.

BRUCE SPRINGSTEEN: Entendi, eu tive meus filhos relativamente tarde na minha vida profissional.

PRESIDENTE OBAMA: Você já estava bem estabelecido o suficiente para trabalhar nos seus próprios termos. E dizer: "Se eu não quiser fazer uma turnê agora, não preciso".

BRUCE SPRINGSTEEN: Sem dúvida, eu já tinha chegado ao topo e passado para o outro lado. Fiz um sucesso que não ia mais

---

ACIMA: Pais na campanha, *c.* 2004. **AO LADO (acima):** O presidente Barack Obama ao telefone com o presidente Lee Myung-bak, da Coreia do Sul, no escritório da Sala do Tratado, em 23 de novembro de 2010 — uma das muitas noites que passou acordado até tarde na Casa Branca; **(abaixo):** Bruce Springsteen trabalhando no turno do banho-cama. **A SEGUIR:** De acordo com o presidente Obama, "o investimento emocional na paternidade nunca foi um problema; nada me dava mais prazer do que estar com minhas filhas". Aqui, Bruce Springsteen e Obama compartilham boas lembranças de quando eram jovens papais.

ter, nem esperava ter de novo, então não estava mais em busca disso. Estava feliz naquele momento. Eu queria trabalhar com música e ganhar a vida no palco, e essa questão já estava resolvida *bem* antes de Patti e eu nos juntarmos.

PRESIDENTE OBAMA: Interessante, isso. É, faz todo sentido.

BRUCE SPRINGSTEEN: Então eu estava numa altura da vida em que o relacionamento e a família realmente eram prioridade, e pude me dedicar porque estava em condições de fazer isso. Além disso, sou músico. Músicos trabalham de acordo com o próprio cronograma, se tiverem um determinado nível de sucesso.

Você acorda a hora que quer. Vai para o estúdio quando quer. Lança um disco quando quer. Vai aonde quer. Volta para casa quando quer. Pode dizer: "Vou ficar na estrada três dias, vou ficar na estrada três meses". Mas você percebe: "Se fico fora três meses, é *ruim* quando eu volto. Se fico fora três dias, está tudo bem quando volto. Melhor começar a me ausentar por só três dias!".

PRESIDENTE OBAMA: É a melhor opção.

BRUCE SPRINGSTEEN: A gente descobre coisas do tipo: "Sempre que fico fora por mais de três semanas, é ruim". Ora, para um músico que faz turnês, isso não é muito. Mas o que sabíamos era que, depois de um certo período, a ausência começava a fazer mal para nossa relação. Começávamos a levar vidas separadas.

Tudo que me dê e acrescente estabilidade, quero que faça parte da minha vida. As coisas que desestabilizam minha vida, não quero porque vão me envenenar e envenenar meu lindo amor. Assim, pouco a pouco, descobrimos tudo isso juntos, o que incluía cometer alguns erros... Porque na estrada você é rei. Todo mundo só quer dizer "sim".

PRESIDENTE OBAMA: E em casa você não é rei...

BRUCE SPRINGSTEEN: Isso mesmo. Na estrada é: "O que posso fazer por você?". "O que posso fazer para deixá-lo mais feliz?" "Em que posso ajudar?" É tipo: "Minha casa! Fique com minha casa!". "Minha namorada! Fique com minha namorada!". É como se todo mundo dissesse: "O que eu tenho para oferecer a você, ao homem que escreve as canções que o mundo inteiro canta?". Você está lá e pensa: "É, isto aqui até que não é ruim...". Quer dizer, é o que você conhece.

Mas, quando volta, você não é rei... É o chofer! É o cozinheiro que precisa preparar tudo rapidinho de manhã. E o importante é que você esteja numa altura da vida em que adore isso.

PRESIDENTE OBAMA: O que você está dizendo sobre o seu cronograma de trabalho, e o momento da carreira, essa é uma diferença. Porque Michelle e eu tivemos nossas filhas e em dois ou três anos de repente tudo começou a acontecer muito rápido para mim. Quer dizer, quando concorri ao Senado dos Estados Unidos Sasha só tinha três anos.

BRUCE SPRINGSTEEN: Caramba.

PRESIDENTE OBAMA: Quando tomo posse como senador federal, Sasha tinha três, e Malia, seis. Quatro anos depois, sou presidente dos Estados Unidos, e nesse meio-tempo, durante um ano e meio, fiquei na estrada não três semanas por vez, mas muito mais tempo.

E foi difícil. O fardo que joguei nas costas de Michelle foi enorme. Não é que eu estivesse trabalhando por dinheiro para que ela pudesse tirar uma folga. Ela ainda estava trabalhando, no começo em tempo integral, depois meio período, quando comecei a disputa para presidente. O que aconteceu foi essa mulher inteligente e talentosa, com uma carreira que agora precisaria ser ajustada às minhas ambições desmedidas.

E eu sentindo uma falta enorme das meninas. Nos primeiros seis meses da disputa para presidente fui *muito* infeliz. E sobrevivemos a isso graças exclusivamente à heroica capacidade de Michelle de tomar conta de tudo em casa, e à dádiva incrível de minhas filhas amarem o pai ausente.

O que não previ foi que passaria mais tempo com minhas filhas quando me tornasse presidente. Porque ia morar na sobreloja.

BRUCE SPRINGSTEEN: É mesmo!

PRESIDENTE OBAMA: De casa para o trabalho em apenas trinta segundos. Só tive que criar uma regra: janto com minha turma às seis e meia, a não ser que estivesse viajando. E minha agenda de viagens era diferente, porque as pessoas é que vinham me ver. Portanto, a não ser que eu estivesse no exterior, estaria em casa às seis e meia para jantar.

AO LADO: Inverno em Nova Jersey, *c.* 1993. **ACIMA:** O presidente Obama e Michelle Obama lado a lado na estrada durante os anos depois de sua ascensão à cena nacional. **PÁGINAS A SEGUIR:** Momentos da campanha, 2008.

E ia me sentar lá e me envolver totalmente com histórias sobre os meninos irritantes e os professores esquisitos, e o drama no refeitório da escola, e vou ler *Harry Potter* e colocá-las na cama e ouvir a música que estiverem ouvindo. E essa foi de fato minha tábua de salvação num cargo em que lidava diariamente com violência, caos, crise, morte, destruição, catástrofes naturais...

BRUCE SPRINGSTEEN: Uma bênção.

PRESIDENTE OBAMA: Por isso sempre digo que o sacrifício que Michelle e aquelas meninas faziam, e o gás que me davam, me permitiram seguir em frente e me impediram de cair no cinismo ou no desespero. Aquilo me fazia lembrar por que eu fazia o que estava fazendo, e me estimulava, já que esse cargo, esse trabalho, o que conseguia fazer — precisava justificar o tempo que eu passava longe delas, as festas de aniversário, as partidas de futebol ou o que quer que eu estivesse perdendo. Era melhor que justificasse.

BRUCE SPRINGSTEEN: Sei que foi difícil ser presidente, mas preciso dizer como é difícil fazer um álbum.

PRESIDENTE OBAMA: Fazer um álbum é difícil pra caramba.

BRUCE SPRINGSTEEN: É só uma piada idiota.

PRESIDENTE OBAMA: Olha, fazer um álbum...

BRUCE SPRINGSTEEN: Por um minuto você caiu. Você caiu!

PRESIDENTE OBAMA: Fazer um álbum é muito difícil. Mas às vezes parece um pouco mais divertido.

BRUCE SPRINGSTEEN: Acho que sim.

PRESIDENTE OBAMA: Mas me deixe fazer uma pergunta: o que você acha que aprendeu só por ser pai?

BRUCE SPRINGSTEEN: A coisa mais difícil que precisei aprender foi ficar quieto. Eu tinha uns hábitos difíceis de largar. Velhos hábitos de músico. Uma parte disso era a programação que eu gostava de seguir. Gostava de ficar acordado até as três ou quatro da madrugada, levantar ao meio-dia.

E, nos primeiros anos dos nossos filhos, Patti meio que me deixou continuar assim. Os meninos ainda eram bebês, e eu me encarregava do turno da noite.

PRESIDENTE OBAMA: Certo.

BRUCE SPRINGSTEEN: Se chorassem de noite, ou qualquer coisa acontecesse, eu estava acordado. E de manhã ela assumia. Mas, à medida que os meninos foram crescendo, havia muito mais trabalho para fazer de manhã do que à noite.

E ela veio falar comigo e disse: "Tudo bem, você não precisa acordar. Mas se não acordar, vai sair perdendo".

Eu disse: "Como assim?".

"O melhor momento do dia para os meninos é de manhã, é quando ficam mais lindos. Acabaram de acordar de uma noite de sonhos. Nessa hora da manhã é quando estão mais deslumbrantes, e você nunca vai ver."

"Certo", eu penso comigo. "Não vou perder isso." E pergunto: "E o que eu faço?". Ela responde: "Você prepara o café da manhã". Eu digo: "Não sei fazer nada. Só sei mesmo é dedilhar essa porra dessa guitarra. Se me puser noutro lugar não sirvo para nada". Ela disse: "Você aprende". E fiquei craque naquilo. Fiquei craque em ovos. Fiquei craque em preparar comida rápida. Podia pegar qualquer emprego numa lanchonete, digamos, das seis ao meio-dia, e tudo bem.

Ela tinha razão sobre os meninos. Se eu os visse de manhã, era quase como se tivesse passado o dia todo com eles. E, se não os visse de manhã, não tinha como compensar, por alguma razão. Isso era ser presente.

Aprendi primeiro que eu não era o meu pai. Não tive que escorraçar aquele fantasma, ou me preocupar mais com ele. Fazia parte do meu passado. E depois estar presente nesse mundo onde quer que eu estivesse no momento. Estar presente na vida deles. Porque eu antes costumava pensar, se alguém me interrompesse enquanto compunha: "Mas que coisa! Você tem ideia dos pensamentos brilhantes que estou tendo agora mesmo?".

ACIMA: Malia Obama descontraidamente limpa alguma coisa no rosto do pai, no Salão Oval, em 23 de fevereiro de 2015. **AO LADO** (**acima**): Os Obamas jantam na Casa Branca, enquanto assistem ao jogo da Final da Copa do Mundo de Futebol Feminino da Fifa, julho de 2011. **AO LADO** (**abaixo**): Sasha Obama ensina ao pai que é possível se divertir um pouco mesmo trabalhando na mesa Resolute, em 5 de agosto de 2009.

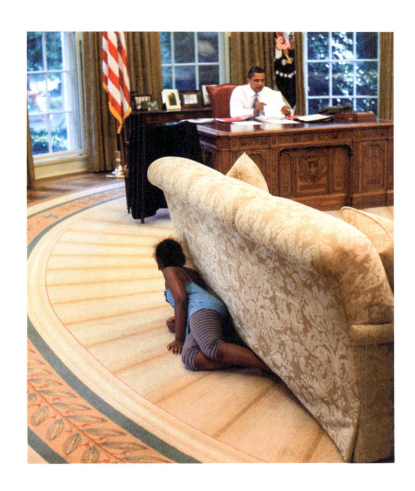

MAIS FORTE QUE OS OUTROS

Então é sábado de noite/ Você aí toda de azul/ Estive te observando/ Talvez você esteja de olho em mim também/ Quer dizer que alguém caiu fora/ Deixando alguém de coração partido/ Pois se estiver procurando amor/ Querida, o meu é mais forte que os outros/ Algumas meninas querem um belo Dan/ Ou um Joe bem bonito nos braços/ Algumas gostam de um Romeu bom de papo/ Estou aqui pertinho, baby/ Aprendi que a gente tem o que consegue ter/ Se você aguenta o tranco do amor/ Querida, o meu é mais forte que os outros/ A estrada é escura/ E é uma linha muito, muito fina/ Mas ando nela por você quando você quiser/ Talvez seus outros namorados/ Não passaram no teste/ Mas se aguenta o tranco do amor/ Querida, o meu é mais forte/ Não é nenhum segredo/ Que tenho andado por aí/ Não sei, baby, talvez você também/ Agora é outra dança/ Basta dizer que sim/ E se aguentar o tranco do amor/ Querida, o meu é mais forte/ Se você for dura para o amor/ Querida, o meu é mais forte que os outros

— DE TUNNEL OF LOVE (1987)

PRESIDENTE OBAMA: "Esta poderia ter sido a maior canção americana de todos os tempos…"

BRUCE SPRINGSTEEN: Poderia mesmo!

PRESIDENTE OBAMA: "Se você não tivesse entrado aqui."

BRUCE SPRINGSTEEN: Era assim quando comecei, né? E o que me dei conta foi: "Espera aí… Uma boa música sempre vai existir. A música vai fazer parte da minha vida para sempre. Já as crianças… não".

PRESIDENTE OBAMA: Elas crescem.

BRUCE SPRINGSTEEN: Essas foram as primeiras coisas que aprendi com a paternidade. E você? Qual foi a maior lição que aprendeu sendo pai?

PRESIDENTE OBAMA: Então, Michelle descobriu bem antes de mim que filhos são como plantas. Precisam de sol, solo, água, mas alguns são carvalhos, alguns são pinheiros, alguns são salgueiros, e alguns são bambus, e as sementes de quem são e o ritmo e as formas do seu desabrochar são exclusivamente seus. Acho que eu percebi um pouco com Malia e Sasha que existe um jeito de fazer as coisas, e o que Michelle descobriu antes de mim, mas eu também acabei aprendendo, foi que cada uma é mágica à sua maneira. Um galho vai brotar quando brotar. E uma flor vai se abrir quando se abrir.

E você simplesmente segue essa revelação, esse desabrochar de quem elas são, viver essa descoberta de forma tranquila, em vez de tratá-las como se fossem um projeto. Há uma expressão agora, "pais helicópteros", que tratam a criação dos filhos como eu faria um PowerPoint: "Preciso cumprir cada item dessa lista, e aqui é quando minha filha tem que estar fazendo isso, e isso é quando elas…". Eles pensam apenas em termos de jogar um monte de coisas em cima delas, em vez de estar com elas, de brincar com elas, de ensinar valores.

Éramos bons em dizer às meninas coisas do tipo: "Não vamos ficar em cima de vocês por causa de notas, mas vamos exigir esforço, vamos querer saber se estão se esforçando. Não vamos pegar pesado porque cometeram um erro, mas vamos pegar pesado se mentirem sobre um erro cometido, ou se maltratarem alguém". Portanto nós criamos uma certa proteção em termos de valores, mas fora isso — e acho que isso era

particularmente importante porque elas estavam sendo criadas na Casa Branca — já havia um clima mais que suficiente de expectativas e olhares atentos em torno delas.

BRUCE SPRINGSTEEN: Minha nossa.

PRESIDENTE OBAMA: Sabe como é, o Serviço Secreto indo atrás delas...

BRUCE SPRINGSTEEN: Pelo amor de Deus, nessa idade, ainda por cima.

PRESIDENTE OBAMA: Lembro quando Malia ou Sasha iam brincar na casa de alguém, o Serviço Secreto tinha que ir até lá e checar tudo — e os coitados dos pais, sabe como é. Por isso tínhamos que fazer amizade com os pais e dizer: "Olha só, desculpem a intromissão". E, quando iam ao shopping ou ao cinema, tinha sempre alguém na cola delas.

BRUCE SPRINGSTEEN: E elas lidavam com isso com muita elegância.

PRESIDENTE OBAMA: Lidaram, sim. Portanto, levando tudo em conta, a última coisa que queríamos era que elas sentissem que tinham de ser alguma coisa que não fosse elas mesmas. E vejo essa certeza em Malia e Sasha — que em suas relações não precisam se apequenar, ou apagar seu brilho, só por medo de que o cara não saiba lidar com isso. A atitude delas é do tipo: "Pois é, esta sou eu. Se não souber lidar com isso, vamos partir para outra".

Na nossa sociedade, é comum esperar que a mulher se adapte. E uma das coisas que digo a amigos meus mais novos que querem um conselho sobre relacionamentos é: "Olha, a coisa pode ser mais trabalhosa com uma mulher forte, talentosa, obstinada que não se considera só uma extensão sua, mas que tem ambições e sonhos próprios. Mas, cara, quando vejo minhas filhas hoje, sabendo que tiveram esse exemplo vivo, que são mulheres independentes e fortes, que jamais vão aceitar que alguém pise em cima delas, porque não é assim que se veem como mulheres — isso faz tudo valer a pena".

E uma coisa interessante — aprendi parte do que precisava fazer com Michelle para que nosso relacionamento funcionasse vendo Malia e Sasha crescer, porque elas nos observam o tempo todo. É como se perguntassem: como você trata a mamãe? Como se comporta em casa? Deixa todas as tarefas domésticas para ela, ou também faz? Respeita o tempo dela, ou faz as suas coisas e ela que se adapte a você?

Mas às vezes, quando me avalio como marido e pai, acho que ainda me deixo levar por muitas daquelas coisas sobre o que significa ser homem. E se eu tivesse um filho acho que teria sido mais duro com ele em alguns aspectos.

Fico pensando em você com seus meninos, na sua consciência dessa diferença.

BRUCE SPRINGSTEEN: Olha, eu tinha aprendido que a grande palavra na casa onde fui criado era *não*. "Não saímos da nossa zona de conforto. Não falamos assim dos nossos sentimentos. Não choramos por esse tipo de coisas". E eu percebi, quando meu filho mais velho era bem novinho, que eu tinha ensinado a ele a dizer não para as coisas que precisava. E lembro que um dia entrei no quarto dele — ele devia ter oito ou nove anos, mas ainda era bem pequeno — e disse: "Evan, acho que ensinei para você uma coisa muito errada, e quero pedir desculpas por isso. Acho que ensinei você a não precisar de mim, porque eu tinha medo do que isso significava para mim como pai. Preciso dizer que preciso de você. Preciso muito de você na minha vida, preciso demais de você como meu filho... tanto que eu gostaria de tentar me relacionar com você de um jeito que até agora não fiz". E percebi que isso ia envolver muito trabalho.

Então, quando eu estava trabalhando, em vez de pensar: "Ah, estou tão ocupado agora, tendo grandes pensamentos, que não quero que me perturbem", eu parava a qualquer momento que ele ou qualquer um deles entrasse no meu quarto. Parava de trabalhar. O único jeito de ensinar a eles que a resposta para tudo não era *não* foi eu mesmo começar a dizer: "Sim. Sim. Sim. Sim". O tempo todo, sempre.

> MICHELLE DESCOBRIU BEM ANTES DE MIM QUE FILHOS SÃO COMO PLANTAS. PRECISAM DE SOL, SOLO, ÁGUA, MAS ALGUNS SÃO CARVALHOS, ALGUNS SÃO PINHEIROS, ALGUNS SÃO SALGUEIROS, E ALGUNS SÃO BAMBUS, E AS SEMENTES DE QUEM SÃO E O RITMO E AS FORMAS DO SEU DESABROCHAR SÃO EXCLUSIVAMENTE SEUS.
> — PRESIDENTE OBAMA

PÁGINAS ANTERIORES (p. 244): Os Springsteens metem o pé na estrada, c. 2003; (p. 245, **acima**): Os Springsteens, c. 2005; (**abaixo**): Os Springsteens e os Obamas juntos no palco num comício de campanha, Cleveland, 2008. **AO LADO** (**acima**): A família Springsteen no tapete vermelho no 72º prêmio Tony, em 12 de junho de 2018; (**abaixo**): A família Obama comemora o Dia de Ação de Graças, em 27 de novembro de 2019.

A ASCENSÃO

Como Bruce e eu já conversamos, sempre voltávamos ao ponto de partida, nos perguntando: O que é preciso para recuperar a fé na promessa representada pelos Estados Unidos? Como contar uma história nova e unificadora sobre o país que ao mesmo tempo seja fiel aos nossos ideais mais elevados e reconheça sinceramente onde falhamos?

Não é tarefa muito fácil nestes tempos de cinismo, sobretudo quando temos mil canais de mídia e plataformas de internet que aprenderam como ganhar rios de dinheiro fomentando a raiva e o ressentimento das pessoas.

Mesmo assim, de alguma maneira, achamos que essa história está aí para ser contada, e existe gente no país inteiro querendo ouvi-la.

Estamos convencidos de que, apesar das divergências, a maioria deseja um país mais justo e compassivo. Um país que seja de *todos*. Começamos a explorar esse espírito com a história de um presente improvável que um desconhecido me deu durante a campanha, e com Bruce contando a história por trás de uma das suas canções mais populares e incompreendidas.

CAPÍTULO
— 8 —

BRUCE SPRINGSTEEN: Me diga uma coisa, quando foi que você sentiu pela primeira vez que talvez quisesse concorrer à presidência?

PRESIDENTE OBAMA: Iiih.

BRUCE SPRINGSTEEN: Qual era a sua ambição? O que levou... o que levou você a querer fazer isso?

PRESIDENTE OBAMA: Devo ter levado uma pancada na cabeça... Na verdade, tem a ver com tudo que estávamos falando, essa ideia de alinhar os Estados Unidos aos seus ideais. Era esse o meu trabalho, era esse o meu objetivo.

A melhor coisa de concorrer a presidente é que isso nos leva a todos os lugares. Começamos fazendo campanha em Iowa, que não chega a ser um estado representativo. É quase totalmente branco. Tem muito milho e muita criação de porcos. Em geral, a população é mais velha. Então, se você estivesse procurando um lugar onde um jovem afro-americano chamado Barack Hussein Obama tinha mais chances de ganhar, o estado escolhido provavelmente não seria Iowa. Apesar disso, em parte porque estava num estado vizinho, e porque tinha feito muitas campanhas no sul do Illinois, eu tinha grande familiaridade com aquelas pessoas. O que descobri bem cedo — durante a minha campanha para o Senado — foi que muitas dessas pessoas eram exatamente como meus avós. Você vai à casa delas e elas servem gelatina no mesmo tipo de fôrma. Falam das coisas do mesmo jeito. Seus valores são parecidos. Muito Meio-Oeste. Cordiais, sem ostentação. Eu me sentia muito à vontade nesse ambiente.

Você ia de cidade em cidade. E falava com umas cem pessoas. Falava com umas quinhentas. E logo eram mil pessoas. Mas sempre tinha a sensação de que era uma conversa mais íntima. E o que aprendi em Iowa foi aquilo em que eu acreditava desde o começo: que, apesar de todas as diferenças, havia traços comuns entre os americanos, que os pais da Michelle no sul de Chicago pensavam mais ou menos como um casal de agricultores em Iowa. Todos acreditavam no trabalho duro. Acreditavam em responsabilidade individual, mas também acreditavam que havia coisas que precisávamos fazer pelos outros, como garantir uma boa educação para todas as crianças, e não deixar os idosos acabarem na pobreza. Garantir que, se adoecer, você não vai ter que se virar sozinho. E o orgulho de fazer um bom trabalho. Você vê esses valores compartilhados por todos e pensa: se eu pudesse convencer o pessoal da cidade e o pessoal do interior, e os brancos, os negros e os latinos — se eu pudesse convencê-los a ouvirem uns aos outros, eles veriam uns aos outros, e se reconheceriam uns nos outros, e isso serviria como base para fazer o país avançar.

BRUCE SPRINGSTEEN: Você se deparou com alguma coisa que foi um choque? Ou fez você duvidar de suas decisões?

PRESIDENTE OBAMA: Vou dizer uma coisa para você, todo dia eu questiono minhas decisões, porque você está sempre apanhando quando faz campanha. Porque comete erros, e continua dizendo bobagens, e há momentos em que a multidão se decepciona muito. Quase sempre, quando questionava minha decisão, não tinha a ver com o projeto em si, mas com minha

---

AO LADO: O candidato Barack Obama no Prince George's Community College em Largo, Maryland, em 10 de outubro de 2007. **A SEGUIR:** A campanha levou Obama a cidades pequenas e grandes em todo o país e a conhecer pessoas de todos os tipos, que lutam, com variados graus de sucesso, para viver o Sonho Americano.

aparente incapacidade de estar à altura. E minha frustração por não fazer contato com as pessoas, e não conseguir contar a história delas. Se fizermos direito, concorrer à presidência não tem a ver conosco pessoalmente. Tem a ver com achar o refrão, achar o coletivo.

No começo da campanha cheguei a uma cidade chamada Greenwood, na Carolina do Sul. Fui lá porque precisava desesperadamente do apoio da congressista desse estado, e ela disse: "Apoio você se você for a esta cidade. Minha cidade".

Eu respondi: "Tudo bem". Descobri que ficava a uma hora e meia da cidade grande mais próxima, e era uma época em que eu estava mal nas pesquisas. Chegamos lá no meio de uma chuva torrencial, e tinha saído um artigo negativo a meu respeito no *New York Times*. Todo mundo dizendo "parece que ele era só fogo de palha".

Finalmente, chegamos a um lugarzinho num parque. Eu entro, todo encharcado, de mau humor e, de repente, enquanto aperto mãos, alguém diz: "Tô fervendo!".

BRUCE SPRINGSTEEN: "E nós também!"

PRESIDENTE OBAMA: "Tô fervendo!". Tinha sido uma mulher maravilhosa chamada Edith Childs. Era uma detetive particular em meio período, com um sorriso enorme, e um vestido e um chapéu chamativos, e aparentemente tinha o hábito de puxar esse coro: "Tô fervendo, e nós também". De início, pensei "Isto é uma maluquice". Mas estava todo mundo repetindo, e eu pensei: "Melhor entrar na onda. Já estou aqui, mesmo", e comecei a me sentir bem. E adorei a excentricidade de espírito que ela demonstrava.

De repente, me sinto de bom humor. Temos uma boa conversa com um monte de gente. Quando saio, pergunto à minha equipe: "Eu tô fervendo, e vocês?". É o que a gente descobre numa campanha para presidente — as pessoas nos animam.

BRUCE SPRINGSTEEN: Sem dúvida.

PRESIDENTE OBAMA: Não é... você. Você canaliza a energia dos outros. As esperanças. A força. A capacidade de resistência.

O que se descobre também, como era de esperar, é que alguns dos aspectos mais sombrios da vida americana estão lá. Então, quando eu vou à Carolina do Sul, tenho essa grande história sobre a Edith Childs. E também momentos em que ia a uma lanchonete, começava a apertar mãos e todo mundo era muito cordial, até chegar a uma mesa onde ninguém queria apertar minha mão.

Aí você entra no carro e de repente uma bandeira confederada está sendo hasteada por um bando de manifestantes. A mensagem não é tão sutil.

BRUCE SPRINGSTEEN: Não.

PRESIDENTE OBAMA: Mas, no geral, para cada um desses, você tem dez, quinze, vinte, trinta momentos de glória, entende? Não existe só um jeito de ser americano, e é por isso que, quando você vê algumas questões políticas que apareceram...

BRUCE SPRINGSTEEN: Uma loucura — que coisa horrorosa, cara.

PRESIDENTE OBAMA: Durante a nossa campanha, havia a Sarah Palin, que era uma espécie de protótipo e precursora do que viria. Ela falava em americanos de verdade e, claro, eu não estava incluído. E, quando escutava isso, eu dizia: "Você não sabe o que está falando, porque há americanos de todas as formas e de todos os tamanhos".

Essa é a alegria de concorrer à presidência. Você visita os cinquenta estados. Conhece pessoas de todas as classes e condições, e existe um fio condutor que une todos nós. Existe uma ligação, um vínculo. Mesmo entre conservadores e liberais, há um conjunto de pressupostos comuns, só que estão enterrados bem lá no fundo. Parte da intensidade das nossas discussões é justamente porque estamos discutindo as nossas contradições.

E, sabe como é, temos uma pergunta que todos querem que eu faça: diz aí o que passava por sua cabeça quando compunha "Born in the USA".

BRUCE SPRINGSTEEN: O.k. Então, Paul Schrader, que dirigiu *Vivendo na corda bamba*, me manda um roteiro chamado *Born in the USA*.

E fica lá na minha mesa. É 1982. Estou compondo uma música sobre o Vietnã porque conheci um veterano de guerra chamado Ron Kovic, que escreveu o livro *Born on the Fourth of*

> NÃO É... VOCÊ. VOCÊ CANALIZA A ENERGIA DOS OUTROS. AS ESPERANÇAS. A FORÇA. A CAPACIDADE DE RESISTÊNCIA.
>
> — PRESIDENTE OBAMA

AO LADO (acima): Fazer campanha é extenuante, e às vezes é preciso dar uma pausa, como Barack Obama em Londonderry, New Hampshire, em 16 de outubro de 2008; **(abaixo)**: Outras vezes, você se recarrega com a energia de gente como Edith Childs, que entusiasmou a multidão — e Obama — na Carolina do Sul com seu grito de guerra "Eu tô fervendo, e vocês?". **A SEGUIR**: Em 6 de janeiro de 2021, manifestantes violentos pró-Trump invadiram o Capitólio dos Estados Unidos, a fim de interromper uma sessão conjunta do Congresso e impedir que funcionários eleitos contassem os votos do colégio eleitoral para confirmar formalmente a eleição de Joe Biden. Centenas de pessoas participaram dessa invasão; elas estiveram numa manifestação maior naquele dia e foram a Washington, D.C., atender a um apelo de Donald Trump e de destacadas figuras da mídia pró-Trump, que alegavam falsamente que a eleição de 2020 tinha sido "roubada". Cinco pessoas morreram em consequência do ataque, e mais de 140 ficaram feridas.

(5)

Born in the U.S.A.

Born down in a deadmans town
the first kick I took was when I hit the ground
end up like a dog that's been beat too much
till ya spend half your life just a coverin up
    Born in the U.S.A.....

I got in a little hometown jam
so they put a rifle in my hands
sent me off to a foreign land
(said son)
to go and kill the yellow man

come back home to the refinerys
hirin man said "son if it was up to me"
went down to see my V.A. man
said "son don't <s>cha</s> you understand"

          brother
I had a buddy at the Sau
fightin of them Viet Cong
there still there   he's all gone
      A woman he loved
he had a <s>little girl</s> in Saigon
I got a picture of him in her arms

down in the shadow of the (Glendale) penetentiary
         out
(sit + watch) by the gas fires of the refinery(s)
10 yrs down the road   (down the line)
nowhere to run nowhere to go (I'm searchin but I cain't find)
    I'm a long gone daddy in the USA. I'm a cool rockin daddy

NASCIDO NOS ESTADOS UNIDOS

Nascido num lugar onde nada acontecia/ A primeira porrada que levei foi quando pisei no chão/ A gente acaba como um cão que apanhou demais/ Até que passa metade da sua vida se escondendo/ Nascido nos Estados Unidos/ Nasci nos Estados Unidos/ Nasci nos Estados Unidos/ Nascido nos Estados Unidos/ Me meti numa encrenca na minha cidade/ Aí puseram um fuzil na minha mão/ Me mandaram para uma terra estrangeira/ Para matar os amarelos/ Nascido nos Estados Unidos/ Nasci nos Estados Unidos/ Nascido nos Estados Unidos/ Volto para casa, para a refinaria/ O cara que contrata me diz: "Filho, se dependesse de mim"/ Fui ver o cara da Assistência aos Veteranos/ Ele disse: "Filho, você não está entendendo"/ Tive um irmão em Khe Sanh combatendo os vietcongues/ Eles continuam lá, ele já era/ Ele amava uma mulher em Saigon/ Agora tenho uma foto dele nos braços dela/ Aqui na sombra da penitenciária/ Perto das chamas de gás da refinaria/ Dez anos depois e não tenho/ Para onde correr nem para onde ir/ Nascido nos Estados Unidos/ Nasci nos Estados Unidos/ Nascido nos Estados Unidos/ Sou um coroa sem futuro nos Estados Unidos/ Nascido nos Estados Unidos

— **DE BORN IN THE U.S.A.** (1984)

July. Conheci um veterano chamado Bobby Muller. Esses dois caras foram baleados e tiveram que ficar em cadeiras de rodas; são ativistas da causa dos veteranos de guerra. Eu os conheci... de um jeito estranho. Eu ia de carro pelo deserto, parei num mercadinho e peguei um exemplar de *Born on the Fourth of July*. Sigo até Los Angeles. Me hospedo num hotel de beira de estrada, e esse cara está sentado numa cadeira de rodas perto da piscina. Uns dois dias depois, ele se aproxima de mim e diz: "Olá, sou Ron Kovic". Penso comigo: "Peraí, Ron... acho que conheço esse nome". Ele diz: "Escrevi *Born on the Fourth of July*".

Eu penso: "Caramba, acabei de ler esse livro duas semanas atrás". Ele me convida para o centro de veteranos em Venice. Passo a tarde lá, só ouvindo e aprendendo. Isso me inspirou a escrever alguma coisa a respeito. O roteiro está em cima da minha mesa. Tenho alguns versos, olho para o roteiro e o roteiro diz, *Born in the USA*, e eu simplesmente completo: "*Born in the USA. I was born in the USA*", e penso: "Sim, sim, é isso! É isso!".

É uma música sobre dor, glória, vergonha identitária e local. Portanto é uma imagem complexa do país. Nosso protagonista é alguém que foi traído por seu país e apesar disso se sente profundamente ligado ao lugar onde foi criado.

PRESIDENTE OBAMA: Além disso, acabaram se apropriando dessa música como se fosse um ícone patriótico. Ainda que não tenha sido necessariamente essa a sua intenção.

BRUCE SPRINGSTEEN: Acho que se apropriaram dessa música, em primeiro lugar, por causa da força que ela tem e, depois, porque suas imagens são fundamentalmente americanas. Mas ela exige que se tenha duas ideias contraditórias na cabeça ao mesmo tempo, a de ser muito crítico do país e muito orgulhoso dele simultaneamente. E isso é uma coisa que se discute até hoje.

PRESIDENTE OBAMA: Quando você toca no exterior, qual é a diferença? Você se pega pensando: "Cara, preciso mostrar que sou um roqueiro e baladista americano"? Ou pensa apenas: "Então, esta plateia é diferente e vou ser apenas eu e, quem sabe, eles reagem bem, quem sabe não?".

BRUCE SPRINGSTEEN: Um pouco disso tudo. Temos uma situação curiosa, porque dois terços do nosso público está na Europa, talvez um terço do nosso público nos Estados Unidos — por isso temos um público muito maior lá fora. Por que exatamente isso acontece eu não sei, mas sei que as pessoas lá são fascinadas pela história americana, por nossos filmes e nossa música, há muito, muito tempo.

A E Street Band, nós projetamos drama; força emocional; busca da liberdade; simbolismo de igualdade, comunidade, camaradagem; desejo de bons momentos. Tentamos criar um som que parecesse tão grande como o próprio país. Celebramos o que há de melhor no país e criticamos os defeitos do país. E acho que as pessoas lá fora respeitam isso.

A Europa tem sido parte muito importante da minha vida — contar histórias lá e a recepção que temos lá — mesmo nos piores momentos. Tocamos para 50 mil franceses logo depois que invadimos o Iraque. Existe algo a respeito da cultura americana, e dos Estados Unidos da imaginação, que a gente simboliza e que tentamos simbolizar com a minha banda, e que ainda tem imensa força cultural aonde quer que a gente vá.

E tenho rodado bastante por aí. Tocamos na África, na América Central, na Índia, e nunca deixamos de nos comunicar. Então tem sido uma trajetória bastante abençoada.

PRESIDENTE OBAMA: O que me impressionou quando assumi a presidência pela primeira vez foi o quanto o prestígio dos Estados Unidos estava em baixa. Muito tinha a ver com o Iraque, mas o furacão Katrina também abalou nossa reputação, e, além disso, fomos responsáveis por deflagrar uma crise financeira global e uma grande recessão. As pessoas não estavam nem um pouco satisfeitas com a política e com o governo americanos. Mas o que o mundo inteiro sabe é o seguinte: os Estados Unidos não são perfeitos. É um país que tem discriminação racial crônica, é violento, tem um sistema de proteção social que, em comparação com outros países desenvolvidos, deixa a desejar. Muitas vezes ignora o resto do mundo.

A gente ouve todas essas críticas aos Estados Unidos, mas o que todo mundo em qualquer lugar também sabe é que somos o único país na Terra formado por pessoas vindas de todos os cantos... de todas as religiões, de todas as raças, de

ACIMA: O sétimo álbum de estúdio de Bruce Springsteen, *Born in the U.S.A.*, foi lançado em 4 de junho de 1984. Na faixa-título, um veterano do Vietnã volta para casa e precisa se contentar com uma vida de poucas opções: "Não tenho para onde correr nem para onde ir". **AO LADO (detalhe):** *Born on the Fourth of July* é a autobiografia do veterano do Vietnã Ron Kovic. Ele conta sua história de vida, sua decisão de ingressar nos Fuzileiros Navais em 1964 como adolescente patriota pró-guerra, e os horrendos ferimentos decorrentes do conflito que o deixaram paralisado da cintura para baixo e desiludido com o complexo industrial-militar. Escreveu o livro em menos de dois meses, trabalhando dia e noite para capturar suas experiências e emoções com franqueza. Junto com o diretor Oliver Stone, Kovic transformou o livro num filme premiado pela Academia.

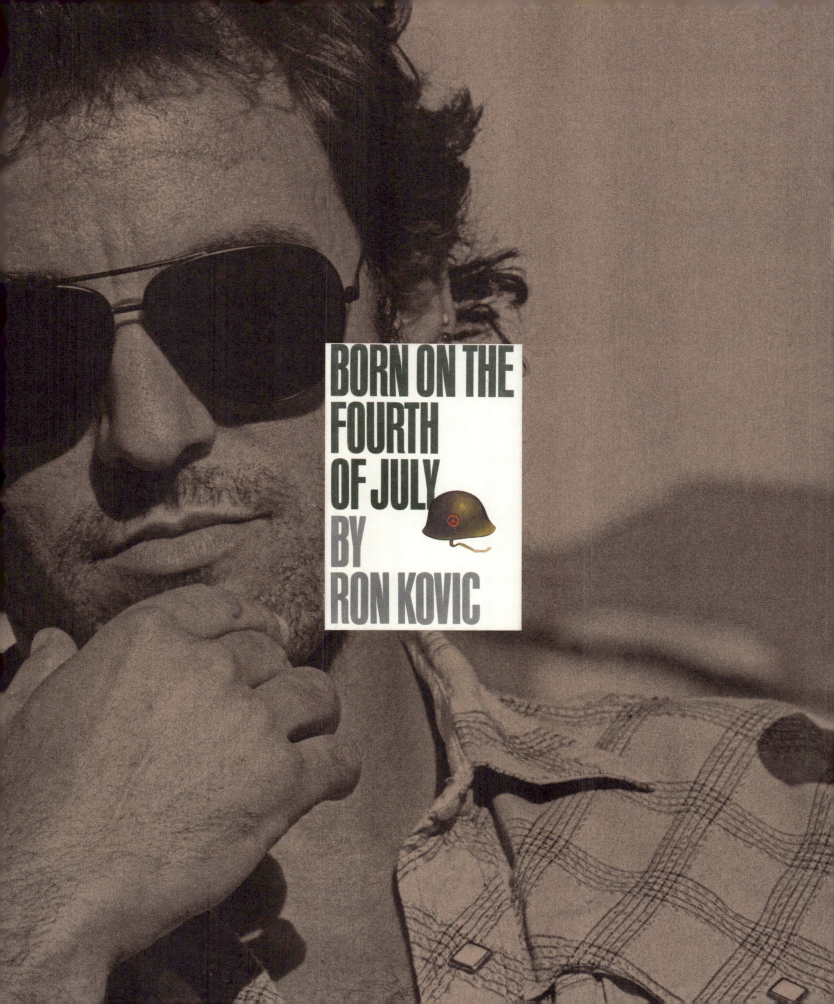

todas as origens, de todos os níveis econômicos. E o mundo se pergunta, fascinado: "Mas será que tem como dar certo?". Será que essa experiência, em que se junta todo mundo e se estabelece uma democracia onde todos supostamente têm seu voto, pelo menos depois da Guerra Civil e das emendas do pós-guerra, e onde se afirma que todos os homens são iguais por natureza — será que isso tem como funcionar? E, caso funcione, será que pode ser a salvação de todos nós?

BRUCE SPRINGSTEEN: Gosto disso.

PRESIDENTE OBAMA: Às vezes as pessoas podem ser céticas, mas lá no fundo também estão pensando: "Se eles dessem certo, seria bom. O reconhecimento e a dignidade de todas as pessoas, todo mundo tendo oportunidade e toda criança tendo a possibilidade de chegar a ser presidente e qualquer um podendo ser bem-sucedido se tentar — se isso fosse verdade, cara, seria ótimo". De vez em quando, somos de fato quem dizemos que somos, e, quando isso acontece, o mundo se sente um pouquinho mais esperançoso. E o inverso é, quando não somos...

BRUCE SPRINGSTEEN: Fica sombrio.

PRESIDENTE OBAMA: Sim, porque nesse caso as pessoas dizem: "Sabe de uma coisa? O mundo é assim mesmo. Os Estados Unidos são como a China", ou "São como a Rússia", ou "São como os velhos impérios europeus", ou "No fim continuamos na mesma, 'quem pode manda' e os poderosos exploram os menos poderosos". E quando vemos as pessoas estão pensando: "Acho que não posso esperar muita coisa no meu país também".

Mas, quando dá certo, dá certo. E é por isso que, apesar de todos os nossos erros, você vê que sempre nos recuperamos, e é por isso que, a propósito, nossa cultura continua viva mesmo nos tempos mais sombrios. É por isso que 80% dos franceses podem reprovar a invasão do Iraque, mas ainda assim...

BRUCE SPRINGSTEEN: Cinquenta mil deles...

PRESIDENTE OBAMA: ... se juntam num show de Bruce Springsteen cantando "Born in the USA".

BRUCE SPRINGSTEEN: Acho que mesmo com uma coisinha tão pequena e insignificante como uma banda de rock, nós vamos lá e apresentamos esses ideais, nós representamos essa promessa. E construímos uma obra que faz isso. Jamais deixamos de ver os defeitos. Como eu digo, somos patriotas críticos. É o que torna tudo verdadeiro. Torna tudo honesto. Mas sempre trazemos alguma transcendência, e apresentamos a promessa do país. E essa ideia — essa ideia sagrada, "Ei, e se for possível?" —, essa possibilidade ainda não está morta. Ainda está viva e reverbera nos corações em todo o planeta.

Dediquei parte da vida a ter uma voz nessa conversa de nos fazer chegar mais perto dos ideais declarados do país através da minha música e do meu trabalho. Viemos causando decepções constantes por muitos anos, para muitos cidadãos nossos, e essa desigualdade, social e econômica, é uma mancha no nosso contrato social. Cabe a cada cidadão, sem exceção, e ao nosso governo, lutar para chegarmos mais perto dos ideais que declaramos.

PRESIDENTE OBAMA: E como você acha que podemos ajudar a eliminar essas divisões?

BRUCE SPRINGSTEEN: Existem coisas práticas que parecem uma simples questão de bom senso: políticas que possam ir além das preferências partidárias; a redescoberta da experiência comum a todos, o amor pelo país, uma nova identidade nacional que inclua uma imagem multicultural dos Estados Unidos que hoje é real, radicada nos ideais de todos, e voltar a ver uns aos outros como americanos, seja azul, vermelho, preto, branco. São coisas dificílimas e, seja como for que as encararmos, vai ser um longo caminho.

PRESIDENTE OBAMA: Antes dizíamos que, depois da Segunda Guerra Mundial, havia essa sensação de que a classe média estava em ascensão, todo mundo unido, você sabe o que significa ser americano. E depois acontecem grandes rupturas, e uma das grandes rupturas é o Vietnã. Você também estava falando que a ideia do Nixon da "Maioria Silenciosa" — o que, internamente, eles chamavam de "Estratégia Sulista" — foi a primeira vez que se viu um presidente específica, explícita e distintamente tentar dividir os Estados Unidos.

> DE VEZ EM QUANDO, SOMOS DE FATO QUEM DIZEMOS QUE SOMOS, E, QUANDO ISSO ACONTECE, O MUNDO SE SENTE UM POUQUINHO MAIS ESPERANÇOSO.
> — PRESIDENTE OBAMA

AO LADO: Ron Kovic ingressou nas Forças Armadas ávido em servir ao país, mas voltou revoltado, desiludido e comprometido com a paz e a não violência. Foi ferido durante uma batalha numa aldeia vietnamita em 1968, o que mudou sua vida para sempre. Atingido no pé e no ombro, ficou paralisado e foi dado como morto. Ao voltar para casa, logo se tornou um ativo militante antiguerra, discursando veementemente para jovens, encabeçando greves de fome de colegas veteranos, discutindo com membros de comitês de recrutamento e palestrando em eventos de grande visibilidade, como a Convenção Nacional Democrata de 1976. **A SEGUIR:** Bruce, em turnê no exterior, c. 1984.

BRUCE SPRINGSTEEN: Dava para ver a divisão logo de cara. A cidade dividida em duas. Havia homens e mulheres nos anos 1950 e pessoas dos anos 1960. Meu querido cunhado, que casou com minha querida irmã em 1968, um dos anos mais tórridos do movimento dos direitos civis, nunca deixou de ser um homem dos anos 1950.

Ele seria parte da "Maioria Silenciosa", e eu, claro, fui para o outro lado. Mas era a primeira vez que esse tipo de divisão tão estrita se tornava perfeitamente visível na sociedade, e estava totalmente ligada ao movimento dos direitos civis e a um papel cada vez maior das vozes negras na sociedade.

PRESIDENTE OBAMA: Sim, tinha a questão racial, e as relações entre homens e mulheres também estavam mudando. E, até certo ponto, esse cara dos anos 1950, essa "Maioria Silenciosa", se afirma. E continua a caracterizar nossa política. Ou seja, Nixon lança o projeto. Embora Nixon tenha tirado parte disso do Goldwater...

BRUCE SPRINGSTEEN: Mas ele vai muito além. A Estratégia Sulista, Lee Atwater. Eles contam com isso como uma forma de se garantir no poder e fazer o país trabalhar para eles.

PRESIDENTE OBAMA: Mas isso funciona em parte porque havia uma cultura americana que todos compartilhavam. A monocultura juntava as pessoas, só que excluía um grande pedaço do país. Um pedaço do país era invisível.

E então o que acontece é que essa parte invisível do país, reduzida aos papéis de empregadas domésticas e trabalhadores braçais, de repente diz: "Sabe de uma coisa... Estamos aqui. Queremos estar no centro da história".

E é quando a coisa toda explode. É quando a "Maioria Silenciosa" diz: "Um minutinho só. Estávamos adorando esta história americana compartilhada. Sabíamos o que significava se definir como americano. Agora vocês vêm dizer que querem fazer parte disso... Isso é muito confuso para nós". Reconhecer a importância desse elemento cultural é essencial, porque ele se reflete também no noticiário. Se existisse uma Fox News no caso Watergate, não seria tão certo assim que o Richard Nixon acabaria renunciando.

Uma das histórias de que mais gosto ocorre já lá para o fim da minha presidência, portanto quando já existe essa polarização. Vamos a uma das Dakotas, onde vou fazer um discurso de formatura numa faculdade comunitária que realiza um trabalho notável capacitando jovens para começar imediatamente no mercado de trabalho. É uma cidadezinha do interior, claramente não é o meu eleitorado; e com certeza não é um condado onde eu tenha chance de ganhar. É provável que eu perca por uma diferença substancial. Mas mesmo assim é um grande acontecimento o presidente estar ali, por isso todo mundo sai às ruas para ver a carreata passar e, quando chegamos, o auditório está lotado.

Geralmente a imprensa que cobre a Casa Branca ficava perto de mim, em vez de sair para explorar a comunidade que estávamos visitando. Mas dessa vez um repórter com mais iniciativa foi a um bar local para ver qual seria a reação dessa cidade ao meu discurso de formatura. Ele está sentado lá entre dois caras de camisa de flanela e de boné bebendo cerveja. A sucursal local de notícias da Fox está cobrindo porque eu estou na cidade deles. Esses caras estão assistindo, sentados em silêncio. Então se viram para o repórter e dizem: "É assim mesmo que Obama costuma falar?". E o repórter responde: "Isso mesmo, é um discurso bem no padrão Obama". Eles dizem: "Não era bem o que a gente esperava". Veja só, àquela altura eu já era presidente fazia cinco ou seis anos. O filtro era tão forte que eu, presidente dos Estados Unidos, não conseguia chegar a esses caras se não fosse à sua cidade para que houvesse, de fato, uma cobertura do noticiário. E isso é parte do que mudou.

Então é difícil imaginar um jeito de reconstruir esse senso de vínculo comum de que estávamos falando. Essa noção de que não é azul ou vermelho, não é preto ou branco, é Estados Unidos. Como recriar isso se temos uma cultura estilhaçada? Só foi possível dizer que os Beatles são maiores do que Deus, ou maiores do que Jesus... porque estavam no *Ed Sullivan Show*. Elvis estava no *Ed Sullivan Show*. Aquilo era parte da cultura comum.

BRUCE SPRINGSTEEN: Sem a menor dúvida. E sei que houve algum debate recente sobre Elvis, em termos de apropriação cultural. Mas...

PRESIDENTE OBAMA: Vamos lá, pode mandar sua interpretação sobre o Elvis agora mesmo. E já vou logo avisando, a propósito... Sou grande fã do Elvis.

BRUCE SPRINGSTEEN: O.k. Bem, o Elvis, como você sabe, foi parte da minha infância. Eu tinha sete anos quando o vi no *Ed Sullivan Show*.

A gente esquece que no começo o Elvis apareceu como uma grande novidade. Ele contestava imagens de masculinidade. Pintava o cabelo, usava maquiagem, dançava, segundo alguns, como uma stripper. Então, para um menino, ele era como personagem de desenho animado. Capturava sua

---

AO LADO (acima): No aguardo da carreata no Lake Area Techincal College, em Watertown, Dakota do Sul, em 8 de maio de 2015; (abaixo): No bar e cassino Cattleman's, também em Watertown, todos os olhos se voltam para o presidente que discursa num estádio local. Ao visitar a Dakota do Sul nessa viagem, Obama esteve em todos os 50 estados como presidente.

LONGO CAMINHO DE VOLTA

Noite passada parei na sua porta/ Tentando entender o que deu errado/ Você só colocou uma coisa na minha mão/ E desapareceu/ Eu sentia o cheiro do mesmo verde vivo do verão/ Acima de mim o mesmo céu noturno brilhava/ Lá longe eu via a cidade onde nasci/ Vai ser um longo caminho de volta/ Ei, linda, não espere por mim acordada/ Vai ser um longo caminho de volta/ Na cidade passei pelo mercadinho do Sal/ Pelo barbeiro em South Street/ Olhei no rosto deles/ Todos me parecem estranhos/ O Veterans's Hall lá no alto/ Silencioso e sozinho/ A lanchonete estava fechada e lacrada/ E uma placa dizia "fechado"/ Vai ser um longo caminho de volta/ Ei, linda, não espere por mim acordada/ Vai ser um longo caminho de volta/ Ei, linda, não espere por mim acordada/ Vai ser um longo caminho de volta/ Vai ser um longo caminho de volta/ Aqui todos têm um vizinho/ Todos têm um amigo/ Todos têm um motivo para começar de novo/ Meu pai me disse: "Filho, temos sorte nesta cidade/ É um belo lugar para nascer/ Ela toma você nos braços/ Ninguém atropela você, ninguém está sozinho/ Saiba que aquela bandeira hasteada no tribunal/ Significa que certas coisas estão gravadas em pedra/ Quem somos, o que fazemos e o que não fazemos"/ Vai ser um longo caminho de volta/ Ei, linda, não espere por mim acordada/ Vai ser um longo caminho de volta/ Ei, linda, não espere por mim

— DE MAGIC (2007)

imaginação. Então fui para a frente do espelho na mesma hora e comecei a requebrar, peguei uma vassoura e comecei a dedilhar a vassoura, e disse: "Mãe, quero aquele violão".

E depois de duas semanas com o violão me dei conta de que era um instrumento de verdade, e precisava ser tocado. Foi isso até os Beatles aparecerem.

Mais tarde aprendi que todas as músicas, particularmente as primeiras dos Beatles e dos Stones, que eu escutava tinham vindo de artistas negros. Chuck Berry, Arthur Alexander, não dá para mencionar todos. Com isso, fui mandado de volta para as raízes afro-americanas do rock.

PRESIDENTE OBAMA: Todo esse problema da apropriação cultural — já vou dizendo que não acredito muito em definir rigorosamente quem pode fazer o quê.

BRUCE SPRINGSTEEN: Estou com você nessa.

PRESIDENTE OBAMA: Acho que roubamos de...

AMBOS: De todo mundo, de todos os lugares.

PRESIDENTE OBAMA: É essa a natureza da humanidade. É essa a natureza da cultura. É assim que as ideias migram. É assim que a música é criada. É assim que a culinária é criada. Não quero que a gente pense que essa pessoa tem que fazer isso e aquela pessoa tem que fazer aquilo.

BRUCE SPRINGSTEEN: Concordo.

PRESIDENTE OBAMA: Acho que o importante nessa questão de apropriação cultural é que, se o negro que compõe uma música e é quem a representa melhor não consegue apresentar sua versão e não consegue gravar, esse é o problema. Não tenho o menor problema com artistas brancos que tocam ou cantam música negra, porque não acho que exista uma música que seja simplesmente, exclusivamente, negra, ou branca, ou latina. É a economia e a dinâmica de poder que estão por trás, e obviamente Elvis fazia parte disso. Ele não criou isso. Mas é fato que tinha músicas negras sendo compostas, mas os artistas negros não conseguiam ganhar dinheiro com elas.

BRUCE SPRINGSTEEN: A única coisa que poderia me fazer mudar de ideia nisso aí é o Pat Boone cantando Little Richard.

Elvis Presley fez sua primeira aparição no popular *Ed Sullivan Show* em 9 de setembro de 1956 quando tinha apenas 22 anos. Antes disso, Sullivan tinha vetado a presença do cantor por não achá-lo "interessante". Quando as aparições de Elvis em outros programas de TV aumentaram os índices de audiência, Sullivan mudou de ideia. Sessenta e seis milhões de pessoas (82% dos espectadores de TV na época!) assistiram à transmissão mais vista dos anos 1950.

PRESIDENTE OBAMA: Isso é um problema.

BRUCE SPRINGSTEEN: É brutal... Tenho outras perguntas. Posso fazer?

PRESIDENTE OBAMA: Sempre!

BRUCE SPRINGSTEEN: Tudo bem, uma delas é: quem são nossos heróis americanos? Posso começar?

PRESIDENTE OBAMA: Claro, vá em frente. Quem você acha?

BRUCE SPRINGSTEEN: Muhammad Ali.

PRESIDENTE OBAMA: Esse sem dúvida.

BRUCE SPRINGSTEEN: Está lá no topo.

PRESIDENTE OBAMA: Se vamos começar com os esportes, precisamos incluir Jackie Robinson. Jackie Robinson não só deixa os negros americanos orgulhosos de vê-lo competir e brilhar apesar do tratamento tão cruel e das ameaças, mas também muda emocional e intelectualmente os brancos americanos em consequência disso. O número de brancos de uma determinada geração que dizem que isso os transformou, ou transformou seus pais, e o que significava para um menino branco de oito anos na arquibancada torcer por um negro...

BRUCE SPRINGSTEEN: Na música. Está pronto?

PRESIDENTE OBAMA: Quem você acha?

BRUCE SPRINGSTEEN: Tudo bem. Tenho o meu amigo Bob Dylan.

PRESIDENTE OBAMA: Cara, Bob Dylan não dá para discutir. E ele continua ativo! É um pouco como o Picasso, no sentido de que simplesmente vai passando de fase, e continua produzindo novidades. Parece que faz isso para si mesmo, não só para os outros.

BRUCE SPRINGSTEEN: É um artista. Faz o que tem que fazer. Só isso.

PRESIDENTE OBAMA: É essa fonte de criatividade.

BRUCE SPRINGSTEEN: Tem o James Brown. Sem James Brown, nada de hip-hop. Musicalmente, quem você acha?

PRESIDENTE OBAMA: Ray Charles.

BRUCE SPRINGSTEEN: Sem a menor dúvida.

PRESIDENTE OBAMA: "America the Beautiful" é o verdadeiro hino nacional.

BRUCE SPRINGSTEEN: Acho que você tem razão.

PRESIDENTE OBAMA: Sem querer ofender o outro, especialmente a versão de Whitney Houston! Não quero de repente receber uma enxurrada de e-mails...
Outra é Aretha Franklin.

BRUCE SPRINGSTEEN: Incrível. Grande heroína.

PRESIDENTE OBAMA: Se eu for pensar em música americana que não poderia ter vindo de nenhum outro lugar, quando ouço qualquer coisa cantada pela Aretha, sinto os Estados Unidos. Sabe quem eu amo, também como artista americano? Frank Sinatra.

BRUCE SPRINGSTEEN: Bem lá no alto, a síntese de toda essa época.

PRESIDENTE OBAMA: Tem um tipo de descontração, mas com precisão, a compostura calculada que ele projeta. Para mim é um estilo americano bem específico.

BRUCE SPRINGSTEEN: Os anos 1940, o cinismo romântico.

PRESIDENTE OBAMA: Exatamente, como Bogart. Lá no fundo, um romântico.

BRUCE SPRINGSTEEN: Blues improvisado, a vida é bela, a vida é uma merda, tudo de uma vez, cara.

AO LADO: Heróis americanos do presidente Obama e de Bruce Springsteen: Muhammad Ali (**acima à esq.**) não é apenas considerado o maior peso-pesado da história do boxe, mas suas ações como "objetor de consciência" o tornaram um ícone para a geração da Guerra do Vietnã. Um glaucoma não tratado deixou Ray Charles (**detalhe acima**) cego aos sete anos, mas ele aprendeu a ler braille e a tocar piano, e em meados dos anos 1950 foi pioneiro do gênero soul, combinando gospel, R&B, jazz e blues. Jackie Robinson (**acima à dir.**) foi o primeiro jogador negro a romper a barreira da cor e entrar no beisebol quando começou como primeira-base do Brooklyn Dodgers, em 15 de abril de 1947. A carreira inovadora de Bob Dylan (**abaixo à dir.**) como cantor e compositor abrange 60 anos de estrada, 39 álbuns de estúdio, e mais de 500 canções, incluindo "Mr. Tambourine Man" e "Like a Rolling Stone". Como "Padrinho do Soul", James Brown (**detalhe abaixo**) apresentou a música funk para as massas, gravando canções lendárias como "I Got You (I Feel Good)", e "Get Up (I Feel Like Being a) Sex Machine". Stevie Wonder (**abaixo à esq.**) nasceu seis semanas antes do previsto e foi colocado numa incubadora, o que pode ter salvado sua vida, mas o fez perder a visão. Adorava tocar desde cedo e aos 13 anos se tornou o artista mais jovem a ter um single de sucesso na Billboard. A Rainha do Soul, Aretha Franklin (**detalhe ao centro**), começou a carreira cantando gospel no coral de uma igreja em Detroit, Michigan. Aos 18 anos, assinou contrato com a Atlantic Records, logo se tornando uma das cantoras de maior sucesso de vendas em toda a história. Ganhou um total de 18 Grammys e como ativista destemida doou dinheiro e tempo para numerosas causas de justiça social.

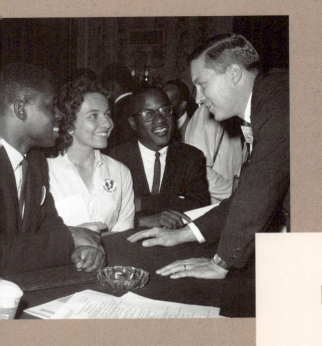

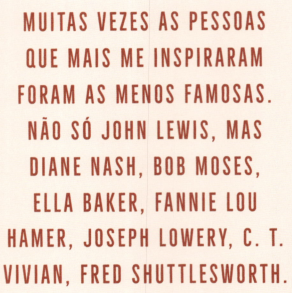

MUITAS VEZES AS PESSOAS QUE MAIS ME INSPIRARAM FORAM AS MENOS FAMOSAS. NÃO SÓ JOHN LEWIS, MAS DIANE NASH, BOB MOSES, ELLA BAKER, FANNIE LOU HAMER, JOSEPH LOWERY, C. T. VIVIAN, FRED SHUTTLESWORTH.

— PRESIDENTE OBAMA

PRESIDENTE OBAMA: Stevie Wonder.

BRUCE SPRINGSTEEN: Fez os discos históricos dos anos 1970.

PRESIDENTE OBAMA: Cinco álbuns seguidos que não ficam atrás dos cinco maiores álbuns de qualquer outro na história.

BRUCE SPRINGSTEEN: Quem são outros americanos que inspiram você?

PRESIDENTE OBAMA: Então, de forma nada surpreendente, o que logo me vem à mente são o dr. King e o Malcom X, o yin e o yang do movimento de libertação neste país, que tanto me ajudaram a ser quem sou.

Mas às vezes eles parecem figuras lendárias, e muitas vezes as pessoas que mais me inspiraram foram as menos famosas. Não só John Lewis, mas Diane Nash, Bob Moses, Ella Baker, Fannie Lou Hamer, Joseph Lowery, C. T. Vivian, Fred Shuttlesworth. Gente que nunca alcançou o mesmo tipo de fama, que talvez não tivesse aqueles mesmos dons extraordinários, mas, graças à sua persistência e coragem, conseguiu fazer coisas extraordinárias. São heróis em uma escala mais humana.

BRUCE SPRINGSTEEN: Eu gostaria de mencionar Ruby Bridges. Seis anos de idade. Primeira criança negra a dessegregar a William Frantz Elementary School em Louisiana. Chegou à escola sozinha, escoltada por policiais federais.

PRESIDENTE OBAMA: Como parte da coleção da Casa Branca, tivemos a oportunidade de pendurar o retrato de Ruby, feito por Norman Rockwell, do lado de fora do Salão Oval. Eu a via lá o tempo todo.

O quadro mostra Ruby, aquele pinguinho de gente de rabo de cavalo e meias brancas, e tudo que a gente vê são os corpos imensos dos policiais federais, e ao fundo dá para ler a pichação meio indistinta com a palavra com N na parede.

Ruby esteve na Casa Branca. Hoje tem mais ou menos a minha idade. Na frente do quadro, descreveu a cena e contou como se sentiu. Ela foi uma grande representante do tipo de heroísmo silencioso tão comum naquela época. A imagem da graça absoluta; dá para ver isso até hoje!

BRUCE SPRINGSTEEN: Incrível. Aos seis anos.

PRESIDENTE OBAMA: Ampliando isso, Lincoln ainda está no centro do que penso que sejam os Estados Unidos. Essa história da cabana de madeira não é mito. Ele era um menino pobre, criado em condições muito modestas e limitadas, uma coisa rústica, sem muita escolarização formal. Se educa lendo basicamente a Bíblia do Rei Jaime e Shakespeare e se torna um dos maiores escritores americanos de todos os tempos. Faz toda uma carreira antes que saibam quem ele é. Se educa a ponto de conseguir um registro profissional e atuar como advogado. Percorre o Illinois contando piadas e histórias e fazendo negócios e ganhando dinheiro. Mas existe uma moralidade, uma melancolia, uma profundidade que vêm de dentro dele.

Finalmente ele chega à encruzilhada da questão central sobre os Estados Unidos, que é a seguinte: "Seremos, ou não seremos, um país verdadeiramente livre?".

Ele enfrenta isso da maneira mais profunda possível. Jamais perde as esperanças, mas também nunca desvia os olhos da verdade, incluindo a verdade sobre si mesmo, mesmo no meio da ferocidade da guerra e das incertezas e dúvidas. E o que sempre me impressiona é o fato de não sucumbir a essa tensão. E era uma tensão imensa.

Minha reverência por ele não significa ignorar o fato de que ele não achava exatamente que os negros fossem iguais. Simplesmente pensava: "Não posso tirar o pão da boca daquele negro que faz todo o trabalho. Deveria fazer o trabalho eu mesmo e ser responsável pelo meu próprio pão". Portanto, eu não vejo Lincoln com um romantismo exagerado...

BRUCE SPRINGSTEEN: Pois é.

AO LADO: Heróis americanos do presidente Obama e de Bruce Springsteen: Diane Nash (**acima à esq.**) foi uma das líderes estudantis mais respeitadas do movimento de direitos civis. Uma das fundadoras do Comitê Não Violento de Coordenação Estudantil (SNCC), ajudou a administrar a campanha de dessegregação de 1963 em Birmingham e nos esforços pelo direito ao voto em Selma. Fred Shuttlesworth (**detalhe acima**) fundou o Movimento Cristão do Alabama pelos Direitos Humanos. Em 1956, sua casa foi atacada com uma bomba, mas ele escapou ileso e não se rendeu. O dr. King certa vez chamou Shuttlesworth de "o mais corajoso combatente pelos direitos civis no Sul". Bob Moses (**centro à esq.**) foi outro protagonista importantíssimo no movimento dos direitos civis. Ajudou a fundar o SNCC, liderou os esforços do Verão da Liberdade em 1964, e foi essencial na organização do Partido Democrático da Liberdade do Mississippi. Joseph Lowery (**acima à dir.**) ajudou a liderar os boicotes a ônibus de 1955 em Montgomery e, ao lado de King e outros, fundou a Conferência da Liderança Cristã do Sul (SCLC). Defensor da justiça e da paz, serviu como presidente da SCLC durante 20 anos, participou do movimento antiapartheid nos anos 1980, e apoiou os direitos LGBTQIA+. Fannie Lou Hamer (**abaixo à esq.**) participou de uma reunião sobre registro de eleitores encabeçada por líderes do SNCC e da SCLC. Depois, ao tentar se registrar para votar, foi demitida e quase morta a tiros. Dedicou-se inteiramente à causa dos direitos civis. Em 1964, discursou na Convenção Nacional Democrata. C. T. Vivian (**detalhe abaixo**) ajudou a organizar protestos pacíficos de estudantes com outros líderes estudantis, como Diane Nash, John Lewis e James Bevel. Participou dos Passageiros da Liberdade e trabalhou ao lado do dr. King como coordenador nacional do SCLC. Ella Baker (**abaixo à dir.**) começou a carreira de organizadora na Associação Nacional para Pessoas de Cor a fim de derrubar as leis Jim Crow. Em 1957, ingressou na SCLC para dirigir campanhas de registro de eleitores. Ajudou a organizar os Passageiros da Liberdade de 1961 e foi outra fundadora importante do SNCC. **A SEGUIR:** Em novembro de 1960, Ruby Bridges entrou para a história ao se tornar a primeira estudante negra a dessegregar o sistema de escolas públicas só para brancos de Nova Orleans. O momento foi imortalizado na pintura de Norman Rockwell *The Problem We All Live With* [O problema com o qual todos nós convivemos], de 1964. Em 15 de julho de 2011, Ruby esteve com o presidente Barack Obama para refletir sobre aquele momento histórico e sobre a pintura, que ficou pendurada na Ala Oeste da Casa Branca por cinco meses no fim de 2011.

SEGUNDO DISCURSO DE POSSE DO PRESIDENTE ABRAHAM LINCOLN, 4 DE MARÇO DE 1865

Meus compatriotas:

Nesta segunda vez em que presto juramento para o cargo de presidente há menos motivo para um discurso longo do que houve na primeira. Naquela ocasião, uma declaração pormenorizada do curso a seguir parecia oportuna e apropriada. Agora, depois de quatro anos durante os quais declarações públicas foram constantemente exigidas sobre todos os momentos, e fases da grande disputa que ainda absorve a atenção e as energias do país, haveria pouca novidade a apresentar. Do avanço das nossas armas, do qual tudo o mais basicamente depende, o público sabe tanto quanto eu, e é, acredito, razoavelmente satisfatório e animador para todos. Com grande esperança no futuro, aqui não se arrisca previsão alguma sobre ele.

Na ocasião correspondente a esta, quatro anos atrás, todos os pensamentos se voltavam ansiosamente para uma guerra civil iminente. Todos a temiam — e tentavam evitá-la. Enquanto neste lugar se proferia o discurso de posse dedicado a salvar a União sem guerra, agentes da insurgência estavam nesta cidade buscando destruí-la sem guerra — tentando dissolver a União e dividir bens pela negociação. Os dois lados desaprovavam o conflito, mas um deles preferia ir à guerra a permitir que o país sobrevivesse, e o outro a aceitaria para que o país não perecesse. E veio a guerra.

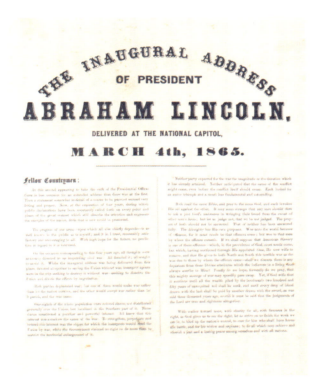

Um oitavo da população inteira era formado por escravos de cor não distribuídos por toda a união, mas localizados na parte Sul. Esses escravos constituíam uma atividade econômica peculiar e poderosa. Todos sabiam que essa atividade era, de alguma forma, a causa da guerra. Fortalecer, perpetuar e ampliar essa atividade era um objetivo em nome do qual os insurgentes destroçariam a União ainda que fosse pela guerra, enquanto o governo não reivindicava outro direito que não fosse o de restringir sua ampliação territorial.

Nenhum dos lados esperava que a guerra tivesse a magnitude ou a duração que já alcançou. Nenhum deles previa que a causa do conflito pudesse desaparecer junto com o próprio conflito, ou mesmo antes de terminar. Cada um buscava um triunfo mais fácil e um resultado menos definitivo e retumbante. Ambos leem a mesma Bíblia e rezam para o mesmo Deus, e cada um pede a Sua ajuda contra o outro. Pode parecer estranho que alguns homens ousem pedir a ajuda de um Deus justo para ganhar o seu pão com o suor do rosto de outros homens, mas não julguemos para não sermos julgados. Não seria possível atender às orações dos dois lados — as de nenhum foram plenamente atendidas. O Todo-Poderoso tem desígnios próprios. "Ai do mundo por causa dos escândalos! Eles são inevitáveis, mas ai do homem que os provoca!" Supondo que a escravidão americana seja um desses escândalos, que segundo a providência de Deus são inevitáveis, mas que havendo se estendido pelo tempo por Ele designado Ele agora quer remover, e que Ele dá ao Norte e ao Sul essa guerra terrível como o castigo devido àqueles que provocaram esse escândalo, devemos ver nisso um desvio daquelas características divinas que os crentes num Deus vivo sempre lhe atribuem? Com devoção esperamos — com fervor suplicamos — que este imenso flagelo da guerra logo passe. Mas se Deus quiser que continue até que toda a riqueza acumulada pelos 250 anos de trabalho não recompensado do escravo desapareça e até que cada gota de sangue tirada pelo chicote seja paga por outra derramada pela espada, como foi dito 3 mil anos atrás, ainda se deve dizer que "os juízos do Senhor são verdadeiros e inteiramente justos".

Sem maldade com ninguém, com caridade para com todos, e firmeza no que é certo, como Deus nos permite ver o que é certo, esforcemo-nos para terminar a tarefa que executamos de sarar as feridas do país, para cuidar daqueles que travaram a batalha e de suas viúvas e seus órfãos — para fazer tudo que possa alcançar e manter uma paz justa e duradoura entre nós e com todos os países.

PRESIDENTE OBAMA: Acho que uma das coisas mais difíceis, seja como adulto em nossas vidas como indivíduos, ou como países, é descobrir se é possível ver o que há de errado nas pessoas sem rejeitar tudo o que elas são.

É possível olhar para nossos Pais Fundadores e dizer: "Sim, eram escravocratas", e dizer também: "Mas, cara, essa Declaração de Independência é uma coisa e tanto".

Não sou da opinião de que, por ter sido um escravocrata, George Washington deixe de ser o pai deste país e extraordinário como figura histórica. Acho que as pessoas são produto da sua época, com os pecados da sua época muitas vezes personificados nelas. Se tivéssemos alguém de caráter mais fraco do que o de George Washington, o país talvez não se consolidasse, talvez não vencesse a Guerra de Independência, e depois talvez tivéssemos tido um experimento fracassado, e não um experimento bem-sucedido.

Da mesma maneira, quero poder me apropriar de qualquer tipo de música, ou de qualquer tradição, ou de qualquer culinária que me interesse — se forem boas, eu quero. Também quero poder me apropriar e reivindicar para mim o exemplo das coisas boas que outros fizeram, mesmo que não fossem seres humanos perfeitos.

BRUCE SPRINGSTEEN: Gosto disso.

PRESIDENTE OBAMA: Quero poder ler o Segundo Discurso de Posse de Lincoln e me deliciar com seu caráter majestático.

Aposto que isso fica na cabeça... É o que me deixa otimista, e veja se concorda comigo nisso, porque, como sabe, sou o cara que prega a esperança.

BRUCE SPRINGSTEEN: É mesmo. Achei que eu fosse, só que você é mais do que eu.

PRESIDENTE OBAMA: Sem essa, cara, você escreveu "Rising".

A pergunta é: "O que nos faz pensar que podemos alcançar um país saudável e verdadeiro, e melhor do que onde estamos agora?". O que me deixa otimista é esta geração que vem aí. Dá para ver até nesta eleição. Esmagadoramente, a turma de 35 e menos que isso, eles acreditam numa história unificadora dos Estados Unidos. Nossos filhos, os jovens da faixa etária deles em todo o país, eles acreditam, quase como uma segunda natureza, que as pessoas são iguais...

Eles não acreditam em discriminar com base na cor da pele, na orientação sexual, no gênero, na etnia ou na religião. Não acreditam numa ordem econômica tão extremamente desigual que um punhado de pessoas acumula uma fortuna equivalente à de milhões de concidadãos. Não acreditam numa sociedade que ignore a profanação do planeta. Rejeitam a ideia de que não temos responsabilidade para com as gerações futuras em questões como as mudanças climáticas. A boa nova é que são essas pessoas que estão vindo aí. A questão é, será que conseguimos preservar isso por tempo suficiente para, até elas terem idade para assumir...

BRUCE SPRINGSTEEN: Aguardando a cavalaria!

PRESIDENTE OBAMA: ... não estragarmos tudo a ponto de ser tarde demais? Preciso acreditar que vamos conseguir. Nossa tarefa é ajudar a construir essa ponte para a próxima geração.

E suas músicas e meus discursos ou livros, ou esta conversa, acho que o objetivo deles é que a próxima geração saiba: "Vocês estão no caminho certo".

BRUCE SPRINGSTEEN: É preciso manter a tocha acesa, amigo.

PRESIDENTE OBAMA: Isso! Exatamente.

BRUCE SPRINGSTEEN: É o ponto crucial.

PRESIDENTE OBAMA: Certo. Que os Estados Unidos são verdadeiros, e reais, e acessíveis a você. Sei que não parece ser assim agora, mas isso existe.

BRUCE SPRINGSTEEN: Concordo. É clichê, mas os filhos nos obrigam a ser otimistas. É o mundo deles que estamos entregando agora. Não quero saber de pai pessimista. Se você é assim, está errado. Meus filhos, digo isso agradecendo a Deus, são cidadãos confiáveis, com um caráter que mal chegados na casa dos trinta é muito superior ao meu. Isso é uma lição de humildade, e Patti e eu, nós vivemos na graça que eles nos concedem, e somos gratos por isso.

PRESIDENTE OBAMA: Acho que fizemos um bom trabalho hoje, irmão.

BRUCE SPRINGSTEEN: Fizemos, sim. Obrigado, irmão.

PRESIDENTE OBAMA: Eu aprendi algumas coisas.

BRUCE SPRINGSTEEN: Eu também.

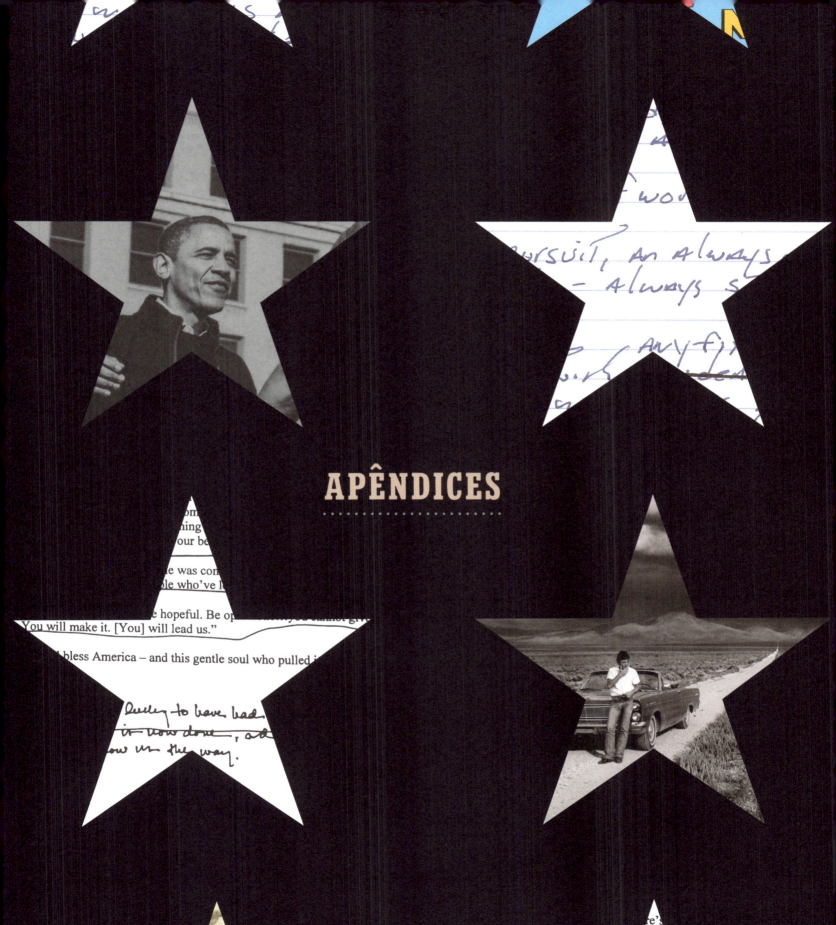

APÊNDICES

DISCURSO FÚNEBRE DO PRESIDENTE BARACK OBAMA A JOHN LEWIS

DRAFT 7/30/20 1200pm
Keenan
202-550-6902

Remarks of President Barack Obama
Eulogy for John Lewis
Ebenezer Baptist Church, Atlanta, Georgia
July 30, 2020

"Consider it pure joy, my brothers and sisters, whenever you face trials of many kinds – because you know that the testing of your faith produces perseverance. Let perseverance finish its work so that you may be mature and complete, lacking nothing." CITE.

With those words of scripture, let me say what an honor it is to be back in Ebenezer Baptist Church, in the pulpit of its great pastor, Dr. King, to pay my respects to perhaps his finest disciple – an American whose faith was tested again and again to produce a man of pure joy and unbreakable perseverance – John Robert Lewis.

President Bush, President Clinton, Madam Speaker, Reverend Warnock, Reverend King, John's family, friends, and staff – I've come here today because I, like so many Americans, owe a debt to John Lewis and his forceful vision of freedom.

This country of ours is a constant work in progress. We were born with instructions: to form a more perfect union. Explicit in those words is the idea that we are imperfect; that what gives each new generation purpose is to take up the unfinished work of the last and carry it further than they thought possible.

John Lewis – first of the Freedom Riders, head of the Student Nonviolent Coordinating Committee, youngest speaker at the March on Washington, leader of the march from Selma to Montgomery, Member of Congress representing the people of this state for 33 years, mentor to young people up until his final day on this Earth – he not only embraced that responsibility, he made it his life's work.

Not bad for the boy from Troy. John was born into modest means in the heart of the Jim Crow South to parents who picked somebody else's cotton. But he didn't take to farm work – on days when he was supposed to help his brothers and sisters with their labor, he'd hide under the porch and make a break for the school bus when it appeared. His mother, Willie Mae Lewis, nurtured that curiosity in her shy, serious child. "Once you learn something," she told her son, "once you get something inside your head, no one can take it away from you."

As a boy, John listened through the door after bedtime as his father's friends complained about the Klan. One Sunday as a teenager, he heard Dr. King preach on the radio. As a college student in Tennessee, he signed up for Jim Lawson's[1] workshops on the tactics of nonviolent civil disobedience. John Lewis was getting something inside his head, an idea he couldn't shake – that nonviolent resistance and civil disobedience were the means to change laws, hearts, minds, and ultimately, a nation.

---

[1] Jim Lawson will be there and speak before you.

He helped organize the Nashville campaign in 1960. He and other well-dressed, straight-backed young men and women sat at segregated lunch counters, refusing to let a milkshake poured on their heads, or a cigarette extinguished on their backs, or a foot aimed at their ribs dent their dignity. They persevered. And after a few months, the Nashville campaign achieved the first successful desegregation of public facilities in the South.

John got a taste of jail for the first, second, third…well, several times. But he also got a taste of victory. It consumed him with righteous purpose. And he took the battle deeper into the South.

That same year, just weeks after the Supreme Court ruled that segregation of interstate bus facilities was unconstitutional, John and Bernard Lafayette bought two tickets, climbed aboard a Greyhound, sat up front, and refused to move. Their trip was unsanctioned. Few knew what they were up to. At every stop, the angry driver disappeared inside the bus station. They didn't know who he'd come back with. Nobody was there to protect them. And while he made it through that trip unharmed, he was attacked on the first official Freedom Ride the next year, beaten for entering a whites-only waiting room.

John was only twenty years old. But he pushed all twenty of those years into the center of the table, betting everything, all of it, that his example could challenge centuries of convention, generations of brutal violence, and countless daily indignities for Black Americans.

Like John the Baptist preparing the way, or those Old Testament prophets speaking truth before kings, John Lewis never hesitated to get in the way. He climbed aboard again and again, got his mugshot taken again and again, marched again and again on a mission to change America.

He spoke to 250,000 people at the March on Washington when he was just 23.

He helped organize the Freedom Summer in Mississippi, registering thousands of Black Americans, when he was just 24.

And at the ripe old age of 25, John was asked to lead the march from Selma to Montgomery. He was warned that Wallace had ordered his troopers to use violence. But he and Hosea Williams led them across that bridge anyway. We see him on film, trench coat buttoned up, knapsack stocked with a book to read, an apple to eat, a toothbrush and toothpaste because jail wasn't big on creature comforts. Small in stature. But full of purpose. Looking every bit that serious child

Their bones were cracked by billy clubs, their eyes and lungs choked with tear gas. As they knelt to pray, their heads even easier targets, John was struck in the skull. He thought he was going to die, surrounded by the sight of young Americans gagging, bleeding, victims of state-sponsored violence in their own country.

The troopers thought they'd won the battle; that they'd turned the protesters back over the bridge; that they'd kept those young men and women roped off from the political process. But this time, there were cameras there. This time, the world saw what happened to Black Americans on a regular basis. They saw Americans who weren't seeking special treatment, just the equal treatment promised to them a century before, and almost another century before that.

As the Lord instructed Paul, "Do not be afraid, go on speaking; do not be silent, for I am with you, and no one will attack you to harm you, for I have many in this city who are my people."

When John woke up, and checked himself out of the hospital, he would make sure the world saw a movement that was, as Scripture tells us, "hard pressed on every side, but not crushed; perplexed but not in despair; persecuted, but not abandoned; struck down, but not destroyed." He returned to Brown Chapel, a battered prophet, bandages around his head, and said more marchers will come now. He was right; they did. The troopers parted. The marchers reached Montgomery. Their words reached the White House – and the President signed a Voting Rights Act into law.

The life of John Lewis was, in so many ways, exceptional. It vindicates the faith of our founding; that most American idea; the idea that ordinary people without rank or wealth or title or fame can point out our imperfections, come together, push against convention, and decide that it is in our power to remake this country we love until it more closely aligns with our highest ideals.

John's whole life was about sacrificing himself in service of a country bound by those ideals. He understood that the only way to do that was to live and act as though those ideals were sacred, and incontrovertible. On the battlefield of justice, Americans like John, Americans like the Reverends Joseph Lowery and C.T. Vivian, two other patriots we lost this year, liberated us all in ways that many Americans came to take for granted.

America was built by people like them. America was built by John Lewises. He as much as anyone in our history brought this country closer to a true democracy. And someday, when we do finish that long journey toward freedom; when we do form a more perfect union – whether it's years, decades, even if it's another two centuries from now – John Lewis will be a founding father of that fuller, fairer, better America.

But here's the thing: John never believed that what he did was more than what any citizen of this country might do. He believed that in all of us, there exists the capacity for great courage, a longing to do what's right, a willingness to love all people, and to extend to them their God-given rights to dignity and respect. He saw the best in us. And he never gave up, never stopped speaking out. As a Congressman, he didn't rest; he kept getting himself arrested. As an old man, he didn't sit out any fight; he sat in, all night long, on the floor of the United States Capitol.

The testing of his faith produced perseverance. He knew that the march is not yet over, that the race is not yet won, that we have not yet reached that blessed destination where we are judged by the content of our character. He knew from his own life that progress is fragile; that we have to be eternally vigilant against the darker currents of this country's history, with their whirlpools of violence and despair rising again.

Bull Connor may be gone. But today we can see with our own eyes police officers kneeling on the necks of Black Americans. George Wallace may be gone. But today we can see with our own eyes a government sending federal agents to use tear gas and batons against its own citizens. We may no longer have to guess the number of jellybeans in a jar before we can vote. But we can see with our own eyes that Republican politicians are closing polling locations, targeting minorities and students with restrictive voter ID laws, attacking our voting rights with surgical precision, even undermining the postal service in the runup to an election dependent on mailed-in ballots.

Now, I know this is a celebration of John's life. That's exactly why I'm talking about this. Because he devoted his time on this Earth to fighting these attacks on the very idea of America.

He knew, ~~this man raised in the humblest circumstances~~, that every single one of us has power. And that the fate of this democracy depends on how we use it – on whether we can summon a measure of John's moral courage to question right and wrong and call things what they are. He said that as long as he had breath in his body, he would do everything he could to preserve this democracy. As long as we have breath in ours, we must continue his cause. If we want our children to grow up in a democracy – in a big-hearted, tolerant, vibrant, inclusive America of perpetual self-creation – then we have to be more like John.

Like John, we have to keep getting into good trouble. He knew that protest is patriotic; a way to raise public awareness, put a spotlight on injustice, and make the powers that be uncomfortable.

Like John, we don't have to choose between protest and politics, but engage in both, aware that our aspirations, no matter how passionate, have to be translated into laws and practices. That's why John ran for Congress thirty-four years ago, and kept protesting anyway.

Like John, we have to fight even harder for the most powerful tool we have: the right to vote. The Voting Rights Act is one of the crowning achievements of our democracy. It's why John crossed that bridge. It's why he spilled his blood. But once the Supreme Court gutted it, ~~Republican~~ *a number of state* legislatures unleashed a flood of laws designed to make voting harder, especially in the states with the highest minority turnout or population growth. This isn't a mystery. It's an attack on our democratic freedoms. And we should treat it as such.

[margin note: Reference George W. Bush and Clinton? renewing it?]

If politicians want to honor John, there's a better way than a statement calling him a hero. Summon one ounce of his courage and restore the law he was willing to die for. In fact, I think the John Lewis Voting Rights Act should go further than protecting the rights we already have.

Now, ~~I don't hold public office anymore. I'm just a constituent. But as a constituent, I have some opinions. I think The John Lewis Voting Rights Act should finish the work of his Freedom Summer~~ *A John Lewis V.R. Act* by making sure every single American is automatically registered to vote, including former inmates who've earned their second chance. I ~~think it should make sure nobody else has to risk their job, their health, or their life to vote~~, by adding polling places, expanding early voting, making Election Day a national holiday, and allowing every single American to cast their ballot by mail. It should guarantee that every American citizen has equal representation in our government, including the American citizens who live in Washington, D.C. and Puerto Rico. It should put an end to partisan gerrymandering once and for all – so that all voters have the power to choose their politicians, and not the other way around. And if it takes eliminating the filibuster – another Jim Crow relic – in order to secure our God-given rights, that's what we should do.

And yet, even if we do all this – even if every bogus voter ID law was struck from the books tomorrow – we have to be honest that too many of us choose not to exercise our franchise; that too many of our citizens believe their vote won't make a difference, buying into the cynicism that is central to the strategy of voter suppression.

So we must also remember John's words: "If you don't do everything you can to change things, then they remain the same. You only pass this way once. You have to give it all you have." As long as young people are protesting in the streets, hoping real change takes hold, we cannot so casually abandon them at the ballot box. Not when few elections have been as urgent, on so many levels, as this one. We cannot treat voting as an errand to run if we have time. We have to treat it as the most important action we can take for democracy. Like John, we have to give it all we have.

It's fitting that the last time John and I shared a public forum was at a virtual town hall with a gathering of young activists who were helping to lead this summer's demonstrations in the wake of George Floyd's death. Afterwards, I spoke to John privately, and he could not have been prouder to see a new generation standing up for freedom and equality; a new generation intent on voting and protecting the right to vote; a new generation running for political office.

I told him that all those young people – of every race, from every background and gender and sexual orientation – they were his children. They had learned from his example, even if they didn't know it. They had understood, through him, what American citizenship requires, even if they had heard of his courage only through history books.

"By the thousands, faceless, anonymous, relentless young people, black and white…have taken our whole nation back to those great wells of democracy which were dug deep by the founding fathers in the formulation of the Constitution and the Declaration of Independence."

Dr. King said that in the 1960s. It came true again this summer.

We see it outside our windows, in big cities and rural towns, in men and women, young and old, gay and straight and trans Americans, Blacks who long for equal treatment and whites who can no longer accept freedom for themselves while witnessing the subjugation of their fellow Americans. We see it in everybody doing the hard work of overcoming our own complacency, our own fears and prejudices, and trying to become a better, truer version of ourselves. That's where real courage comes from – not from turning on each other, but towards one another, with joy and ~~perseverance~~ determination, and discovering that in our beloved community, we do not walk alone.

Perseverance finished its work with John. He was complete. And I will finish today with some of his final words of advice to the young people who've led us all summer long.

"Give it all you got. Do not get weary. Be hopeful. Be optimistic…you cannot give up. You cannot give in. You will make it. [You] will lead us."

God bless you all. God bless America – and this gentle soul who pulled it closer to its promise.

We are all so lucky to have had John walk with us for awhile. His job is now done, and show us the way.

American Heroes

Muhamed Ali — An "only in America" character
the violent skills employed so with such precision
the absurdist humor
the force of character + personality
the dedication to his own values regardless of the price he'd pay
A great 20th century historical figure

Bob Dylan — he follows his muse wherever it takes him. He is true to himself
the scope and brilliance of his writing
he has the balls and fire to take on his times.
To believe he has the right and ability to call his country to accounts in his early protest music
And then A delve so deeply into it's character on his later work
An American Hero for me

The Astronauts, Neil Armstrong, Buzz Aldrin + Collins
the men of Apollo 11 who went to the moon, the coolness and steely grit to let loose the earths atmosphere and to cast yourself in A tin can into the void. frontiersmen icons of American can do spirit
I love 'em

As Symbols of "Americaness"

I have no daily regimen

I continue to try to write as meaningfully, as soulfully, as critically, sharply as ~~skillfully~~ as well observed as I can about my country and my countrymen

I let the rest of the chips fall where they may

Imprint — I'd like to be looked back on just as a guy who did his job well. brought some fun and entertainment into folks lives while informing them a little about the world and country around them

maybe if someone was interested in America during it's post industrial period of the 2nd half of the century reflected in music I might be somebody worth giving a listen to.

but I have no ~~~~ expectations of leaving any kind of "lasting" footprint (that's yn sbmn well)

I'll be on my merry way back from where I came smiling the whole way.

American Idea

American Idea — democracy, rights, liberty, opportunity and equality

the right to your own definition of the "American idea" and the freedom to pursue it.

practical things — college education, a decent job meaningful work, health care, freedom from burdensome debt...

the liberty to define and pursue happiness

the meaningfulness of work, of family life

"a noble pursuit, an always unfinished ideal "We" the people — always striving to be we.

✱

I did not start out with any fixed notion of the American idea. I started working as a process to define and pursue what that idea might be for me and eventually for us/

Born to Run — personal liberty   neighbors
Darkness — communal consciousness

From the cacaphony of democracy I wanted to make one blinding noise + make you feel that idea that would pierce you to the bone

the American idea sits somewhere at the nexus of personal liberty + license and communal conciousness. An always shifting and argued over imaginary line

American Idea

Our story, the American story is far messier than the arc of history bending toward justice

Americans have never agreed on when to prioritize the individual and when the collective project should come first

dangers
1. folks don't vote
2. income inequality
3. intergenerational economic mobility

Systemic Racism
4. disillusioned youth
5. complacence

lack of a national ~~ism~~ identity grounded in a shared set of ideals

ideals that served as a source of national pride and promise for the future

Trump — ~~arid~~ thin + outdated nationalism of blood + soil

Anemic universalism of the left
Cultural nationalism of the right
battering the American sense of national purpose

the nation's shared identity is crumbling

prosperity and justice flow from each other
enlarging opportunity, restoring rights, pursuing equality

DISCOGRAFIA DE BRUCE SPRINGSTEEN

1973

GREETINGS FROM ASBURY PARK, N.J.

1973

THE WILD, THE INNOCENT & THE E STREET SHUFFLE

1982

NEBRASKA

1984

BORN IN THE U.S.A.

1987

TUNNEL OF LOVE

1999

18 TRACKS

2002
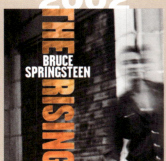
THE RISING

2005

DEVILS & DUST

2010
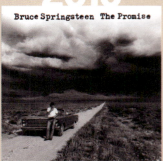
THE PROMISE

2012

WRECKING BALL

2014

HIGH HOPES

1975

BORN TO RUN

1978

DARKNESS ON THE EDGE OF TOWN

1980
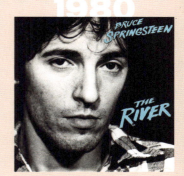
THE RIVER

1992

LUCKY TOWN

1992

HUMAN TOUCH

1995

THE GHOST OF TOM JOAD

2006

WE SHALL OVERCOME: THE SEEGER SESSIONS

2007
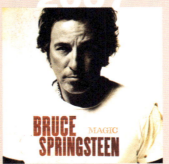
MAGIC

2009

WORKING ON A DREAM

2019

WESTERN STARS

2020
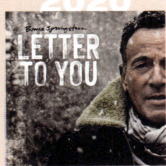
LETTER TO YOU

AGRADECIMENTOS

DE BARACK OBAMA:

Minha gratidão a Michelle, Malia e Sasha pela alegria infinita que me proporcionaram. Obrigado à equipe de Higher Ground, incluindo Joe Paulsen, Dan Fierman, Anna Holmes, Mukta Mohan e Janae Marable, pelo esforço para criar o podcast que inspirou este livro.

DE BRUCE SPRINGSTEEN:

Um agradecimento especial a Patti Scialfa pelo incentivo e pela inspiração. E a Evan, Jess e Sam Springsteen. Obrigado a Michelle Holme, Thom Zimny, Rob DeMartin, Jonathan Erhlich, Don Friedman, Jon Landau, Barbara Carr, Jan Stabile e Alison Oscar.

DO PRESIDENTE OBAMA E DE BRUCE SPRINGSTEEN:

Muito obrigado também à equipe da Penguin Random House por nos ajudar a compartilhar este livro com o mundo. Na PRH, agradecimentos especiais a Markus Dohle e Madeline McIntosh pelo entusiasmo por este projeto; a Gina Centrello, David Drake, Aaron Wehner e Annsley Rosner, pela contínua parceria; a Chris Brand, pela visão de design, que tão lindamente deu vida a este livro; Gillian Blake, Lorena Jones, Rachel Klayman, Matt Inman, Madison Jacobs e Alonzo Vereen pela orientação editorial; e a Lizzie Allen, Todd Berman, Denise Cronin, Skip Dye, Lisa Gonzalez, Derek Gullino, Anna Kochman, Ebony LaDelle, Cynthia Lasky, Matthew Martin, Annette Melvin, Dyana Messina, Jenny Poeuch, Matt Schwartz, Patricia Shaw, Holly Smith, Anke Steinecke, Chris Tanigawa, Jaci Updike, Claire von Schilling, Daniel Wikey e Stacey Witcraft por suas valiosas contribuições. E a Deneen Howell, na Williams & Connolly, e a Kate Schatz.

Misha Euceph, Arwen Nicks, Mary Knauf, Andrew Eapen e a equipe da Dustlight, obrigados por darem vida às nossas conversas.

SOBRE OS AUTORES

BRUCE SPRINGSTEEN

entrou para o Rock and Roll Hall of Fame e o Songwriters Hall of Fame. Recebeu vinte Grammys, um Oscar, um Tony e foi homenageado pelo Kennedy Center Honor. É autor do best-seller *Born to Run* e recebeu a Medalha Presidencial da Liberdade em 2016. Mora em Nova Jersey com a família.

BARACK OBAMA foi o 44º presidente dos Estados Unidos, eleito em novembro de 2008 e reeleito para um segundo mandato. É autor de três livros que entraram para a lista de best-sellers do *New York Times* — *Sonhos do meu pai*, *A audácia da esperança* e *Uma terra prometida* — e recebeu o prêmio Nobel da paz de 2009. Mora em Washington, D.C., com a mulher, Michelle. O casal tem duas filhas, Malia e Sasha.

CRÉDITOS DAS IMAGENS

pp. II-III: © Nikki Kahn/ The Washington Post via Getty Images
pp. IV-V, VI-VII: © 2020 Rob DeMartin
pp. VIII-IX: (acima à esquerda) © Lynn Goldsmith/ Corbis/ VCG via Getty Images; (acima, segunda da esquerda) de *Barack Before Obama* de David Katz, © 2020 by David Katz. Cortesia de HarperCollins Publishers; (acima, segunda da direita) © Lynn Goldsmith/ Corbis/ VCG via Getty Images; (acima à direita) © AFP via Getty Images; (centro à esquerda) © Brooks Kraft LLC/ Corbis via Getty Images; (centro, parte superior à esquerda) © Brooks Kraft LLC/ Corbis via Getty Images; (centro, parte superior à direita) Pete Souza/ The White House; (centro, parte inferior à esquerda) Obama-Robinson Family Archives; (centro, parte inferior à direita) Cortesia de Sony Music Entertainment; (abaixo à esquerda) Springsteen Personal Archives; (abaixo, segunda da esquerda) Obama-Robinson Family Archives; (abaixo à direita) Springsteen Family Archives
pp. XIII, XIV-XV: © 2020 Rob DeMartin
p. XVI: © by Joe Raedle/ Getty Images
p. 2: © 2020 Rob DeMartin
p. 5: (acima) © Brooks Kraft LLC/ Corbis via Getty Images; (abaixo) Crown Publishing
pp. 6-7: © Lynn Goldsmith/ Corbis/ VCG via Getty Images
p. 8: Springsteen Personal Archives
pp. 8-9: (ao fundo) © Martin Adolfsson/ Gallerystock
p. 10: Pete Souza/ The White House
p. 11: © Brooks Kraft LLC/ Corbis via Getty Images
p. 12: © Joe Wrinn/ Harvard University/ Corbis via Getty Images
pp. 14-5: Obama-Robinson Family Archives
p. 16: Springsteen Personal Archives
pp. 16-7: (background) © Ann E. Zelle/ Getty Images
pp. 18-9: Springsteen Family Archives
p. 20: (acima à esquerda) Cortesia de Monmouth County Historical Association; (acima à direita; centro à direita; abaixo à direita; abaixo à esquerda; centro à esquerda) Springsteen Family Archives
p. 21: © Arthur Rothstein/ Cortesia de Library of Congress
pp. 22-3: © Neal Boenzi/ The New York Times/ Redux
p. 24: © AP Photo
pp. 26-7: Springsteen Family Archives
p. 28: Cortesia de Rhino Entertainment Company, Warner Music Group Company
p. 29: Pôster de *Faça a Coisa Certa*/ Cortesia de Everett Collection
pp. 30-1: Obama-Robinson Family Archives
p. 32: (acima) © Danny Lyon/ Magnum Photos; (abaixo) © 1976 Matt Herron/ Take Stock/ TopFoto
pp. 32-3: © Danny Lyon/ Magnum Photos
p. 34: Pete Souza/ The White House
pp. 35-8: Obama-Robinson Family Archives
p. 39: © Saul Loeb/ AFP via Getty Images
pp. 40-1, 43: Obama-Robinson Family Archives
p. 42: © Saul Loeb/ AFP via Getty Images
p. 44: © Danny Clinch
pp. 46, 49: © 2020 Rob DeMartin
pp. 50-1: (ao fundo) © Paul Harris/ Getty Images
pp. 52-4: Springsteen Family Archives
p. 55: Obama-Robinson Family Archives
p. 56: Springsteen Personal Archives
pp. 56-7: (ao fundo) © Xuanyu Han/ Moment/ Getty
p. 58: © FAY 2018/ Alamy Stock Photo
p. 59: (acima) © Wally McNamee/ Corbis Historical/ Getty Images; (abaixo) Cortesia de Ollie Atkins, White House Photographer
p. 60: (abaixo à esquerda) Cortesia de Greyhound Lines, Inc.
p. 61: (acima à direita) © Fototeca Gilardi/ Getty Images; (abaixo à direita) © Erich Andres/ United Images via Getty Images
p. 62 (ambas): Cortesia de the Everett Collection
pp. 64-5: Corvette Winter © Frank Stefanko
p. 66: © Lambert/ Getty Images
p. 67 (ambas): Cortesia da Nasa
p. 68: Springsteen Family Archives
p. 69: Cortesia da Nasa
p. 71: (acima à esquerda) Cortesia de Library of Congress; (acima à direita) © B. Buckley/ Fairfax Media via Getty Images; (abaixo à esquerda) © Jean-Claude Sauer/ Paris Match via Getty Images; (abaixo à direita) © Henri Bureau/ Sygma/ Corbis/ VCG via Getty Images
p. 72: © Haraz N. Ghanbari/ AP Photo
p. 74: © 2020 Rob DeMartin
p. 77: (ao fundo) Obama-Robins Family Archives; (acima à esquerda) © Michael Putland/ Getty Images; (ao centro à direita) © RB/ Redferns/ Getty Images; (abaixo à direita) © Jim Britt/ Michael Ochs Archives/ Getty Images; (ao centro à esquerda) © Michael Ochs Archives/ Getty Images
pp. 78-9: (acima à esquerda) © Michael Putland/ Getty Images; (acima ao centro) Cortesia de the Everett Collection; (acima à direita) © Evening Standard/ Getty Images; (ao centro à esquerda) © Michael Ochs Archives/ Getty Images; (ao centro, segunda da esquerda) Cortesia de the Everett Collection; (abaixo à direita) Cortesia de Rhino Entertainment Company, Warner Music Group Company; (abaixo ao centro) © Gijsbert Hanekroot/ Redferns/ Getty Images; (ao fundo) © David Redfern/ Getty Images
p. 80: (acima) © Dick Barnatt/ Redferns/ Getty Images; (centro) © Watal Asanuma/ Shinko Music/ Getty Images
p. 81: © PL Gould/ Image Press/ Getty Images
p. 82: © Springsteen Personal Archives; (abaixo) © Bettmann/ Getty Images
p. 83: Springsteen Family Archives
p. 84: Cortesia de Sony Music Entertainment
pp. 84-5: (ao fundo) © Claro Fausto Cortes/ EyeEm/ Getty Images
p. 87: © Neal Preston
p. 88: © Jewel Samad/ AFP via Getty Images
p. 89: © Alex Brandon/ AP Photo
pp. 90 (todas), 92, 93, 95 (todas), 96, 97, 98-9, 100-1, 102-3: Pete Souza/ The White House
p. 104: © Danny Clinch
p. 105: © Walter McBride/ Getty Images
pp. 106-7: © Danny Clinch
pp. 108-9: © Taylor Hill/ Getty Images
pp. 110-1: Pete Souza/ The White House
p. 113: © Paul Zoeller-Pool/ Getty Images
p. 114: © Mandel Ngan/ AFP via Getty Images
pp. 115-6: Obama-Robinson Family Archives
p. 117: © Chip Somodevilla/ Getty Images
pp. 118-9: Obama-Robinson Family Archives
p. 120: © David Goldman/ AP Images
p. 121: Obama-Robinson Family Archives
p. 122: © Lynn Goldsmith/ Corbis/ VCG via Getty Images
p. 124: © 2020 Rob DeMartin
p. 127: © Fin Costello/ Redferns
pp. 128-9: © David Gahr/ The Estate of David Gahr/ Getty Images
p. 130: © 1975 Time Inc.
p. 132: Cortesia de Sony Music Entertainment
p. 133: © Eric Meola
pp. 134-5: Obama-Robinson Family Archives
p. 136: Hope by Shepard Fairey/ Obey Giant baseada na foto de Mannie Garcia/ AP Photo
p. 137: Cortesia de Penguin Random House
p. 139: (acima) © Jahi Chikwendiu/ The Washington Post via Getty Images; (abaixo) © Stephen Maturen/ Getty Images
p. 140: Crown Publishing
p. 141: © Helen H. Richardson/ MediaNews Group/ The Denver Post via Getty Images
pp. 142-3: National Archives, Records of the Commissioners of the City of Washington
p. 144: Pete Souza/ The White House
p. 145: (acima à esquerda) Cortesia de the Library of Congress; (à direita) Cortesia de the Library of Congress; (abaixo à esquerda) Photo by Marion Post Wolcott, cortesia de the Library of Congress; (ao centro) Cortesia de the Library of Congress
p. 146: (acima à direita) © Flip Schulke/ CORBIS/ Corbis via Getty Images; (ao centro à direita) © Marion S. Trikosk/ Universal History Archive/ Universal Images Group via Getty Images; (abaixo à direita) © AP Photo/ Jeff Markowitz; (abaixo à esquerda) © Eric Thayer/ Getty Images
p. 147: (acima à esquerda) © John Moore/ Getty Images; (acima ao centro) © Viviane Moos/ Corbis via Getty Images; (acima à direita) © Harvey L. Silver/ Corbis via Getty; (topo ao centro, à esquerda) © Jack Mitchell/ Getty Images; (topo ao centro, à direita) © Fred W. McDarrah/ Getty Images; (topo abaixo, à esquerda) © Alex Wong/ Getty Images; (topo abaixo, à direita) © Alex Wong/ Pool/ Getty Images Europe/ Corbis via Getty Images; (abaixo à esquerda) © Earl Gibson III/ WireImage/ Getty Images; (abaixo à direita) © Chalffy/ E+/ Getty Images
p. 149: © Jess Rand/ Michael Ochs Archives/ Getty Images
p. 150: (acima) © Michael Ochs Archives/ Getty Images; (ao centro à direita) © Todd Plitt/ Imagedirect/ Hulton Archive/ Getty Images; (abaixo) © Ebet Roberts/ Getty Images; (ao centro à esquerda) © William Gottlieb/ Redferns/ Getty Images

p. 151: (acima) © Michael Ochs Archives/ Getty Images; (ao centro) © Jess Rand/ Michael Ochs Archives/ Getty Images; (abaixo) © Val Wilmer/ Redferns/ Getty Images
p. 152: (acima) Cortesia de Cynthia Lasky; (abaixo) Crown Publishing
p. 153: © Harry Lichtman
p. 154: Springsteen Personal Archives
pp. 154-5: (ao fundo) © Tayfun Coskun/ Anadolu Agency via Getty Images
p. 156: © Marc PoKempner
p. 158: © 2020 Rob DeMartin
p. 161: (acima) Pete Souza/ The White House; (abaixo) © Hulton Archive/ Getty Images
p. 162: Obama-Robinson Family Archives
pp. 164-5: Cortesia de Monmouth County Historical Association
p. 166: Crown Publishing
p. 167: TM e © 20th Century Fox Film Corp., cortesia de the Everett Collection
p. 168: (detalhe) Springsteen Personal Archives; (ao fundo) Cortesia de Wasted Time R
pp. 170-1: © Marc PoKempner
p. 172: Cortesia de Sony Music Entertainment
pp. 172-3: (ao fundo) © Found Image Holdings/ Corbis via Getty Images
pp. 174-5: Obama-Robinson Family Archives
pp. 176-7: Obama for America/ Obama Foundation
p. 178: Outback © Frank Stefanko
p. 180: © Richard E. Aaron/ Redferns/ Getty Images
p. 181: © Matt West/ Splash News
pp. 182-3: Obama-Robinson Family Archives
pp. 184-5: © Kent Nishimura-Pool/ Getty Images
pp. 186-7: (ao fundo) © Found Image Holdings/ Corbis via Getty Images
p. 189: Pete Souza/ The White House
p. 190: © Neal Preston
p. 192: © 2020 Rob DeMartin
p. 195: Springsteen Family Archives
p. 196: (acima à esquerda) Cortesia de the Miyamoto Photo Collection #31680, University Archives and Manuscripts Department, University of Hawaii at Manoa Library; (acima à direita) Obama-Robinson Family Archives; (abaixo) Springsteen Family Archives
p. 198: © Laura S. L. Kong/ Getty Images
p. 199: Obama-Robinson Family Archives
p. 200: © Aaron Rapoport/ Corbis via Getty Images
p. 201: (acima à esquerda) Cortesia de the Everett Collection; (acima à direita) US National Archives/ Alamy, Cortesia de the Reagan Foundation; (abaixo à direita) © Harry Harris/ AP/ Shutterstock; (abaixo à esquerda) Cortesia de the Everett Collection; (ao centro) Cortesia de the Everett Collection
p. 202: (acima à esquerda) © Delmaine Donson/ E+/ Getty Images, (acima ao centro) © Chip Somodevilla/ Getty Images; (acima à direita) © Allison Bailey/ Alamy Live News; (abaixo à direita) © George Panagakis/ Pacific Press/ Alamy Live News; (abaixo à esquerda) © Science History Images/ Alamy Stock Photo
p. 204: © Rob Verhorst/ Redferns/ Getty Images
p. 205: © Peter Macdiarmid/ Getty Images
p. 206: Obama-Robinson Family Archives
p. 209: © Brooks Kraft LLC/ Corbis via Getty Images
pp. 210-1: © Ron Galella/ Ron Galella Collection via Getty Images
p. 212: Springsteen Personal Archives
pp. 212-3: (ao fundo) © borchee/ E+/ Getty Images
p. 214: © Danny Clinch
p. 216: © 2020 Rob DeMartin
p. 219: Springsteen Family Archives
p. 220: (acima) Obama-Robinson Family Archives; (abaixo) Springsteen Family Archives
p. 221: Pam Springsteen
p. 222: © David Gahr
p. 223: Obama-Robinson Family Archives
p. 224: © Bob Riha, Jr.
p. 225: Pete Souza/ The White House
pp. 226-7: © Danny Clinch
p. 228: (acima) Obama-Robinson Family Archives; (abaixo) de *Barack Before Obama* by David Katz, © 2020 by David Katz. Cortesia de HarperCollins Publishers
p. 230: De *Barack Before Obama* by David Katz, ©2020 by David Katz. Cortesia de HarperCollins Publishers
p. 231: (acima) Pete Souza/ The White House; (abaixo) Springsteen Family Archives
p. 232 (todas): Springsteen Family Archives
p. 233 (todas): Obama-Robinson Family Archives
p. 234: Springsteen Family Archives
pp. 235-6 (ambas): © Charles Ommanney/ Getty Images
p. 237: (acima) © Eric Thayer/ Getty Images; (abaixo) © Charles Ommanney/ Getty Images

p. 238 (ambas): © Charles Ommanney/ Getty Images
p. 239: (acima) © By RJ Sangosti/ The Denver Post via Getty Images; (abaixo) © Charles Ommanney/ Getty Images
pp. 240-1 (ambas): Pete Souza/ The White House
p. 242: (detalhe) Cortesia de Sony Music Entertainment; (ao fundo) © Neal Preston
p. 244: Springsteen Family Archives
p. 245: (acima) Springsteen Family Archives; (abaixo) © Brooks Kraft LLC/ Corbis via Getty Images
p. 247: (acima) Steven Ferdman/ Patrick McMullan via Getty Images; (abaixo) Obama Family Archives
p. 248: Pete Souza/ The White House
p. 250: © 2020 Rob DeMartin
p. 253: © Tim Sloane/ AFP via Getty Images
p. 254: (acima) Mandel Ngan/ AFP via Getty Images; (abaixo) © Eric Thayer/ Getty Images
p. 255: (acima) © Stephen Morton/ Getty Images; (abaixo) © Charles Ommanney/ Getty Images
p. 256: (acima) © Charles Ommanney/ Getty Images; (abaixo) © Chris Hondros/ Getty Images
pp. 258-9: © Probal Rashid/ LightRocket via Getty Images
p. 260: Springsteen Personal Archives
pp. 260-1: (ao fundo) © Marc Ohrem-Leclef/ Gallery Stock
p. 262: Cortesia de Sony Music Entertainment
p. 263: (detalhe) Cortesia de Ron Kovic; (ao fundo) © Clayton Call/ Redferns/ Getty Images
p. 264: © Rob Brown/ Los Angeles Public Library
pp. 266-7: © Neal Preston
p. 269: (acima) © Brendan Smialowski/ AFP via Getty Images; (abaixo) © Michael S. Williamson/ The Washington Post via Getty Images
p. 270: © Danny Clinch
pp. 270-1: (ao fundo) © Don Jacobsen/ Newsday via Getty Images
pp. 272-3: © Steve Oroz/ Michael Ochs Archives/ Getty Images
p. 275: (acima à esquerda) © Michael Tighe/ Donaldson Collection/ Getty Images; (acima ao centro) © Paul Natkin/ Getty Images; (acima à direita) © Keystone/ Getty Images; (abaixo à direita) © Rick Diamond/ WireImage/ Getty Images; (abaixo à esquerda) © RB/ Redferns/ Getty Images; (abaixo ao centro) © David Corio/ Michael Ochs Archives/ Getty Images; (centro) © Jack Robinson/ Archive Photos/ Getty Images
p. 276: (acima à esquerda) © AP/ Shutterstock; (acima à direita) © Michael Ochs Archives/ Getty Images; (acima, segunda da direita) © Charles Bennett/ AP/ Shutterstock; (abaixo à direita) © George Ballis/ Take Stock/ TopFoto; (abaixo ao centro) © Flip Schulke Archives/ Corbis/ Getty Images; (abaixo à esquerda) Cortesia de the Library of Congress; (ao centro à esquerda) © Robert Elfstrom/ Villon Films/ Archive Photos/ Getty Images
p. 278: © Jared Enos/ MediaDrum via ZUMA Press
p. 279: Pete Souza/ The White House
p. 280: © Giancarlo Costa/ Bridgeman Images
p. 281: © Gilder Lehrman Institute of American History/ Bridgeman Images
p. 283: © 2020 Rob DeMartin
p. 285: (acima à esquerda) © Lynn Goldsmith/ Corbis/ VCG via Getty Images; (abaixo à direita) Cortesia de Sony Music Entertainment
p. 286: © Jeff Hutchens/ Getty Images
pp. 287-91: Obama-Robinson Family Archives
pp. 292-5: Springsteen Personal Archives
pp. 296-7: Cortesia de Sony Music Entertainment
pp. 298-9: © Lynn Goldsmith/ Corbis/ VCG via Getty Images
pp. 300-1: © 2020 Rob DeMartin

Copyright © 2021 by Higher Ground, LLC
dba Higher Ground Audio
Esta edição foi publicada mediante acordo com Crown, um selo da Crown Publishing Group, uma divisão da Penguin Random House LLC.
Introdução by Bruce Springsteen copyright © 2021 by Bruce Springsteen

Grafia atualizada segundo o Acordo Ortográfico da Língua Portuguesa de 1990, que entrou em vigor no Brasil em 2009.

Título original
Renegades: Born in the USA

Capa
Christopher Brand

Foto de capa
© 2020 by Rob DeMartin

Fotos de quarta-capa
Acima à direita, em sentido horário: Arquivos das famílias Obama-Robinson; Arquivos das famílias Obama-Robinson; © Alex Brandon/ AP Photo; Arquivos de Bruce Springsteen, cortesia de Sony Music Entertainment; Arquivos da família Springsteen; Arquivos pessoais de Bruce Springsteen

Projeto gráfico
Christopher Brand, Lizzie Allen e Anna Kochman

Preparação
Alexandre Boide

Revisão
Tatiana Custódio e Angela das Neves

Dados Internacionais de Catalogação na Publicação (CIP)
(Câmara Brasileira do Livro, SP, Brasil)

Springsteen, Bruce
  Renegados : Born in the USA / Bruce Springsteen, Barak Obama ; tradução Jorio Dauster e Berilo Vargas — 1ª ed. — Companhia das Letras, 2021.

  Título original: Renegades : Born in the USA
  ISBN 978-65-5921-310-8

  1. Estados Unidos – Política e governo – Século 21 2. Obama, Barack 3. Springsteen, Bruce I. Título.

21-77917 CDD-306.0973

Índice para catálogo sistemático:
1. Diálogos : Cultura : Estados Unidos : Ciências sociais 306.0973

Cibele Maria Dias – Bibliotecária – CRB-8/9427

[2021]
Todos os direitos desta edição reservados à
EDITORA SCHWARCZ S.A.
Rua Bandeira Paulista, 702, cj. 32
04532-002 — São Paulo — SP
Telefone: (11) 3707-3500
www.companhiadasletras.com.br
www.blogdacompanhia.com.br
facebook.com/companhiadasletras
instagram.com/companhiadasletras
twitter.com/cialetras

ESTA OBRA FOI COMPOSTA POR OSMANE GARCIA FILHO EM ALPINA, EXPRESSWAY E ROCKWELL E IMPRESSA PELA GRÁFICA SANTA MARTA EM OFSETE SOBRE PAPEL ALTA ALVURA DA SUZANO S.A. PARA A EDITORA SCHWARCZ EM OUTUBRO DE 2021.

A marca FSC® é a garantia de que a madeira utilizada na fabricação do papel deste livro provém de florestas que foram gerenciadas de maneira ambientalmente correta, socialmente justa e economicamente viável, além de outras fontes de origem controlada.